大众健身与康复训练指导

苏美华　著

中国纺织出版社

内容简介

健康对于每个人来说都是首要的。本书首先介绍了健身运动的一些基本内容（概念、兴起与发展趋势、新理念等），然后阐述了大众健身运动的运动处方、运动损伤的预防与处理，涉及运动生理学、体育运动与保健等内容；最后从实际角度出发，对于一些生活中常见的疾病康复训练进行了详细地分析，比如：腕、肘、肩、踝、膝、髋关节，以及腰椎颈椎部位的康复注意事项；儿童常见的自闭症；中年人常见的高血压；老年人常见的骨质疏松与偏瘫等症状。该部分内容具有较强的现实指导价值。本书主要针对人群为参与健身运动的大众。

图书在版编目(CIP)数据

大众健身与康复训练指导 / 苏美华著. -- 北京 : 中国纺织出版社, 2018.7（2021.10 重印）

ISBN 978-7-5180-3625-7

Ⅰ.①大… Ⅱ.①苏… Ⅲ.①健身运动－研究②康复训练－研究 Ⅳ.①G883②R493

中国版本图书馆 CIP 数据核字(2017)第 119259 号

责任编辑：武洋洋　　　　责任印制：储志伟

中国纺织出版社出版发行
地址：北京市朝阳区百子湾东里 A407 号楼　　邮政编码：100124
销售电话：010－67004422　　传真：010－87155801
http：//www. c－textilep. com
E－mail：faxing@ e－textilep. com
中国纺织出版社天猫旗舰店
官方微博 http：//www. weibo. com/2119887771
北京虎彩文化传播有限公司　各地新华书店经销
2018 年 7 月第 1 版　2021 年 10 月第 9 次印刷
开本：710×1000　1/16　　印张：14. 875
字数：267 千字　　定价：65. 00 元

前　言

随着人们生活节奏的不断加快与生活水平的逐渐提高，一些不规律的生活方式正在侵害着人们的健康，因此，生活中一些正确的健身运动观以及常见的疾病康复就显得尤为重要。为了全面提高国民的身体素质，减少疾病的困扰，保证人们秉持科学的健身运动观念，作者特撰《大众健身与康复训练指导》一书，希望能够为参与健身运动的大众提供良好的理论与实践依据。

本书大致分为两个部分，第一部分为第一至第五章，主要阐述大众健身运动中的一些相关理念和具体方法；第二部分为第六至第十章，主要研究的是对于已患相关疾病人群的治疗手段和康复训练策略。下面我们分开来看本书的主要内容，第一章阐述大众健身运动与健康新理念，主要从大众健身运动概述、大众健身运动的发展趋势以及健康新理念四个维度进行分析；第二章主要阐述运动处方的制定，主要包括运动处方概述、制定运动处方的基本原则与程序、运动处方的内容、运动处方的格式与实施以及运动处方实践案例等内容；第三章主要讲述运动处方锻炼的营养保健与医务监督，主要包括动处方锻炼的膳食营养、运动生理负荷量的评定以及不同运动处方的医务监督等内容；第四章主要讲述大众运动保健与养生，主要包括传统体育养生保健方法和现代实用体育运动保健方法两个模块；第五章主要讲述大众常见运动损伤，包括腕关节损伤与肌肉拉伤、挫伤，肘关节损伤，肩关节损伤，踝关节损伤，膝关节损伤，髌骨与骶髂关节损伤，腰椎损伤等内容；第六章主要讲述自闭症儿童康复训练方法，主要包括儿童自闭症的概念与成因，以及儿童自闭症的康复训练方法；第七章主要讲述高血压患者的康复训练方法，主要包括高血压患者常见症状与注意事项、高血压患者的康复养生；第八章主要讲述骨质疏松与偏瘫患者的康复训练方法，主要包括骨质疏松与偏瘫的基本知识、骨质疏松与偏瘫患者的康复训练；第九章主要讲述糖尿病患者的预防与调养，主要包括糖尿病的预防、糖尿病患者的调养；第十章主要讲述过度肥胖病人的治疗与康复训练，主要包括过度肥胖病人的治疗、过度肥胖病人的康复训练两个方面的内容。

总体上来说，本书逻辑清晰，内容丰富，具有重要的理论价值，其中提出的一些对于大众健身运动的有关意见和建议契合了当今社会发展以及健康理念的需求，体现了本书的科学性和时代性。理论的发展最终是为了指导实践，希望本书能够在帮助人们探索大众健身与康复训练的道路上尽到微薄之力。

本书在撰写过程中，对前人有关大众健身与康复训练的资料进行了借鉴和吸收，在此对其作者表示诚挚的谢意。由于时间仓促，水平有限，书中难免会有遗漏、不妥之处，恳请广大读者朋友批评指正。

作者

2018 年 5 月

目　录

第一章　大众健身运动与健康新理念

疾病威胁着人类的生存和发展，健康是人类生存的基本需要。对于每个人来说，个人的良好职业发展以及自我价值的实现，都离不开健康的体魄，没有健康的身心，一些理想与愿望都是空谈。本章就大众健身运动的一些基本概念和健康的新理念进行分析，旨在引导人们进行健康的体育生活与锻炼。

第一节　大众健身运动概述

一、大众健身运动的概念

大众健身运动是人们在可自由支配时间里自愿参与、自主选择，以身体参与为主要手段，以缓解压力、调节情绪、强身养生为主要目的的一种健康向上的身体活动方式。

随着社会经济的不断发展，人们越来越关注身心的健康发展，为了娱乐身心、增强体质、防治疾病和培养健身后备人才，社会上开始广泛开展一种健身活动，即大众健身运动。它包括职工健身运动、农民健身运动、社区健身运动、老年人健身运动、妇女健身运动、伤残人健身运动等。主要形式有锻炼小组、运动队、辅导站、健身之家、健身活动中心、健身俱乐部、棋社，以及个人自由健身锻炼等。开展群众健身活动应遵循因人、因地、因时制宜和业余、自愿、小型、多样、文明的原则。广泛开展群众性健身运动，是发挥健身的社会功能，提高民族素质和完成健身任务的重要途径。

二、大众健身运动的特性

大众健身运动和其他形式的运动比较，有其鲜明的特性，主要体现在以下几点。

（一）健身性

大众健身运动的强身健体功能已经被世人所公认，公元2500年前，古希腊的山崖上也镌刻着这样的标语：“如果你想健壮，跑步吧！如果你想健美，跑步吧！如果你想聪明，跑步吧！”可见，人类在很早以前就对运动具有防病抗衰老以维护健康的作用有了一定的认识。

（二）简便性

大众健身运动的项目有多种多样，方式不拘一格，可以徒手进行练习，也可以利用简单的轻、重器械进行练习，它可以根据不同的年龄、性别、职业、体力和体质情况来选择力所能及的重量，还可以采用一些自制的器械乃至废品来代替一定的重量进行练习。总之，它要求的器械、设备较简单。对场地的要求，室内、室外均可，只要有几平方米的地方就行，因此设备简单、较易开展。无论是从健身运动的形式、场地、器材、要求以及其他各个方面来讲，都具有高度的简便性，正是这种简便性，也促使了越来越多的人参与到大众健身运动的行列中来，为全面提高国民素质奠定了良好的基础。

（三）区别性

大众健身运动虽然主要使用能加、减重量的运动器械来进行锻炼，但并不像举重运动那样，要求不断提高一次所能举起最高重量的能力，在训练中也不着重于提高爆发力，而是按锻炼者肌肉发达的状况和要求，每做一个锻炼动作，就需连续做若干次（称为一组），并且重复若干组。

（四）适应性

大众健身运动的动作可根据各人锻炼目的的不同而有所选择，锻炼器械、重量、练习次数、组数也可根据需要来进行调整。所以它能满足男女老少各不相同的需求。各健身场馆内接受健美的受教育者，年龄小的在十几岁，老的在60～70岁，他们来自各行各业，有工人、大学生、教师、干部、医生、演员等，可见适应性是很广的。

（五）休闲娱乐性

据有关资料称，在美国，人们认为如果没有大众健身运动，电视节目的收视率要减少1/3，街上的汽车要减少1/5。一场高水平的大众健身运动比赛，总会吸引数以亿计的人观赏，就是因为它能给人们以健身的享受和精神上的快乐。有时甚至使人达到入迷的程度。近几十年以来，大众健身日益受到人们的喜爱。以身体活动为主要媒介的休闲健身较其他休闲方式相比，还具有“双重功效”，即休闲健身不仅能增强人们的健康水平，而且能使人高度紧张的神经系统得以放松，调节人们的情绪和心理，在运动的激励下，还能增强自信心、自尊心和自豪感，增添生活的乐趣。

据有关资料称，在欧美一些发达国家，大众健身运动俱乐部已经成为最基层的健身组织。

据最新统计资料表明，德国 8200 万居民中，每三个人中几乎就有一个人是大众健身运动俱乐部会员，平均每个健身俱乐部有 965 个居民。在二战后不到 50 年的时间内，德国大众健身运动俱乐部数量增长了 4.3 倍，俱乐部会员人数增长了近 8 倍。

（六）教育性

首先，它与德育、智育、美育等相结合，是全面教育的重要内容和手段。通过身体教育，培养社会需要的人才。其次，竞技场上的健身道德是社会公德的主要组成部分。运动员在赛场上顽强拼搏，誓不言败的精神对青少年的影响是至深的，教育意义是深远的。在 1996 年亚特兰大奥运会赛场上，我国著名的射击运动员王义夫带病坚持参加比赛，当他坚持打完最后一枪。终因体力不支昏倒在赛场上时，全世界的观众都被感动了。当中国足球取得世界杯入场券，当中国北京 2008 年奥运会申办获得成功时，全国上下欢欣鼓舞，沉浸在一片胜利的喜悦之中。而申办过程中的许多细节体现出了国民的空前凝聚力。

三、大众健身运动的作用

（一）增进健康，陶冶情操

大众健身运动把健身和美育融为一体，它的训练方法、学习内容以及竞赛等方面都体现着开发人的智力、增强人的体质、陶冶人的思想品质等多种突出的特点。在大众健身锻炼中不应单纯片面追求增大肌肉的生理横断面，而应在自觉锻炼的同时，陶冶自己美好的情操，既要体型、体态的仪表美，还应注意语言、行为和心灵美的培养，真正把健身和美育融合在一起。

点，因此需要开展形式灵活、内容多样、时间不一、对象不同、地点各异的多层次体育活动。从民间传统体育到现代时尚体育项目，从青少年儿童到中老年，从企事业单位到家庭三代，从在职职工到外来流动人员，从单位活动到包罗万象的运动会，真可谓“五花八门”。

第三节　健康新理念

一、健康是一个动态概念

（一）健康概念的衍变

什么是健康？问题似乎很简单，然而并非如此。健康与社会的时代背景、经济发展水平、政治文化、环境因素以及生活方式等密切相关，人类是在与疾病的斗争中认识疾病、理解健康的，因此，疾病与健康就像一对孪生姐妹贯穿于人类社会的发展进程中。从历史发展进程来看，人类对健康的认识过程是一个动态过程，而不是静止的、不能改变的。远古时期，社会生产力低下，原始人对客观世界的认识能力极为有限，他们无法解释风雨、山洪、地震、电闪雷鸣等自然现象，也无法解释某些疾病现象，以为这些都是受神秘力量的支配，也就形成了“神”的原始宗教观念，推崇巫术。到了古代，社会生产力的发展和科学技术水平的提高，人类对疾病与健康的认识逐渐发生了变化，在中国，古代中医的阴阳五行学说是把健康与疾病，以及人类生活的自然环境与社会环境联系起来观察与思考。

进入15世纪，欧洲文艺复兴推动了自然科学技术的进步，工业革命运动使生产力开始迅速提高，解剖学和生理学等生物学科形成，但由于受到“人是机器”的机械唯物论的影响，对疾病的原因和健康的认识，也就是认为肉体的正常工作状态（元病）就是健康。

到了18世纪下半叶和19世纪，自然科学与生物医学的长足发展，人们运用生物医学的观点以及中医学的成就来认识生命现象、机体变化、健康与疾病。生物医学的观点在疾病治疗方面发挥了重大的作用，但忽略了与疾病相关的许多重要的心理因素和社会因素，表现出对疾病认识的片面性和局限性。

世界卫生组织（WHO）提出的健康定义打破了传统的健康就是没有疾病的观念，提出了健康的“十条标准”，概括为：“精力充沛、处世乐观、睡眠良好、保持标准体重、适应能力强、能抵抗一般性的疾病、眼睛明亮、牙齿完坚、头发有光泽、肌肤弹性好”，WHO 将人类对疾病、自身、社会和生存环境的认识高度概括起来，阐明了健康包含生理的、心理的和社会的三个方面，把人的健康作为整体看待，这是科学的三维健康观，具有划时代的意义；是至今为止应用最普遍的、认可度最高的健康概念。健康的三维观把健康内涵拓展到一个新的认识境界，之后又补充了一条“道德健康”，所以 21 世纪健康的新定义包括“身体健康、心理平衡、社会健康和道德健康”，体现了时代的思潮流向。生理健康的具体标志是能否做到“五快”，即“吃得快、便得快、睡得快、说得快、走得快”；心理健康的具体标志概括为“五有”，即“有正常的智力、良好的社会适应能力、和谐的人际关系、稳定的情绪、健全的个性”。

（二）健康新概念的内涵

健康新概念的提出标志着人类健康观的重大转变，把健康从医学范畴拓展到心理学、社会学的范畴，关系到健康的躯体、健康的心理、健康的生活方式和行为，以及健康的社会适应能力，甚至健康的道德。

社会以人为本，人的发展以健康为本。个体的健康、全民的健康被赋予高度的社会责任和国家使命。现代社会对健康新概念的理解可归结为两个层次：其一，将个人的健康事情认识发展为社会的或国家的事情思考，个人的健康与国家和社会之间有着密切的联系。

从社会和国家的角度来讲，健康是一种资源，同时也是保证社会经济能够全面复苏与劳动力再生的重要保障。社会群体的健康在一定程度上也能够源源不断地为社会输送更多的劳动力，全面提高社会生产的效率，为提高我国的生产总值以及国际地位贡献出自己的力量。

健康本身就是一种基本的人身价值，是一个人生命价值的体现，是个人解放和自由的一种形式，而且与个体的利益是一致的，它同一个人的生命、财产和创造性一样重要，是一个人最基本的权利。健康意味着个体对自我身心有一种满意程度，它提供给个人充分发挥其潜能的能力与自由。因此，健康是人类社会发展与进步的终极目标。

二、体质与健康

良好的体质是人体活动、工作和学习的基础。体质强健，精力充沛，才能为社会创造更多的财富。

（一）体质概述

体质是指人体的质量，是在遗传性和获得性的基础上表现出来的人体形态结构、生理机能和心理素质综合的、相对稳定的特征。

理想体质表现为：身体健康，主要脏器无疾病，心血管、呼吸和运动系统具有良好的功能；身体发育良好，体格健壮，体型匀称，体姿正确；心理发育健全，情绪乐观，意志坚强，有较强的抗干扰、抗不良刺激的能力；有较强的运动和劳动等身体活动能力，对自然和社会环境有较强的适应力。

体质形成的机理是极其复杂的，它是机体内外环境多种复杂因素综合作用的结果。人的先天因素、性别因素、年龄因素、饮食营养因素、体育运动、精神因素和地理环境因素等都对体质产生直接或间接的作用。

人所处的自然和社会环境、物质生活条件、劳动和教育状况、体育锻炼水平等，都对体质产生直接和间接的作用。一个民族的体质水平与其所处的政治、经济、科学、文化发展水平息息相关，不论何种社会，处于何种生产方式和生产关系，人的体质都是社会最为基础的物质因素。一个民族体质的强弱与国家经济科学文化的发展有着密切关系，而民众体质水平的发展又将成为推动社会进步和科学技术发展的人才基础，事关社会的物质文明和精神文明的发展，以及和谐社会的构建。

同时，进行良好的体质测量在一定程度上还有助于人们更加透彻的理解体质与健康，体质测量是为了提醒人们对自身健康的关注，提高人们对体育锻炼的重视程度，让人们接受积极、活跃的健康生活方式，唤醒人们参与运动的意识，有利于激发锻炼身体的自觉性和积极性，同时有助于自己采取积极的措施，有效地增进身体的健康水平。因此，体质测量与一般意义上的医疗体检不同。体质测量不是为人们检查和诊断疾病，其目的在于帮助人们了解自己的体质状况，并为测试者提供科学健身的原则和方法。可见，体质测量具有防患于未然的作用。

（二）我国国民体质和健康状况

科技的发展、经济的繁荣和社会的进步，导致人们的生产方式和生活方式发生明显的变化。人们在工作和生活上，便捷、省时、省力和体力活动的减少；在膳食上，传统的饮食习惯受到冲击，快餐食品、高热量食品的增多；家居条件的改善，舒适程度的提高等，使得肥胖、糖尿病、高血压、血脂异常、脂肪肝等现代文明病日益增多且年轻化。根据“2005 年国民体质监测”的结果，我国国民体质和健康状况仍然存在一些问题。

1. 青少年体能水平下降

据教育部、科技部等五部委从1985年到2005年组织的数次全国学生体质健康调研报告显示，学生耐力素质在20年里持续下降，速度、爆发力、力量素质呈阶段性下降，视力不良检出率居高不下。在反映青少年身体机能的各项指标中，青少年肺活量水平继续下降。

有关专家认为，导致这一结果的主要原因是我国学生普遍体育锻炼不足。我国学校组织的体育活动也有所减少，尤其是长跑和班级之间的球类比赛，这已制约了学生体能的发展。长此以往，将会直接影响到我国21世纪国家建设所需的身强体健的“人力资源”和“人力储备”。

2. 令人担忧的“40岁现象”

中年人存在的体质、健康问题，主要表现为超重或肥胖人数明显增多、血压升高、肺活量下降。40岁是体能水平的一个转折点，在反映体能状况的运动素质指标上的表现也是如此，如力量素质和平衡能力下降。这种现象表明，40岁开始，很多人的体质逐渐衰退，同时，这也是各种现代文明病的先兆，需引起高度重视。

许多发达国家非常重视通过加强体育锻炼来增强国民的体质和提高健康的素质。增强体质可以起到防治现代文明病，提高生命、生活质量，构建健康化社会以及创造低成本健康的作用。10项主要的健康指标，包括体育活动、超重与肥胖、吸烟、毒品、健康的性行为、心理健康、伤害与暴力、环境质量、免疫力和卫生保健权，其中体育活动排在第一位。

三、健康新理念对大众健身运动的启示

联合国教科文组织忠告全世界，要把金钱、权力、享受放到健康之后。世界卫生组织明确指出：“个人的健康和寿命60%取决于自己，15%取决于遗传，10%取决于社会因素，8%取决于医疗条件，7%取决于气候的影响。”大众健身意识是通过个人对大众体育健身运动重要性的认识转化为对大众体育健身运动的归属观念。因此要想增强大众的健身运动意识，就必须纠正对健康认识的偏颇造成的负面影响，必须要树立对健康的新理念，在整个社会营造出一个全方位、多层次重视发展全民健身的氛围。

第二章　运动处方的制定

随着人们生活水平的不断提升，人们越来越重视生活质量和自身健康的提高，运动处方这一理念的提出在一定程度上能够提高人们的健康意识和科学健身的观念，为进一步推动我国的体育文化和健康产业建设注入了活力。关于运动处方的制定，虽然我国目前还处于前期发展阶段，但它还是具有一定规律性和可操作性的，下面我们将逐级从运动处方的概念、制定和操作程序等方面来对运动处方做一阐述。

第一节　运动处方概述

一、运动处方的概念和特点

运动处方概念的产生，最早是美国生理学家卡波维奇（Rapovich）在20世纪50年代提出的，并在1969年，世界卫生组织（World Health Organization，WHO）开始使用运动处方术语，进而在国际上得到认可。它是指用处方的形式并根据病人身体的实际情况进行针对性建议的运动疗法。

随着社会的发展，人们对健康的重视程度不断提高，科学、合理的运动成为人们的需求。人们在进行健身和康复的过程中，运动处方能提供有目的、有计划、有科学的指导，运动处方有着很好的发展前景。运动处方是在身体检测的基础之上，根据锻炼者身体实际情况和身体需求，按其健康、体力等身体指标对其进行量化指导的实施方案，它具有明确的目的性、计划性、科学性、针对性等特点。

二、运动处方的禁忌

运动处方在进行患者疾病治疗过程中，对于康复体能具有显著疗效，我们平时在对患者进行运动治疗的同时，也要对其注意事项尤其是有关运动处方的禁忌给予足够重视，这样才能够避免副作用的发生从而更好地进行体能恢复。

在运动禁忌证当中，一般如急性染病，感染性疾病、创伤未愈等急性疾病均为运动禁忌证，这中间也包括严重贫血及未能控制的代谢性疾病等，均应暂时停止运动。

再者，有些慢性病患者，如慢性肾炎、心肾功能受损时不宜参加剧烈体育运动，但可以适当进行配合医疗体育锻炼，促进新陈代谢和血液循环，用来减慢病情发展，防止心肾功能急剧恶化。特别是那些病情稳定，各系统和器官功能处于代偿阶段，能正常学习、工作和生活的患者，不仅可以进行体育运动，甚至能参加比赛，但此时的医疗体育活动必须在专人指导下进行。

由于疾病种类不同，病情轻重不等，患者身体机能状况各异，既往运动习惯有差别，运动项目和运动量不同，因此，慢性病患者的运动方式和运动量具有显著的个性特点，安排体育运动时要严格遵守个别对待原则，一般只能从事运动量较小的技巧性项目和有氧运动。而某些畸形伴有功能障碍者不能从事一般体育运动，患急性病者应积极治疗，待痊愈后，再逐步恢复健身锻炼。

三、运动处方的分类

根据康复运动对象的病情、类型、体质等，运动处方分为预防性运动处方和治疗性运动处方。

预防性运动处方，顾名思义，就是以预防为主要任务的运动处方，用来增强患者体能、预防疾病和提高健康水平，主要用于健身和提早预防疾病。可以根据患者年龄和身体状况等综合因素来对其进行运动预防，从而达到“治未病”的效果。

治疗性运动处方，是以治疗疾病、提高康复效果为主要目的运动方案，用来对患者疾病或机体损伤进行康复治疗的过程。可以根据患者实际病情和损伤程度进行有针对性的量化恢复。

此外，不管是预防性运动处方还是治疗性运动处方，对于身体中的某一区域或者某一功能都有具体的训练处方。比如专门有针对神经系统、呼吸系统、心脑血管系统等身体系统的运动处方，用来针对性功能预防和功能恢复，对于体能健康和恢复起到立竿见影的效果。

第二节　制定运动处方的基本原则与程序

我们在制定运动处方时，要根据患者身体的实际情况以科学、全面、综合、严谨的角度进行运动处方的制定和实施。下面我们分别从制定运动处方的基本原则和程序来阐述运动处方的制定。

一、制定运动处方的基本原则

运动处方的制定关乎最终的治疗结果，所以治疗处方的制定应遵循其科学、有效、安全等基本原则，才能对康复治疗起到事半功倍的效果，具体原则如下。

（一）科学性

科学性原则，即所设计的运动处方必须符合人体的生理和心理特点，运动处方中的运动时间和运动强度要符合处方对象的身体特点及健身要求。运动处方的科学性将直接影响运动处方的治疗效果和处方对象的身体健康，所以，科学治疗方案是进行运动处方可行性治疗的前提。

（二）有效性

有效性原则，运动处方中运动强度和运动量的安排要保证对机体进行适当刺激，并且行之有效，运动处方的制定必须建立在以效果为基本导向的基础之上。在实际应用当中要合理、科学地安排运动治疗，及时进行病情反馈。

（三）安全性

在进行运动处方治疗时，要随时注意运动项目所带来的危险系数。在身体允许的范围内进行安全有保障的锻炼。运动处方的安全性可谓是重中之重，所以在进行运动处方治疗过程中尤为值得注意。

（四）区别对待

区别对待原则，是指根据每个人的具体情况，制定适合病人身体情况的运动处方，而且还要因人病情和身体情况的不同，进行不断的调整，并进行运动量大小及强度的区分。

（五）调整性

当运动处方使用一段时间后，要根据锻炼者适应的情况和体质状况以及治疗过程中的效果反映情况进行及时地调整，以适应和便于运动处方治疗的可操作性。

（六）趣味性

趣味性原则，是指运动处方中选择搭配的运动内容要有趣化、多样化，能够引起被治疗患者的锻炼兴趣，切忌枯燥的训练式运动处方。

在制定和实施运动处方时，应严格遵循以上各项原则规定和要求进行处方的制定，以确保实际操作中数据的准确性，效果的长久性和治疗的安全性。

二、制定运动处方的程序

运动处方的制定程序包括：普通和临床、运动负荷、体力、运动处方定制、医务监督、运动处方修改、运动处方微调等试验和步骤。

科学而有序地制定运动处方，能够在客观上符合个人的身体条件，能够真实反映患者治疗前后的改善情况，也将使得运动处方更具有安全性和有效性。

（一）普通临床调查

普通临床调查需要知道病人的病情、目前的身体情况、康复目的及社会环境等因素，对后期进行运动处方的制定具有指导意义。

其目的是掌握被检查者的身体健康状况，评定其体质等级，排除体育运动禁忌证，为运动负荷实验提供有效的安全系数。

1. 询问病史及健康状况

在运动处方中，了解病人的身体情况对于调整运动处方具有参考作用，它可以帮助治疗者进行有针对性的施治。

询问病史及健康状况应包括：既往病史、现有疾病、家族史、身高、体重、血压及目前的健康状况、疾病的诊断和治疗情况，女性还须询问月经史和生育史。

2. 了解运动史

进行运动项目治疗前，应该对患者以往运动情况做一个大致了解，包括兴趣运动项目、以往运动情况等具体信息。这些信息可以在进行运动处方治疗时提供参考。

3. 了解健身或康复的目的

要详细了解进行运动处方治疗的具体目的对于运动处方的期望值等信息，这些信息能够在治疗中具有明确的目的性和可操作性，能够帮助医生更好、更全面地进行处方制定和实施。

4. 了解社会环境条件

详细调查和了解参加运动处方治疗的病人的社会条件对于实施运动处方治疗方案具有实际的可操作意义，能够帮助人们利用资源更好地进行运动处方治疗。这些条件包括经济情况、生活条件、社会环境等资源。

5. 运动系统的检查

运动系统的检查对于进行运动康复治疗具有关键性作用，因为运动本身就是需要身体配合进行治疗的一种方法。它包括四肢及全身的肌肉、身体各个关节，主要是四肢关节等部位进行系统的测试和检查。

6. 心血管系统的检查

心血管系统检查项目比较繁琐，但这一类项目对于运动处方具有无可替代的参考性作用。

当运动进行一段时间或者某一阶段之后，这就需要对于病人心血管系统进行检查，这些内容包括心电图、血压、血脂、血糖、心率等项目。

7. 呼吸系统的检查

呼吸系统能够产生代谢作用，是促进机体康复的关键，这些项目有肺功能测试、肺活量测试、肺容量测试、时间肺活量（TVC）、最大通气量（MVC）等基础数据的测定。

8. 神经系统的检查

神经系统的检查项目包括：植物神经系统功能检查，视觉、听觉、味觉、体表感觉神经功能检查，反射检查，神经肌肉功能检查等。

9. 其他系统功能的检查

关于其他系统功能的检查项目，则一般有肾功能检查、肝功能检查、代谢功能检查等。

（二）运动负荷试验

目前，运动处方中最常用的运动试验是用逐级递增运动负荷的方法测定。

递增负荷运动试验，是通过运动中逐渐增加运动强度或者运动量，同时进行生物性指标测定而进行试验的方法。

1. 运动试验的方法和禁忌

运动试验常用的方法有活动平板（跑台）和功率自行车两种实验项目，具体如下。

（1）活动平板运动试验

此项目是通过活动平板进行全身运动，并在运动中，全程监护人体生理指标，此运动可以接近人体生理活动特点，也可以直接测出某些数值。

（2）功率自行车运动试验

此项试验的优点是能够通过脚蹬的方式对受试者进行体能测验，尤其是身体的数值更加方便测量。

对于运动方法禁忌，一般如有严重的心脏病、高血压、急性炎症、传染性疾病、功能障碍、呼吸系统、代谢系统及骨关节病等疾病的患者应遵医嘱。

2. 运动试验的中止和注意事项

在进行运动治疗过程中，如在运动试验中出现胸痛、心绞痛、心律失常，或者头晕、面色苍白、冷汗、呼吸急促、下肢无力、动作不协调以及出现运动负荷增加，而心率不增加或下降等现象时应立即中止运动并进行就医治疗。

在运动实验进行之前，为保证实验的顺利和有效进行，在实验前和试验中应注意试验前 2 小时禁止吸烟饮酒、试验前休息半小时左右、避免空腹和饱餐后即刻进行运动试验等。

（三）体力测验

目前，较多采用的有定时耐力跑和定距耐力跑，并且体力测验必须是运动负荷试验无异常的人才能进行。下面我们来介绍下目前广泛应用的12分钟测验跑。

1. 参加测验者的条件和测试方法

一般来讲，参加测试者的身体条件要求在一定年龄以下，身体正常无残疾的人群符合测试人员要求的身体素质条件。

进行测试以前，我们将受试者先提前进行6周左右的准备活动，具体如下。

（1）准备活动

在6周练习期间，每周练习1～3次，分别以快走并穿插慢跑、步行与慢跑、慢跑、快跑等逐级完成，每部分运动时间均为12分钟。

（2）测验须知

普通人在进行一个阶段的锻炼后，应感到不疲劳，这样才能进入到下一阶段的练习。在进行测验过程中，应注意充分的准备活动，每隔一段距离就要有标记，并且在运动之后做合理的整理活动，记录在受试时间内所测试的距离。

2. 测验的评定标准

12分钟跑测验的评定标准是按不同年龄及性别的受试者在12分钟内所跑的总距离来进行综合评定的。具体标准如表2－2－1所示。

表2－2－1　12分钟跑体力测验的评定标准　　单位：米

年龄	1级（很差）		2级（差）		3级（及格）	
	男	女	男	女	男	女
13—19	<2080	<1600	～2080	～1600	～2190	～1890
20—29	<1950	<1540	～1950	～1540	～2100	～1775
30—39	<1890	<1500	～1890	～1500	～2080	～1680
40－49	<1825	<1410	～1825	～1410	～1985	～1570
50—59	<1650	<1345	～1650	～1345	～1855	～1490
60以上	<1390	<1250	～1390	～1250	～1630	～1375

（续表）

年龄	4 级（好）		5 级（很好）		6 级（优秀	
	男	女	男	女	男	女
13—19	2500 ~	2065 ~	2750 ~	2290 ~	>2975	>2415
20—29	2385 ~	1950 ~	2625 ~	2145 ~	>2815	>2320
30—39	2320 ~	1890 ~	2500 ~	2065 ~	>2705	>2225
40—49	2225 ~	1775 ~	2450 ~	1985 ~	>2640	>2145
50—59	2080 ~	1680 ~	2305 ~	1890 ~	>2530	>2080
60 以上	1920 ~	1570 ~	2110 ~	1745 ~	>2480	>1890

（四）运动中的医务监督、处方修改和微调

在进行运动处方治疗过程中，应该在测试前、测试中、测试后三个不同阶段对受试者身体状况进行实时监督和测试，尤其是在住院期和门诊期实施运动处方时，应具有心电监测条件和抢救条件。

运动处方实施后要根据受试者身体的反馈以及运动处方所设定的目标进行比对，对于偏差性较大的运动处方予以纠正。

运动处方的制作程序应按照客观、严谨、科学的方法和态度进行精心策划和设计，以求达到最佳、最稳定的治疗效果。

第三节　运动处方的内容

运动处方一般由运动项目、运动时间、运动频度、运动强度及注意事项等方面组成。

一、运动项目

在运用运动处方进行选择运动项目时，应严格按照选择处方的依据进行实施，具体如下。

（一）运动项目选择依据

运动处方的制定要求运动者根据自身条件而去选择相适应的运动项目。例如在制定目的是改善和维持心肺功能状态的运动处方时，应选择有氧练习，如慢跑。若锻炼者的年龄较大，各系统功能状况一般，可先采用走跑交替的运动。

（二）运动项目的分类

运动处方的运动项目可分为耐力性运动、力量性运动和伸展运动三种类型，具体如下。

1. 耐力性（有氧）运动

主要目的是通过有氧代谢的加快，将体内的毒素尽快排除，加快血液循环，从而全部或者部分恢复机体功能，达到身体康复目的。

2. 力量性运动

此类运动在运动处方中，主要以恢复肌肉力量和肢体活动功能为主，用于运动系统、神经系统等肌肉神经麻痹或关节功能障碍的患者。在矫正畸形和预防肌力平衡破坏所致的慢性疾患的康复中，通过有选择地增强肌肉力量、调整肌力平衡，从而改善躯干和肢体的形态和功能。

3. 伸展运动及健身操

此类运动可以较好地纾解紧张，使肌肉和精神处于相对放松状态，还可以调理体形，有利于身体机能的恢复。

二、运动持续时间

运动时间是一项检验是否达到运动处方目的的重要指标之一，具体情况要根据运动处方的实际内容和患者的实际情况进行。

（一）运动时间确定的依据

在确定运动处方的运动时间上，应结合患者身体检查结果，根据运动处方所规定的运动内容和强度来进行综合考量。例如，一般的有氧运动健身运动处方，运动时间一般在 20 ~ 60 分钟；健康成人可采用中等运动强度、稍长运动时间的配合；体力弱者可采用小运动强度、长时间的配合。

（二）常见运动项目运动时间的确定

常见的康复运动项目主要有耐力性（有氧）运动、力量性运动两部分组成，在训练实施过程中，针对不同的运动都有不同对应的训练时间。耐力性（有氧）运动的运动时间，是指每个项目每次持续运动的时间；力量性运动的运动时间是指每个项目每次练习动作的持续时间。针对这两种时间应有合理的安排。

三、运动频度和运动强度

运动频度的确定是根据患者身体的恢复程度而制定的，常见运动项目如耐力、力量、伸展等运动，是在单位时间内所做的运动次数和运动强度用数字的形式表现出来，便于记录和评判治疗效果和治疗进度。

运动强度是指运动量和实践的变化，这些数值的变化对于制定运动处方和调整运动处方有着积极的参考作用。一般根据受试者运动经历及所选择的运动内容等因素，来进行运动强度评定。目前，在运动处方的制定中，我们常常采用先按适宜的心率范围进行运动，然后在运动中结合自觉疲劳分级来掌握运动强度的方法来评定运动强度，即靶心率和自觉疲劳程度相结合的方法。此外，在运动处方中，分别有耐力性运动、力量性运动和伸展性运动，其运动量和运动形式也根据患者体质和具体情况有所区别。

四、注意事项

由于运动处方治疗过程中会遇到这样那样的问题，我们总结了下面几点，以便于更好地进行运动治疗。

（一）耐力性（有氧）运动的注意事项

一般情况下，做好准备活动能避免身体不适引发的意外损伤。运动量的监控应有具体的要求，以保证运动处方的有效和安全。

另外，在运动过程中如果出现无力、头晕、气短等现象时，应立即停止运动。运动治疗过程中还应明确运动疗法与其他临床治疗的配合等措施来促进治疗效果。此外在耐力性（有氧）运动处方中，应有针对性地提出运动的禁忌证或不宜进行运动的指征，以避免意外发生和损伤身体的情况出现。

（二）力量性运动的注意事项

我们在运动处方的力量性运动试验的实际操作过程中，需要保持正确的身体姿势，必要时给予保护和帮助，此外还要在力量练习的前、后应做充分的准备活动及放松整理活动

（三）伸展运动和健身操的注意事项

科学的训练方法使身体恢复治疗效果能够快速提升并能够加快促进机体恢复，所以要跟据患者实际情况进行科学有序的锻炼。

第四节　运动处方的格式与实施

一、运动处方的格式

目前运动处方格式还没有形成统一认识，但在开具运动处方时，应具有针对性、科学性并尽量做到全面、准确和简明、周到。

一般情况下，运动处方包括一般资料、运动试验和体力测验结果、运动处方的制定时间、医师或教练签名、复查日期和注意事项等。

二、运动处方的实施

运动处方的实施包括准备活动、训练活动和整理活动三个部分，具体如下。

首先，通过准备活动，能够提高神经中枢和肌肉的兴奋性，动员和加强心血管系统机能和呼吸系统机能，增加肌肉的血流量和供氧量，提高机体酶系统的活性，加强体内物质代谢过程，并且准备活动部分的时间逐渐增大，直至接近正式活动的强度。

其次，运动处方训练的主要任务是，通过这一阶段的训练，达到和保持身体能够承受的适宜运动量，使机体在稳定状态下按照要求的运动时间运动，刺激并提高机体的免疫能力，从而达到理想的设计治疗效果。

另外，整理活动能够使人体激烈的肌肉活动逐渐得到放松，减轻机体的疲劳程度，促进体力恢复和机能缓解。

整理活动是在正式运动后逐渐降低运动负荷强度，做一些较轻松的身

体动作，尽量使肌肉放松。最后还可以做一些拉长肌肉的运动，以利于疲劳的消除。

三、运动强度的监控

一般通过体能恢复锻炼中机体的能力和主观感觉加上利用仪器设备进行准确计算的方法进行客观运动强度的监督。

我们可以利用在活动中对于自身身心的感觉和感受来进行监督。例如可以从精神状态、进食量、排汗量、睡眠时间和质量来进行初步判定；还可以利用测量设备和仪器进行身体运动强度的测定和监控，这种方法则更为直观和准确。例如，运动前后和运动中利用血压计进行脉搏测量，利用体重计进行体重测量，当然也包括心电图等设备。

四、运动中的监督

由于患者个体的体能和状况差异性，当我们在进行实施治疗性运动处方过程中，医务人员进行现场监督必不可少，这样能够对于突发情况进行第一时间的应对。同时也能够在第一时间获取病人身体状况的第一数据，能够及时对患者进行治疗和跟进，便于今后对患者的治疗，这对于身体恢复和准确治疗更具有直观性和可操作性。

运动处方中的医务监督通常必不可少，这样一方面能够增加患者在运动治疗时的安全感和信心，同时也减少了特殊患者在进行运动处方治疗过程中的危险系数。

第五节 运动处方实施案例

在运动处方实施过程中，可以对糖尿病患者、癌症患者、以及高血压冠心病等患者进行实治，下面我们以冠心病为例对运动处方在减肥中的实际效果和案例进行分析和阐述。

一、冠心病的概念

冠心病是心脏病的一种，历年来较为多发，主要原因跟饮食跟生活习惯有关，另外一部分就是遗传因素。在冠心病中，心绞痛是一种突出的症状，常在过度兴奋、疲劳、受凉或饱食之后发生。疼痛发作时有胸闷、压迫感、紧束感，并使人有濒死的恐惧感，心绞痛发作时还可伴有血压升高、心率加快等并发症。它是一种由于血液过于黏稠并在血管壁形成堵塞而导致心肌供血不足而引起的心脏病。

二、冠心病的发病机理

它是指通过冠状动脉内膜的细胞裂隙渗入到血管壁中，并在早期囤积在冠脉内膜形成脂条，接着噬脂细胞逐渐增多并释放胆固醇，形成硬化块，使冠状动脉渐渐狭窄阻塞。公认的心肌耗氧量的主要决定因素一般可分为心室壁应力、心室壁应力的作用时间、心肌收缩性能三个方面。

三、冠心病的致患因素

尽管冠心病发生的原因尚不完全明了，但据流行病学观察，已知某些因素与之有密切关系，一般称之为致患因素，具体如下。

（一）高血压、高血脂和糖尿病

我国高血压患者中冠心病患病率较血压正常者要高出 4 倍，而冠心病患者中 50% ~70% 有高血压，这说明防治高血压对预防冠心病是很重要的。

血脂包括胆固醇、甘油三酯、磷脂和脂肪酸 4 种成分。前两者增高可引发冠心病，尤其是高胆固醇血症可以说是罪魁祸首。高脂血症按脂蛋白种类不同分为 5 类，其中Ⅱ型和Ⅳ型最常见，Ⅱ型以胆固醇增多为主，Ⅳ型以甘油三酯增多为主，与冠心病的发病率关系密切，尤其是与发病年龄较轻的患者有关系。

（二）吸烟与饮酒

吸烟可直接造成冠脉痉挛和冠脉粥样硬化，并使血液中一氧化碳含量增高引起缺氧并与高血压、高血脂并列为冠心病三大易患因素。因此，预防冠心病必须戒烟。

少量饮酒并不增加冠心病发病率，甚至被认为有助于预防冠心病；但是长期大量饮酒可影响心肌代谢，导致酒精性心肌病，所以饮酒要适量。

（三）饮食、运动等生活习惯

改善膳食结构还要注意饮食量要与机体的日常热量消耗相符，否则脂肪堆积，体重增加，仍易患冠心病。近几年来，我国冠心病发病率有上升趋势，其原因是吸烟者渐多及饮食成分不合理。

（四）年龄和性别和遗传素质

据调查研究，个别患者案例跟遗传有关。

由上可见，冠心病的发生因素是一个复杂的形成过程，这就要求我们在进行运动处方治疗时，充分考虑患者所处生活的内外环境，力求将运动处方设计更加精准。

四、运动处方对于治疗冠心病的作用

适当的有氧运动可增强体质，并对防治心血管疾病具有积极意义。运动对心血管疾病防治作用的机制可归纳为三方面，即中心效应、周围效应及其他效应，具体如下。

（一）中心效应

运动康复训练能够直接改善机体受损部位血液循环，促进新陈代谢，形成良好的发育组织从而逐步改善和缓解病痛及受损组织。

（1）运动可预防或延缓冠脉粥样硬化的进展，并且能增加冠脉侧枝循环，增加冠脉直径，从而改善心肌的血液灌注和分布，达到维持或增加心肌氧的供应的作用。

（2）运动训练能降低安静和运动时的心率，降低安静和运动时的收缩压和平均动脉压，从而使心脏的做功减少。另外，运动训练还可减少循环血液中儿茶酚胺的水平，从而使心脏的氧耗量下降，达到减少心肌工作的氧耗量的作用。

（3）运动可增加休息和运动时的每搏输出量、射血分数，增加心肌收缩力，从而达到增进心肌的功能。

（4）运动训练可减轻运动时心肌的局部缺血，减少安静和运动时血浆儿茶酚胺的水平，从而增加室颤阈值及增加心肌电稳定性的作用。

（二）周围效应及其他

运动康复训练不仅能够直接修复受损部位，还能够促进受损周围组织和代谢的产生，存进整体机体康复。

（1）运动训练后骨骼肌内线粒体数目和体积增加，有氧代谢酶活性增强，同时肌动蛋白及肌组织糖原含量增加，从而达到增强骨骼肌功能的作用。

（2）运动训练可使肌肉内毛细血管数量增加，运动训练后血管舒张功能增强，血管内皮可产生内皮舒张因子（EDRF），参与心血管功能的调节。另外，运动后血管对缩血管物质的反应性减弱，从而达到降低心脏负荷，改善心脏功能和增强血管贮备力的作用。

对于其他方面来讲，运动可消除病人的情绪紧张，增加病人对治疗的信心和乐趣，还可以增加 HDL - C/LDL - C 的比值，改善糖的代谢，增加胰岛素的敏感性，减少血小板聚集性，增加纤溶酶活性，减轻肥胖，从而使抗动脉粥样硬化的能力增强，使动脉粥样硬化的能力减弱等。

五、恢复期、复原维持期运动处方

在实际进行运动处方治疗中，运动处方会根据患者实际情况和治疗阶段进行设计运动处方，下面我们以治疗冠心病为例介绍冠心病恢复期、复原维持期的运动处方。

（一）恢复期康复运动处方

从出院至恢复工作之前的一段时间为恢复期。恢复期康复活动，以步行为宜。步行以无症状无疲劳感为度，活动前后要数心率（10s 脉搏 × 6），可应用“主观运动强度（RPE）测定表”评价，并由家属陪伴步行，以保证患者身体安全，见表 2 - 5 - 1。

表 2 - 5 - 1　主观运动强度（RPE）测定表

周	距离（m）	时间（min）	速度（m/min）	km/h	Mets
2	402	8 ~ 10	40 ~ 50	7.4 ~ 3.2	15 ~ 2
4	804	15	53	3.2	2 ~ 3
6	1608	30	53	3.2	2 ~ 3.5
8	1608	24	67	4.0	2.5 ~ 3.5
10	1608	20	80	4.8	3 ~ 4
12	1608	17.5	93	5.6	4 ~ 5
14	1608	15	107	6.4	5 ~ 6

处方中的步行距离和时间，应根据患者的体力情况灵活运用，如可将

一日步行的距离分成几段进行等。

发病后6～8周，通过步行、做操等活动进行体力恢复。如果恢复顺利，可在发病后第8周进行症状限制性运动试验，此实验如有6～7Mets以上的体力水平，一般3个月后可做些事务性轻工作，以后通常可顺利恢复。再经过1～3个月，多数脑力劳动者可恢复工作。没有条件进行运动试验者，复工标准可参考步行或上下楼时的心脏功能情况。

进行12周训练，如果这时达不到5Mets时，则进入监视性运动疗法，还不能提高体力时，则进一步进行各种检查，选择适当的治疗方法。对体力水平达到6～7Mets以上时，则不需要监视性运动，根据症状限制性运动试验的成绩实施运动处方。12周后再进行运动试验，体力增强到9Mets以上时，则认为充分达到了康复目标。

（二）复原维持期运动处方

复原维持期在日本被称为慢性期，是指从发病后数月到生命的其余时间，它是康复医疗的第四阶段，即急性心肌梗塞医疗缓解后需要终生维持性康复。

这一阶段，坏死的心肌已愈合，症状已大部消失，心脏功能已充分改善。因此，恢复体力，去除各种易患因素，将心血管病残疾减轻到最低限度，防止复发，提高生活质量，以及延长寿命是本期的康复目标。

此阶段进行运动康复治疗时，应对患者先做症状限制性运动试验，确定最高心率和心脏功能容量，以确保运动处方的有效性和安全性。有效性要求运动有足够的强度、时间和频度，以对心血管和代谢系统起作用；安全性直接关系到运动时心肌的需氧能力，也即运动处方的量必须是当达到运动最高峰时和在运动肌肉不断提高氧的需要时，心肌的需氧量仍处于可以得到足够的氧供应的范围之内。

1. 运动目的

此阶段运动处方进行实施，目的在于促进患者机体侧枝循环、增加心肌供氧量、改善缺血区的灌流量、提高心脏利用氧的能力；恢复体力、消除各种易患因素、将心血管病残疾减轻到最低限度；降低血黏度、增加血液纤溶系统的活性、降低血液胆固醇含量、防止冠心病复发等方面。

2. 运动种类

复原维持期的运动处方按照运动种类，可分为上肢运动、下肢运动和气功运动。

上肢运动项目，由于大部分病人参加的工作主要为上肢劳动，所以上肢运动项目必不可少，如游泳、划船、体操等；下肢运动项目，如走步、健身跑等；气功运动适用于冠心病康复治疗的各个阶段，既可缓解病人烦躁、焦虑等不良心理反应，还可减低对心脏的负荷。练功时的腹式呼吸还有利于改善血液和淋巴循环。各种动气功的进行，不仅有对机体的调整作用，同时还有有氧训练效应即对心脏本身也起到增强作用。气功治疗若和有氧练习相结合则可起协同作用。气功练习次数宜每次 30min 左右，每天 1～2 次即可。

3. 运动强度、频度及运动时间

运动时的靶强度应以症状限制性运动试验的强度为最大运动强度，或运动强度控制在本人最大心率的 50% ～85% 之间，缺乏监护措施时，开始运动可控制在 50%，当运动适应后，再逐步增加，最好稳定在 70% 左右。对于无条件进行症状性运动试验的患者，可采用年龄预计公式——靶心率：180（170）－年龄（岁），其中 170 适应于恢复期较短或病情有反复、体质较弱的患者，180 适应于已有一定锻炼基础、体质较好的患者。

运动频度通常根据运动效果的持续时间而定，每周 2～3 次的运动对提高机体的有氧训练水平已经足够。然而对终日坐位工作者或平时不爱好运动者，每周 5～6 次为宜，否则很难坚持参加并完成运动处方的计划和要求。

运动时间通常以 15～30min 为宜，运动时间的确定应考虑运动强度、心功能级别等因素。年龄较轻、心功能较好的患者可用短时间、较高强度的搭配方案，高年龄及心功能较差者则相反。准备活动通常包括行走和四肢及全身活动，如太极拳和保健操，一般为 3～15 分钟。整理活动中以 5～10分钟进行慢走、自我按摩或其他低强度的放松。基本部分的运动时间应确定在达到靶强度后持续 10～15min。

4. 注意事项

实施运动处方的时候，应该注意运动量、运动时间、运动与用药的关系等几个方面，具体如下。

（1）运动量是否合适，应视个人运动后的反应为标准。合适的运动量的反应应该是运动后精力充沛，食欲增进，睡眠改善，不易疲劳，并且心率常在运动后 20min 内恢复至安静时心率数，次日晨醒时的安静心率较恒定并有变慢趋势。反之即为不合适，宜重新确定运动强度和运动时间。

（2）每天运动的时间带虽然在一天中并不需要硬性规定，但选定时间后不宜经常变动，以养成动力定型，且易于坚持。选择运动时间带与高血压病人相同。

（3）运动与用药的关系除前面已提到的之外，对稍动即产生心绞痛的病人，运动前适当应用亚硝酸类药物，提高运动能力，从而增强训练效应。若应用预防亚硝酸盐类药物后经常感到心绞痛，则不宜进行运动，并做进一步检查。

（4）在停止活动一段时间后再训练时要减量运动，即使短至1～3周的不活动，训练效应也会开始消退，机体的有氧能力已有降低，因伤病卧床后更为明显。如仍按原来的运动进行活动，易发生心血管或骨骼、肌肉的并发症，故应降低1～2个水平的强度重新开始活动，并逐步恢复至原先的做功水平。此外，在病人运动后应避免立即做热水沐浴，以免发生血压下降或引起心率失常。

（5）病人患有膝、腰、背或其他骨科疾病，不能参加健身跑或功率自行车训练时，宜用上肢及腹部运动代替。

六、运动处方的实施

一般情况下，运动处方的实施情况会根据运动处方的运动内容、运动方法和运动量等几方面进行运动处方的具体实施，具体实施方法和原则如下。

（一）训练方法的具体实施

运动处方的实施可采取两种训练形式：一是间歇或循环训练法，二是持续训练法。在间歇训练中可使高和低强度的运动相互交替进行，甚至可有短暂的休息时间，所选择的强度可稍大，即靶心率较高（如在持续训练中要求的靶心率是75%最大心率，则此时可选择80%～85%最大心率），也可利用原有的地形，使步行、慢跑、爬坡、下坡等交替进行。

持续训练法可利用活动平板，功率车（上肢、下肢），划船器，上、下肢综合练习器，或在运动场地上进行步行或健身跑，要求心率达到靶心率并至少维持10～15min以上锻炼。

两种训练方法比较，间歇训练法为病人所接受，可避免产生较明显的氧债。因此，可能降低发生严重心律失常的危险，并且方法多样化而不像持续训练法那样单调。其最大缺点是需要多次测心率数，观察每次运动能否达到或接近靶心率。持续训练法则易于进行监测，一次训练时间可以较短，同时运动的人数较多时采用持续训练法，便于专业人员的指导。

（二）运动量的具体监控

运动量过大时一般会在运动中或运动后即刻出现心绞痛、心率失常、心跳过快、心动过缓、眩晕、恶心、呕吐、面色苍白等。

运动量过大时还可在运动后出现长时间疲劳、失眠、液体潴留引起的体重增加和精神错乱等继发症状。

七、心脏康复运动适应证、不适应证及应停止活动的指征

心脏康复运动锻炼程序适用于隐匿型（无症状）冠心病、稳定性心绞痛病、复原维持期的急性心肌梗塞患者、有心绞痛或心电图改变的冠心病患者、冠脉搭桥术的患者、心脏移植者、心脏起搏器安装者、有冠心病易患因素的中年人（如高血压、高血脂症、糖尿病、吸烟、肥胖等）等群体。

不宜进行运动疗法的指征包括：高血压未得到纠正（血压大于24.0～14.0kPa或低压持续存在小于12.0～8.0kPa）；持续存在有充血性心力体征；休息时心脏不适或气短；心率失常持续存在或反复出现等特征。

停止运动或减小运动强度的指征则包括：活动时出现新的心率失常、活动后收缩压下降2.7kPa以上、活动时引起心脏不适或气短、活动引起脑症状、心动过速（心率大于每分钟110次）、很轻用力时ST段下降（1mm或上升大于2mm）。

第三章　运动处方锻炼的营养保健与医务监督

体育运动保健需要营养和医务监督提供保障，满足体育运动保健中运动者的营养需求，对运动者的运动负荷和生理负荷进行科学合理的评定，做好不同群体的医务监督工作，为体育运动者进行科学的运动提供有利条件和有效保证，从而更有利于运动者通过体育运动达到保健的目的。

第一节　运动处方锻炼的膳食营养

不同的运动项目，在膳食配比上有所不同。运动处方锻炼的膳食营养主要针对“运动前”“运动中”和“运动后”做研究，对于所有的运动项目，营养补充都是非常值得研究的。

无论是在训练过程，还是比赛过程，都应该围绕“运动前”“运动中”和“运动后”进行能量的补给。在运动前要按照预计能量损耗，在膳食中安排能量的补充。在运动间歇可采取补液方式，对损耗能量进行补充。运动后及时的营养物质补充，有助于运动疲劳的恢复，可以有效避免一些运动损伤。让自身运动训练呈现出可持续的健康状态。

下面具体说说体育运动保健所需要的膳食营养。

营养是人体不可缺少的物质保证，体育运动保健离不开营养。为了能够达到理想的运动保健效果，合理摄取各种营养素是体育运动者不容忽视的重要方面。体育运动保健所需营养素主要包括蛋白质、脂肪、糖类、维生素、水、矿物质和膳食纤维。

一、体育运动保健中的蛋白质

蛋白质的功能主要包括：人体的代谢、更新需要蛋白质的参与；各种酶和激素对体内生化反应的调节，维持肌体正常的免疫功能；人体受到外伤后，需要大量的蛋白质对损伤的组织进行修补；维持机体内体液的平衡。

二、体育运动保健中的脂肪

人们习惯上常把脂肪和肥胖联系在一起，尤其是年轻女性更是害怕食物中的脂肪。其实脂肪在人体内有着极其重要的作用，可以说如果人体没有脂肪，那么人的生命也就停止了。脂肪是由一分子甘油和三分子脂肪酸化合组成的，其中脂肪酸是维持人体正常生长发育和健康所必需的。

三、体育运动保健中的糖类

在体育运动保健中，糖类是运动者最主要的能源物质，其主要由碳、氢、氧三种元素组成，其中氢和氧之比为2:1，与水相同，故有“碳水化合物”之称。营养学上所称的碳水化合物包括食物中的单糖、双糖、多糖和膳食纤维。

四、体育运动保健中的维生素

维生素也称维他命，是维持人的生命与健康所必需的有机化合物。它存在于天然食物中，人体不能合成，需要量甚微。每种维生素各有特殊生理功能，是既不参与机体组成也不提供热能的有机物。维生素的种类很多，目前已知的有 30 多种。依据其溶解性质进行分类，维生素可分为水溶性维生素（维生素 B 族、维生素 C 族以及维生素 PP）和脂溶性维生素（维生素 A、D、E、K 等）两大类。

五、体育运动保健中的水

水是生命赖以生存的重要物质，人对水的需求仅次于对氧气的需求。在体育运动中，人体对水的代谢和排解会进一步加速，因此对水的需求量也会增加。

水对人体具有重要作用，人体内的一切化学反应，生命必需的各种物质的转运及体内不需要的代谢产物的排除，对体温的调节，对关节、呼吸道以及胃肠道等的润滑都离不开水的参与。不可否认，水是最重要的食物，它对人体具有不可替代的重要作用。一个人可以 7 天不吃饭，但不能 3 天不喝水。

同样，体育运动保健中也需要水，健康成年人每天的摄入量为每千克体重 125～150 毫升。在体育运动过程中，人体所需要的水主要来源于饮料和食物。

六、体育运动保健中的矿物质

矿物质是构成人体组织的重要原料，有助于维持人体的重要生理功能，可起到调节体内酸碱平衡、肌肉收缩、神经反应等重要作用。矿物质大致可分为常量元素和微量元素两种，常量元素包括钙、钠、磷、镁、氯、钾、硫 7 种；微量元素包括：铁、锌、碘、铜、硒、镍、钼、氟、钴、铬、锰、硅、锡、钒 14 种。

在人体内，常量元素的含量 >0.01%，膳食中常量元素的摄入量 >100 毫克/天，而微量元素则低于此值。

七、不同年龄段人群的营养保健

（一）青少年儿童的营养要求

1. 基本营养物质的补充

青少年儿童正处于生长发育的关键时期，体内新陈代谢旺盛，因此，对各种营养素的需要量相对地比成年人高。热量是维持人体生理代谢和活动能力的能量。热量主要靠食物中的营养成分供给。提供热量的营养物质主要有碳水化合物、蛋白质和脂肪三大类。碳水化合物每克可供热量为 16.7 kJ（4 千卡）；蛋白质每克供给热量为 16.7 kJ（4 千卡）；脂肪每克供热量为 37.7 kJ（9 千卡）。一般来说，年龄越小，按千克体重计算的热量需要量越大。

2. 维生素

青少年时期，维生素的补充尤为重要。一般来说，维生素 A 的供给量 3～5 岁的儿童每日应为 0.5mg，相当于胡萝卜素 3mg，5 岁以上儿童的每日供给量与成人相同。

维生素 C 的供给量，3～6 岁为 40～50mg，7～10 岁为 50～65mg，11～13岁为 70mg，青少年为 90mg。

维生素 B_2、PP 的供给量可按热量每 4185 千焦供给维生素 B_1 0.6 mg，维生素 B_2 0.5 mg，维生素 PP 5 mg。

3. 无机盐

人体对无机盐的需要量最大的为钙、磷、铁等。我国钙的供给量标准是10岁以下为500mg/d，10～13岁为700mg/d。钙与磷的比例为1:2或1:1。铁的供给量是3～13岁为7～12mg/d，青少年为15mg/d。锌是青少年生长发育时期不可缺少的微量元素，这一时期尤应注意适当补充。

4. 水

水是生命之源，只有保持水分的稳定，才有利于物质代谢的进行和维持正常机能。一般来说，年龄越小，需水量相对较高。同时，青少年儿童要注意膳食平衡，饮食多样化、均匀化、不偏食、不挑食、按时进餐，防止营养不足或过剩，纠正不良的饮食卫生习惯。

（二）中年人的营养要求

1. 合理安排膳食

饮食是肌体营养物质的来源。中年人的饮食品种不应单一，要做到多样化，以获得营养素的平衡。每天注意糖类、油脂、蔬菜、瓜果类、乳类、肉、蛋、鱼等食物的调配，克服挑食或偏食的毛病，以免引起某种营养素的缺乏。

此外，还应注意微量元素的摄入，注意少食盐，以防止水肿、高血压病等疾病的发生。

2. 坚持科学的健身锻炼

坚持科学的、适度的体育锻炼是延长青春年华、增强体质的最佳方案。中年人即使每天进行15min慢跑或20min的步行，也会起到一定的健身效果。

3. 保持心理健康

中年人处在人生的重要阶段，要学会调节自己的情绪，以维持心理平衡。平时应做到：①始终处于较平衡与满足的状态；②保持积极乐观和愉快的情绪；③正确认识自己和正确对待外界的影响；④善于自我控制，从而取得较稳定且健康的人格结构，保持心理健康。

（三）老年人的营养要求

1. 蛋白质

老年人每天蛋白质的需要量为每千克体重1克，其中优质蛋白质应占蛋白质总摄入量的一半以上。即要注意瘦肉、乳类、豆制品、鱼、虾类等食物的摄入。

2. 脂肪

老年人摄入脂肪应尽量选用含不饱和脂肪酸多的油脂，如花生油、豆油、菜籽油等。每天脂肪摄入量应控制在每千克体重1克以内。

3. 糖

老年人活动量减少，体内代谢过程减慢，每日从膳食中摄取的热量应比正常人低10%～20%为宜。一般糖约占其60%左右。否则有诱发糖尿病的危险。

4. 维生素

在日常生活中常食用新鲜水果和绿叶蔬菜，或补充维生素C和维生素B等，对老年人的营养保健很有帮助。当老年人胃肠功能降低，不能摄入足够的食物时，易缺乏维生素。在临床上常出现口角炎、舌尖和皮下出血等现象，这时就需要维生素的补充。

5. 无机盐

在日常生活中，老年人尤其应注意钙和微量元素的补充。因此，常食用绿叶蔬菜、新鲜水果、乳类、豆制品类等食物尤为重要。每天膳食中钙的供给量为0.8～1.0g。老年人还应注意食物不宜过咸，否则易造成钠和水的储留，促使血压升高。因此，老年人每天食盐量应控制在8g以下，如果已患有心血管疾病、肾病者，最好控制在5g以下。

第二节　运动生理负荷量的评定

一、有氧适能的评定

（一）心血管机能试验

1. 一次负荷试验

测试方法：首先测定受测试者处于安静状态下的脉搏和血压，然后令其以 100 米赛跑的速度原地跑 15 秒后，立即测 10 秒的脉搏，紧接着在后 50 秒内测血压，连续测试 4 分钟。

评定标准：根据负荷后心率和血压升降幅度及其恢复时间进行测定。通常包括正常反应、紧张性增高反应、梯形反应、紧张性不全反应和无力性反应五种类型。

2. 联合机能试验

试验步骤及方法：先按一次负荷试验的方法，测量安静时的心率和血压，接着按顺序做三个一次负荷试验。

（1）受测试者进行原地慢跑 3 分钟（男）或 2 分钟（女）试验，速度为每分钟 180 步。跑后测量 5 分钟恢复期心率和血压。

（2）受测试者进行 15 秒原地快跑试验，要求以百米赛跑进行，跑后测量恢复期心率和血压，共测 4 分钟。

（3）受测试者进行 30 秒 20 次蹲起试验，做完后测量恢复期的心率和血压，共测 3 分钟。

评定标准：参照 15 秒快跑一次负荷试验的五种反应类型来评定心血管系统机能的水平。在联合机能试验中，20 次蹲起对经常参加体育运动的人来说可视为准备活动，原地快跑代表速度负荷，原地慢跑代表耐力负荷。该试验可反映出运动员的心血管对速度与耐力的适应能力。

（二）最大吸氧量的测定

最大吸氧量，是指运动员在剧烈运动时，循环和呼吸等内脏机能达到的最高水平，每分钟摄入并由机体消耗的最大氧量。最大吸氧量反映了人体的最大有氧代谢能力，反映心肺功能氧的转运能力（包括心输出量、血红蛋白、毛细血管密度）以及肌肉对氧的吸收、利用能力（包括线粒体多少、酶活性）。

二、人体肌适能评定的方法

（一）等长肌力的评定

在人体肌适能评定中，等长肌力是一种重要的评定方法和评定指标。等长肌力在运动员体育运动、体育活动以及日常生活的诸多活动中如竞技体操的“十字支撑”、武术的“站桩”以及日常生活中的“静坐”等都起着十分重要的作用。

等长肌力的评定，通常是指对最大等长肌力，主要包括握力、臂力、背力和腿部力量等方面的评定。其主要的测量工具是握力计、背力计等，或者采用自动化和集成化程度较高的专门的肌肉力量测试系统，主要包括等速肌力测试系统（关节运动速度设定为0）和力传感器实施测量等进行测定。

（二）等张肌力的评定

等张肌力因等张收缩而得名，它是动态肌力的一种主要表现形式。其中，最大等张肌力、肌肉功率和肌肉耐力的评定，是肌力评定的三种主要类型。

1. 最大等张肌力评定

最大等张肌力主要包括卧推、屈臂、蹬腿以及负重蹲起等形式，而其大小通常以能够一次成功完成的最大重量，通常用一次最大重复重量1RM进行表示。在进行最大等张肌力的测定时，受测试者的不同肌群测量的起始重量通常略低于1RM重量，在完成该负荷的测定后，休息2～3分钟，继续完成新的重量，直至达到1RM重量。

2. 肌肉功率评定

对肌肉功率的评定，主要是测定最大肌肉功率。最大肌肉功率的测定方法主要有纵跳摸高、立定跳远、小球掷远等。此外，还可通过简单的仪器与设备进行测定，如通过快跑台阶进行的下肢功率试验、通过自行车测功仪进行的无氧功率试验等。

3. 肌肉耐力评定

一般情况下，肌肉耐力测定以一定百分比（70%）的1RM为负荷重量，让受测试者按规定次数完成练习，记录下练习的次数，用以表示肌肉耐力的水平。此外，受测试者还可以采用俯卧撑、仰卧起坐和单杠引体向上等练习方法评定肌肉耐力。

（三）等速肌力的评定

1. 慢等速评定

（1）峰力矩指标

力矩曲线最高点所代表的力矩值，单位为牛顿·米（N·m）。每千克体重的峰力矩称峰力矩体重比。峰力矩指标是评定慢等速测定的重要指标。

（2）峰力矩角度指标

峰力矩角度，是指峰力矩出现时关节所处的角度。峰力矩角度是关节的最佳用力角度。峰力矩角度也有效评定慢等速测定。

（3）屈伸肌力矩比指标

对屈伸肌力矩比的测量，通常以慢速运动时的峰力矩进行计算，也可在不同速度及特定角度时进行计算。

（4）总做功量指标

总做功量，是指1次或一定次数运动后所做功的总量。总做功量的单位为焦耳（J），也可以其单位体重比值表示。

2. 快等速评定

（1）输出功率

在反映肌肉输出功率方面，快等速测试较慢等速测试更加精确。肌肉的输出功率主要受峰力矩、运动幅度和力矩曲线形态三种因素的影响。

（2）肌肉耐力

肌肉耐力等速测试主要包括耐力比测定、50%衰减试验等。耐力比测定：该测定以180°/秒关节运动角速度连续做最大收缩25次，计其末5次（或10次）与首5次（或10次）做功量之比。50%衰减试验：该测定以180°/秒或240°/秒关节运动角速度连续做最大收缩，直到有2～5次不能达到最初5次运动平均峰力矩的50%时为止，以完成的运动次数作为肌肉耐力评价的参数。

三、人体柔软度评定的方法

（一）常用的人体柔软度评定的方法

评定方法：受测试者赤足坐于垫上，两腿并拢，膝关节伸直，脚尖朝上（布尺拉于两腿之间）。受测试者足跟底部与布尺 25 厘米记号平齐。上身缓慢往前伸展，双手尽可能向前伸，当中指触及布尺后暂停 1 ~ 2 秒，以便记录。测量 3 次，取其最佳值作为评价依据，数值越高代表柔软度越好。

（二）坐位体前屈评定方法

评定方法：受测试者准备好坐位体前屈箱、垫子及记录表，二人一组，受测试者赤足，面对箱子坐在垫子上，脚掌抵信箱子底板，双腿与肩同宽，伸直（不可屈曲）。双手拇指可互扣，中指重叠，放于箱子上面，以指尖慢慢的向前移动。保持直膝，移至最远的位置并保持 1 秒，便可完成。同伴可以手按其膝部以帮助伸直。同伴在受测试者停 1 秒钟时，取其读数并记录。重复动作 3 次，取其中的最好成绩。读数越高，则表示其腰背及大腿后肌群的柔软度越好，该部位的柔软度好可起到预防腰背痛和运动受伤的重要作用。

第三节　不同运动处方的医务监督

一、儿童少年体育运动的医务监督

（一）儿童少年体育运动的主要内容与基本形式

儿童少年可参与走、跑、跳、投、体操、游泳、球类等多种形式的体育运动。在体育运动中，儿童少年应养成良好的站、立、跑、跳的正确姿势，努力克服不正确的身体姿势或发育缺陷。对于发育或健康方面暂时有显著异常现象的学生，应视其情况，可减免体育活动，并积极采取有针对性的医疗体育手段进行治疗，以促进其身体的快速康复。

儿童少年具有兴奋过程占优势且容易扩散、注意力不够集中、活泼好动、思维跳跃等特点，因此，其参与体育运动的每种活动的持续时间不宜过长，其运动的内容和形式也应尽量丰富和多样化，经常变换以防止运动内容单一化，运动过程中应尽量保持适当的间歇时间。

（二）儿童少年体育运动的运动量与运动强度

一般而言，儿童少年的肌肉容易出现疲劳，但是恢复的速度较快，因此，儿童少年可增加每周的运动次数，可每天进行一次体育运动锻炼或每周的体育运动锻炼次数为4～5次。

儿童少年在进行体育运动锻炼时，应注意力量训练的开始时间不宜过早，力量训练的负荷不宜过重，应积极发展伸肌的力量，多进行柔韧性方面的训练。在体育运动中，应注意培养儿童少年养成正确的呼吸方法，并尽量避免做过多的屏气运动。在跑跳类运动时，儿童少年应尽量避免在坚硬的地面上进行。另外，教练员还应注意男女少年青春发育期的特点，对其进行积极引导和教育。

二、女性体育运动的医务监督

（一）月经期女性的体育运动医务监督

1. 月经和月经周期

月经是女性的一种正常生理现象。通常情况下，女性的经期时间会持续2～7天，多数人会持续3～5天。经血量平均约50毫升，少至10毫升，多可至100毫升。月经出血量一般是在第2天或第3天时最多。在月经期间，一般女性不会出现太大的异常变化，但是很多女性都会感觉到腰酸、乳房发胀、疲倦，少数人有头痛、失眠、疲倦或嗜睡、情绪波动以及便秘或腹泻等全身反应，这些均属于正常的生理现象。

女性月经期主要有正常型、抑制型、兴奋型和病理型四种类型。其中，表现为正常型的女性约占64%，抑制型约占23%，兴奋型约占10%，病理型约占3%～5%。

2. 月经期女性的体育运动医务监督

通常来说，除了少数的痛经者和经血量较多者之外，只要身体健康、月经正常的女性，在月经期间均可以进行适量的体育运动，如进行健身操、乒乓球、羽毛球、排球等方面的体育运动。这些体育运动可有效促进血液循环，改善盆腔内的血液供应。在进行体育运动时，女性的腹壁肌、盆腔肌的收缩和舒张交替进行，腹肌与骨盆底肌肉的收缩与放松活动对子宫所起的柔和的按摩作用，可促进子宫内膜的剥离，有利于经血排出，能减轻盆腔局部充血现象，减轻小腹下坠及胀痛感觉。多种形式的体育运动可起到调节大脑皮层的兴奋和抑制过程的重要作用，从而减轻全身的不适感。

女性在月经期间因身体的反应能力、适应能力、肌肉力量以及神经灵敏性等都会有所下降，因此，应选择适宜的运动量，尽量避免从事运动量过大的体育运动，运动时间不宜过长。对于处于月经初潮的女生而言，因其性腺内分泌周期尚不稳定，因此对运动量的选择应更加慎重，选择合理的运动量，并遵循循序渐进的锻炼原则。

此外，处于月经期的女性还应注意经期卫生，不适宜进行游泳等运动项目。对于月经量过多、过少或经期不准等月经紊乱的女性，经期时下腹部疼痛剧烈者以及有内生殖器炎症的女性而言，月经期间应暂时停止体育运动。

（二）妊娠期和分娩后的女性的体育运动医务监督

1. 妊娠期女性的体育运动医务监督

（1）妊娠期女性的生理特征

妊娠期，是指自受精卵植入子宫至胎儿娩出的时期。妊娠期一般为280天。女性在妊娠期时，其全身各系统均可能出现相应的改变。食欲不振、恶心、精神不振、容易疲倦等现象，是妊娠期女性常出现的不良反应。由于胎儿在母体内逐渐增大，因此往往会加重孕妇的身体负担，同时还会出现下肢水肿等现象，因此，妊娠期的女性应重视体育运动保健，以保证身体的健康和胎儿的正常发育，并为分娩和分娩后身体的快速恢复创造有利的条件。

（2）女性妊娠期的体育运动医务监督

处于妊娠期的女性进行适量的体育运动是十分必要的。根据研究显示，在妊娠期时进行适量的体育运动对神经系统的改善有良好的作用，可促使孕妇保持较好的身体状态和精神状态。适量的体育运动有助于消除孕妇的下肢浮肿、便秘以及随妊娠而发生的一些不适的现象，同时体育运动还可以增强孕妇的肌肉力量，提高其呼吸系统机能，从而为分娩做好准备。而对于平时没有运动习惯的孕妇来说，进行渐进性的体育运动锻炼是很有必要的。妊娠期间可进行一些诸如散步、保健操、健身跑、游泳等运动项目，以促进心肺功能的提高，加速新陈代谢，从而减轻妊娠反应。此外，孕妇还应注意提高自己的心理适应能力，并严重控制自己的体重。注意在体育运动中加强腹肌、背肌及骨盆底肌的锻炼，以有效改善盆腔血液循环，减轻下肢水肿。孕妇应避免进行大运动量的剧烈运动。通常而言，在妊娠5～6个月时，孕妇应注意锻炼背肌和训练正确的呼吸；在妊娠8～9个月时，孕妇应注意加强下肢的活动，以促进下肢以及盆腔血液和淋巴系统的循环。而对于出现病理现象的孕妇，应避免从事一切体育运动，并进行有针对性的医疗保健。

2. 分娩后女性的体育运动保健

女性在分娩后进行适宜的体育运动，有助于身体机能的快速恢复，这对于腹壁和盆底肌肉、组织等的恢复具有良好的促进作用。

产妇在生产后应进行早期医疗体育，医疗体育应以体操形式为主，手法为辅。通常在分娩后的第二天，产妇可进行腹部局部的、轻柔的按摩，然后进行卧位胸式呼吸，腹式呼吸、抬头、伸臂、屈腿和踝部运动。产妇在产后的第三天，可进行一些转体和“挺腰”的运动。产后的第四天可进行仰卧半起坐以及增强背肌和盆底肌的运动。产妇在产后的第五天后，可进行直腿抬高、仰卧起坐、坐位的腹背运动，以及下蹲和站立、扩胸、转体运动等。一般应坚持每天锻炼两次，每次坚持10～15分钟。除体温超过38℃或产后感染，出现呼吸、心血管或泌尿系统严重并发症或者分娩过程中进行过手术的产妇外，身体状况正常的产妇都可进行适宜的医疗体育锻炼。出现子宫后倾、后屈的产妇，应适当进行俯卧位、胸膝位或匍匐位的运动，而伤口已经愈合的产妇，应尽量早做腹肌和提肛训练。

一般而言，女性在生产之后的6周内，因其盆底肌还没有完全恢复，因此应避免进行重体力劳动，也不适宜久站、久蹲以及手提重物等，以防止子宫脱垂。生产后的女性应早期进行医疗体育，以更好地促进血液循环，清除盆腔内瘀血，预防血栓性静脉炎。针对性地增强腹肌和盆腔的肌肉力量，有利于子宫复位和分泌物的排出。

（三）更年期女性的体育运动医务监督

1. 更年期女性的生理特征

更年期是女性从成熟至老年衰萎的一个过渡期，其标志是卵巢功能逐渐衰退至完全消失。更年期的女性会出现卵巢功能衰退，其具体表现为排卵功能丧失，孕激素分泌减少，卵泡发育逐渐停止，雌激素分泌也不断减少，月经紊乱、不规则，最后完全停止而绝经。

处于更年期的女性，由于雌激素分泌减少，往往会产生诸多不适感，约有10% ~30%的女性会出现以植物神经系统功能紊乱为主的轻重程度不等的更年期综合征。更年期的女性往往会出现两颊潮红、出汗头晕、烦躁、易怒、血压不稳定、头痛、失眠、抑郁以及记忆力减退等症状，较为严重者还会出现全身乏力等症状。更年期的女性，因脑下垂体、胰腺等内分泌腺机能的失调以及代谢的变化，而出现体重激增，脂肪与糖代谢失常等症状。处于更年期的女性，因雌激素逐渐减少还会出现肌力减退、骨质疏松以及第二性征退化等症状。

2. 更年期女性的体育运动医务监督

体育运动有助于减少和改善更年期女性的诸多不适症状，然而由于更年期女性特殊的生理改变，所以需要加强其体育医务监督。处于更年期的女性应多进行适宜的体育运动，以有效调节神经系统的功能，促进身心健康和更年期综合症的预防。其中，散步、慢跑、太极拳、有氧保健操、游泳等运动，对改善更年期女性的呼吸系统、心血管以及全身肌肉、关节等，具有积极的促进作用。体育运动的时间和强度应适宜，坚持每次运动时间30 ~50分钟，运动时的心率控制在最高心率（220 - 年龄）的50% ~70%，运动时应遵循循序渐进的锻炼原则，运动量的选择应量力而行。更年期的女性还可以进行适度的力量练习，力量方面的训练可防止钙流失，能有效预防骨质疏松以及减轻腰酸背痛症状。

三、中年人体育运动的医务监督

（一）中年人的生理特征

世界卫生组织将中年人定义为处于45 ~59岁的人群。中年期是一个身体的转变时期，其开始由活力四射的青年期逐渐过渡到行动迟缓、衰退严重的老年期。中年期往往会出现各组织、器官产生退行性变化，生理功能逐渐下降；身体对外界环境的适应能力逐步下降，抵抗疾病的能力逐渐降低；各种疾病的患病率逐渐升高等症状。中年期因肌肉、关节、骨骼等形态机能的退行性变化，运动能力会明显下降，其具体反映为平衡能力降低、动作迟缓、工作中经常出错等，常常会感到力不从心。中年期的呼吸系统、心血管系统、神经和内分泌以及其他系统，也会出现严重的退化。研究还表明，50 ~59岁是人体急剧衰老的10年，但是许多老年疾病实际上是从中年开始的，因此，在中年阶段也应特别注意运动保健，以缓解这一变化的进程与程度，从而避免过早衰老。中年期加强体育运动保健，不仅有助于增强身心健康，而且还有助于提高工作能力和工作效率。

（二）中年人体育运动的医务监督

对处于中年期的人而言，体育运动具有增强身体素质、延缓衰老等重要作用。然而中年人在体育运动过程中还应讲究运动的科学性、安全性以及锻炼的效果，因此做好体育运动的医务监督十分必要。

中年人较为适宜的体育运动主要有广播操、有氧操、器械力量训练、太极拳、小球类、登山、步行、慢跑等，其适宜的运动强度应达到最大心率的70%～85%或者最大摄氧量的50%～70%。40～49岁的中年人的运动强度应坚持在123～146次/分钟之间，50～59岁的中年人的运动强度应坚持在118～139次/分钟之间。运动时间保持在每周3～5次，每次坚持运动30～50分钟。

中年人在进行体育运动前应进行严格的身体检查，以全面了解自身的健康状况，并合理制定运动计划。由于中年人是心血管疾病的潜在发病人群，因此需要避免突然进行剧烈运动。此外，饭后和睡前均不适宜进行剧烈的运动。在体育运动过程中，为了防止过度劳累、心跳加速、气喘以及意外损伤等现象的发生，中年人应注意加强医务监督。如果运动过程中出现不良的身体反应等症状，应注意调整和休息，严重时应及时进行身体检查。

四、老年人体育运动的医务监督

（一）老年人的生理特征

老年期是指60岁以上的年龄阶段。老年人的生理特征主要表现为：毛发变白及不断脱落，皮肤松弛、变薄，皱纹增多，牙齿松动，各种老年斑和老年紫癜出现；适应能力低，体能严重下降；免疫功能减退；容易发生疲劳，疲劳恢复时间较长；肌肉萎缩，拉力、握力明显减弱；骨骼的弹性、韧性明显降低；呼吸机能减退；心搏血量和心输出量减少；反应较迟钝等。60岁以上的老年人，应每天坚持进行适量的体育运动，以延缓体能的下降，有效改善身体的健康状况，从而达到延年益寿的目的。

（二）老年人体育运动的医务监督

对老年人而言，经常参与体育运动可起到延缓衰老、延年益寿的作用。体育运动对呼吸系统、心血管系统、运动系统、神经系统等各器官系统机能的改善具有良好的保健作用。体育运动对老年人各器官系统的作用具体表现为：可保持骨骼的密度和韧性，提高其抗断能力以及预防骨质疏松；可加强心肌的收缩力量，增加心脏输出量，预防高血压、冠心病等；防治老年性气管炎和哮喘；延缓动脉硬化，减轻脑萎缩，改善大脑皮层神经活动的灵活性、均衡性，提高机体对外界环境的适应能力等。另外，医学研究表明，体育运动还可起到增强老年人体内免疫功能，预防癌症以及其他疾病的重要作用。但是，需要注意的是，老年人因其生理方面的原因，其身体各组织器官功能明显衰退，对外界环境等适应能力降低，再加上老年人中冠心病、高血压、动脉硬化等发病率较高，因此他们从事体育运动时需要有良好的医务监督，从而保证其锻炼效果，以及预防损害其健康或意外事故等情况的发生。

老年人在进行体育运动前，应进行全面的身体检查，以便选择适宜的运动项目和运动量，制定科学合理的运动处方。美国运动医学会推荐，老年运动强度阈值是60%的最大心率（50%摄氧量），其适应心率为110～130次/分钟，每周3次，每次30分钟左右。老年人运动时，也可用运动中最高脉率和恢复时间来控制运动量。一般运动中最高脉率以不超过110次/分钟为适宜，老年人的最大运动量也可用170减去年龄，这个公式来掌握，如年龄为60岁，170－60为110，就是说运动中最高脉率可达到110次/分钟，如年龄为70岁，运动中最高脉率以不超过100为宜。运动后5～10分钟内脉搏恢复到安静时水平较为合适。在体育运动中，老年人应根据自身的实际情况，选择适宜的运动量，坚持循序渐进、持之以恒的锻炼原则。体育运动项目的选择应以有效提高心肺功能的有氧运动为主，如散步、慢跑、太极拳、游泳等。老年人可进行适度的力量练习，每周坚持锻炼2～3次即可。患有高血压、冠心病等疾病的老年人应避免从事力量练习。老年人在从事体育运动时，应详细了解自身的脉搏频率、血压等情况，从而有利于自我监督。此外，患有感冒或其他疾病，身体过度疲劳的老年人，应暂时停止体育运动锻炼，进行积极治疗和休息。

第四章　大众运动保健与养生

随着社会化进程的不断推进，人们的生活节奏逐渐加快，尤其是年轻人，在高强度的工作压力下，身体往往会出现一些病变，身体素质直线下降，一些发病率较高的疾病严重影响了人们的身心健康。本章就一些传统的体育保健养生方法和现代实用性的保健方法进行阐述，旨在全面提高人们的身体素质，进而为构建良好的社会发展框架奠定基础。

第一节　传统体育养生保健方法

在传统的体育养生保健方法中，太极拳是独树一帜的，同时普及性也较其他项目更有群众基础。在此情况下，本节就太极拳和八段锦养生保健方法进行分析，具体如下。

一、太极拳

（一）太极拳的教学要领

练习太极拳的过程对身体的协调性要求比较严格，其中对于头部、上肢、下肢、躯干的要求更为严苛。下面我们针对太极拳运动中该四部分的姿势要求以及相关的注意事项进行研究，具体如下。

1. 头部

在太极拳的头部动作姿势中，我们需要重点注重以下几个部位的姿势：头部、顶部和项部，我们接下来会对此进行具体讲解。

（1）头

学练太极拳对头部姿势要求是很严格的。头要正直，不可低头、仰面或左右歪斜，转动时要自然平正，防止摇头晃脑。站桩或做动作时，设想头上似轻顶一物，可以防止头部俯仰歪斜。

眼平观前方，眼光也要看向远方，要想向哪去，眼光要先去，身、手、腿的动作随之向前移动。在做动作的时候，眼光要紧随手或者脚的转动，定式的时候要将目光看向远方，在向前看的时候眼光要紧随手或者是脚的移动而转动，避免出现呆滞的目光。

口唇要轻闭，齿轻合，舌轻舔上颚，这在一定程度上能够使得口腔的津液分泌增多，津液的增多可以随时湿润喉咙，使得呼吸不会受喉头干燥的影响，唾液入胃还能够促进胃部的消化。

太极拳在运动时，一般都采用腹式呼吸，同时“意注丹田”，意识引导呼吸，将气徐徐送到腹部脐下，总以呼吸绵绵、顺其自然为适宜。

下颌要微向内收，不能够向前仰起，以避免呼吸时不能带来充足的氧量，因为随着运动量的增加，身体所需氧的量也就逐渐增加，如果不能及时增加氧气的含量，在一定程度上可能会影响“虚灵顶劲”和“拔背”的姿势。

（2）顶

太极拳主要强调的是“虚灵顶劲”。顶劲的要求是头顶百会穴轻轻上提，就好像头顶有绳索悬着一般，百会穴与会阴穴之间要保持垂直的姿势，也就是保证身体以腰为轴。头顶百会穴上提在一定程度上能够使得头部自然垂直，防止前俯后仰、左右歪斜。

（3）项

颈项要端正竖起，而且要松竖，这样左右转动时方能自然、灵活。如果只注意放松而变成软塌，走到僵硬的反面，同样也会影响到左右转动自然，因此颈项要端正地松松竖起，不犯僵硬，不犯软塌。要使头正顶平，就必须使颈项竖直，下颌里收。

2. 上肢

（1）肩

太极拳在松肩的前提下要求沉肩坠肘，只有松肩才能够使劲力贯穿到手臂。而手臂的灵活程度则主要取决于肩关节的松开与否。松开关节主要是在意识的指导下，然后加之刻苦的训练才能够逐渐做到。等运动习惯形成之后，自然而然就能肩松而下沉。等肩关节松开之后，全部的手臂伸缩缠绕，这样也就能够随心所欲地做动作了。

（2）肘

学练太极拳时，肘始终要微屈并具有下坠劲。两肘下坠之外，也要有一些微向里的裹劲，两臂由于肩、肘的下坠会有一种沉重的内劲感觉。太极拳中即使是手臂上举超过肩部，肘的内劲依旧是下坠而沉。若肘部远离身躯向外突出，是舍近求远的做法，妨碍沉肩，也影响沉气，同时因两肋暴露太大，在技法上也是有害无利的。

此外，在练习时，肘尖要与膝盖上下呼应，两肘在前后、左右、上下也要互相呼应；同时注意上臂不可紧贴身体，腋下须始终留有空隙，约可容纳一拳位。

（3）腕、掌

腕部在全身关节中最为灵活，旋转度很大：缠、坐、解、脱，沉着疾速。唐豪、顾留馨合编《太极拳研究》中则强调“坐腕”。坐腕是腕关节向手臂、虎口的一侧自然屈起，即要求在手臂伸缩缠绕过程中，腕部既不僵硬，也不软弱，而要柔活、有韧性地运转，定式时腕部应沉着下塌而有定向，使内劲贯注到手指尖端。

太极拳动作以掌法为主，要求舒指坐腕。掌的动作是整体动作的一部分，许多掌法都是与全身动作连成一气的，因此，舒指坐腕实际上是将周身的劲力通过“其根在脚，发于腿，主宰于腰，行手指”，完整一气。初学者手形以自然为主，手指不要用力并紧或张开，掌心也不要故意做窝型。

（4）拳

太极拳的拳型，与其他拳种大体一致，即四指并拢，拇指扣于食指、中指第二指节。只是太极拳要求拳要松握，不宜太紧，必须有团聚其气的意念。各式太极拳又各具特点，陈式讲求“去时撒手，着人成拳”；而在武式中握拳最松，四指微屈，大拇指贴于食指梢节，拳心中空成拳式，这是一种用意不用力的练法。初学时应握实拳，作团聚其气的想象，但不要握得太紧。

太极拳用拳击打有五个动作，即掩手肱捶（搬拦捶）、撇身捶、肘底捶、栽捶、指裆捶五种，但由于太极拳的动作是缠绕运转的，在五捶的运转中，又形成各种动作。练拳日久，应体会拳的伸缩旋转、劲点变换，最终达到劲能贯于拳的要求。

3. 躯干

（1）胸背

太极拳是采用腹式呼吸，因此胸部采用“含胸”姿势，即肩锁关节放松、两肩微向前合、两肋微敛的姿势。含胸不同于凹胸的紧张内收，含胸是胸廓略向内涵虚，使胸部要有宽舒的感觉，这样有利于腹式呼吸；胸腔上下径通过动作放长，横膈肌有下降舒展的机会，它既能使重心下降，又能使肺脏、横膈活动加强。

（2）腰脊

人体在日常生活中，行、站、坐、卧要想保持正确的姿势，腰脊起着主要作用。在练习太极拳的过程中，身体要求中正安舒，不偏不倚，腰部起着重要的作用。无论是进退或旋转，凡是由虚而逐渐落实的动作，腰部都要有意识地向下松垂，以帮助气的下沉。

（3）臀部

可尽量放松臀部、腰部肌肉，然后轻轻向前、向里收敛，像用臀把小腹托起来似的，做到圆裆（裆即会阴部位）松胯。会阴处虚上提，裆自会圆实，加上腰的松沉、臀的收敛，自然产生裆劲。头顶百会穴的虚灵顶劲要与会阴穴上下相应，这是保持身法端正、气贯上下的锻炼方法。

4. 下肢

（1）下肢训练应注意的问题

在太极拳练习的过程中，腿部的支撑作用是非常重要的，腿部的进退变换以及发劲的根源、身体的稳定性等都取决于腿。基于这一点考虑，在进行太极拳练习的过程中，腿部动作的移动以及脚的放置和弯曲程度等都要保持一个适量的状态，既不要过大也不要过小，如果腿部动作过大，则很容易造成动作的夸张，如果腿部动作过小，则很容易造成动作不明显，腿部动作的正确与否决定了整个动作完成的质量。

（2）下肢与身体其他部位之间协调发展

太极拳的初学者通常情况下在练习伊始会出现一些不协调的动作，比如会过分注重上肢的动作，对于腿部动作没有给予重视，如果在练习的过程中单纯注重上肢动作，忽视下肢动作，就会使动作显得极度不协调。基于这一点考虑，我们更加应该在练习的过程中注重腿部动作的学习与掌握，将步型与步法很好地运用。

总体来讲，在练习的过程中下肢动作需要特别注意的就是重心落于何处，如果动作要求将重心落至左腿，则右腿应适时进行放松，并将重心转移至左腿，如果动作要求将重心落至右腿，则左腿可以进行适当的休息。双腿之间轮流进行休息，在一定程度上也减轻了腿部肌肉的紧张感。

（二）太极拳养生保健技术实践

1. 第一组

（1）起势（图4－1－1）

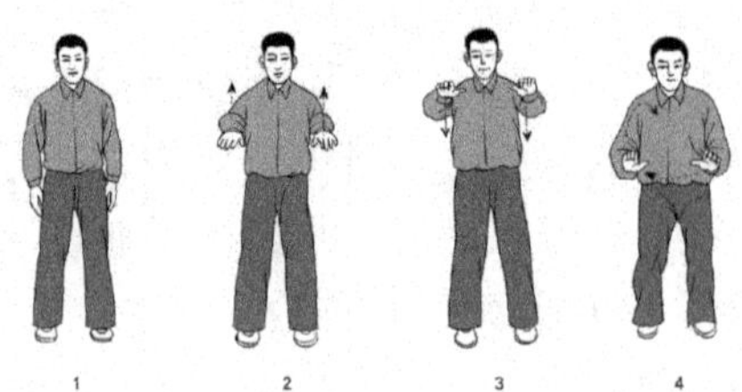

图 4－1－1

①两脚并拢，身体自然直立，头颈正直；两臂自然下垂，两手指尖轻贴大腿外侧；眼向前平视。

②左脚向左慢慢开步，与肩同宽，脚尖向前。

③两臂慢慢向前平举，两手高与肩平，与肩同宽，手心向下。

④上体保持正直，两腿屈膝下蹲；同时两掌轻轻下按至腹前，两肘下垂与膝相对；眼平视前方。

（2）左右野马分鬃（图 4－1－2）

图 4－1－2

①上体微向右转，身体重心移至右腿上；同时右臂收在胸前平屈，手心向下，左手经体前向右下划弧放在右手下，手心向上，两手心相对成抱球状；左脚随即收到右脚内侧，脚尖点地；眼视右手。

②上体微向左转，左脚向左前方迈出，同时左右手随转体慢慢分别向左上、右下错开；眼视左手。

③上体继续左转，右脚跟后蹬，右腿自然伸直成左弓步；左右手随转体继续向左上、右下分开，左手高与眼平，手心斜向上，肘微屈；右手落在右胯旁，肘也微屈，手心向下，指尖向前；眼视左手。

④上体慢慢后坐，身体重心移至右腿，左脚尖翘起，微向外撇（45°~60°），同时两手准备抱球。

⑤左脚掌慢慢踏实，左腿慢慢前弓，身体左转，身体重心再移至左腿；同时左手翻转向下，左臂收在胸前平屈，右手向左上划弧放在左手下，两手心相对成抱球状；右脚随即收到左脚内侧，脚尖点地；眼视左手。

⑥上体微右转，右腿向右前方迈出，同时左右手随转体慢慢分别向左下、右上错开；眼视右手。

⑦左腿自然伸直成右弓步；同时上体继续右转，左右手继续随转体分别慢慢向左下、右上分开，右手高与眼平，手心斜向上，肘微屈；左手落在左胯旁，肘也微屈，手心向下，指尖向前；眼视右手。

⑧与④解同，唯左右相反。

⑨与⑤解同，唯左右相反。

⑩与⑥解同，唯左右相反。

⑪与⑦解同，唯左右相反。

（3）白鹤亮翅（图4－1－3）

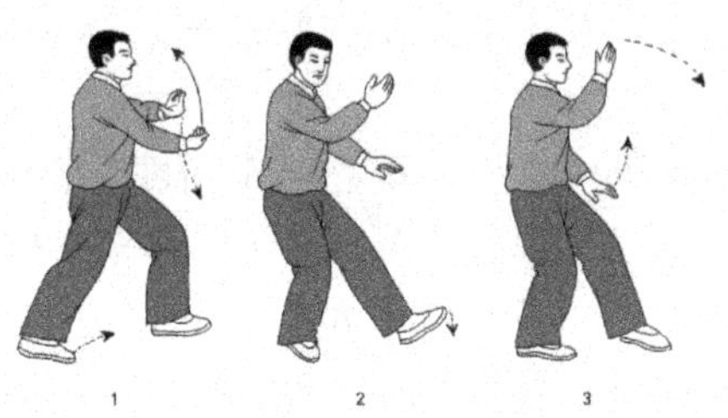

图4－1－3

①上体微向左转，左手翻掌向下，左臂平屈胸前，右手向左上划弧，手心转向上，与左手相对成抱球状；眼视左手。

②右脚跟进半步，上体后坐，身体重心移至右腿；上体先向右转，面向右前方，眼视右手；然后左脚稍向前移，脚尖点地，成左虚步；同时上体再微向左转，面向前方，两手随转体慢慢向左下、右上分开，右手上提停于右额前，手心向左后方，左手落于左胯前，手心向下，指尖向前；眼平视前方。

2. 第二组

（4）左右搂膝拗步（图4－1－4）

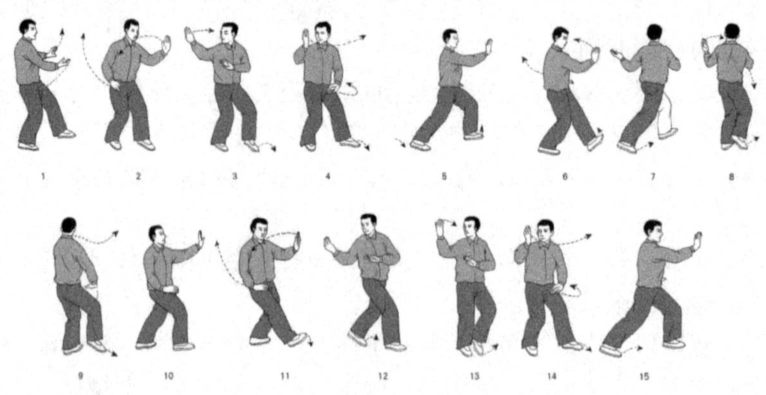

图 4－1－4

①右手从体前下落，由下向后上方划弧举至右肩外侧，肘微屈，手与耳同高，手心斜向上；左手由左下向上、向右下方划弧至右胸前，手心斜向下；同时上体先微向左再向右转；左脚收至右脚内侧，脚尖点地；眼视右手。

②上体左转，左脚向前（偏左）迈出成左弓步；同时右手屈回由耳侧向前推出，高与鼻尖平，左手向下由左膝前搂过落于左胯旁，指尖向前；眼视右手。

③右腿慢慢屈膝，上体后坐，重心移至右腿，左脚尖跷起微向外撇，随后脚慢慢踏实，左腿前弓，身体左转，重心移至左腿，右脚收到左脚内侧，脚尖点地；同时左手向外翻掌由左后向上划弧至左肩外侧，肘微屈，手与耳同高，手心斜向上；右手随转体向上向左下划弧落于左胸前，手心斜向下；眼视左手。

④与②解同，唯左右相反。

⑤与③解同，唯左右相反。

⑥与②解同。

（5）手挥琵琶（图 4－1－5）

图 4－1－5

①右脚跟进半步，上体后坐，重心移至右腿上，上体半面向右转。

②左脚略提起稍向前移，变成左虚步，脚跟着地，脚尖跷起，膝部微屈；同时左手由左下向上挑举，高与鼻尖平，掌心向右，臂微屈；右手收回放在左臂肘部里侧，掌心向左；两手成侧立掌合于体前；眼视左手食指。

(6) 左右倒卷肱（图4－1－6）

图4－1－6

①上体右转，右手翻掌（手心向上）经腹前由下向后上方划弧平举，臂微屈，左手随即翻掌向上；眼的视线随着向右转体先右视，再转向前方视左手。

②右臂屈肘折向前，右手由耳侧向前推出，手心向前，左臂屈肘后撤，手心向上，撤至左肋外侧；同时左腿轻轻提起向后（偏左）退一步，脚掌先着地，然后全脚慢慢踏实，身体重心移到左腿上，成右虚步，右脚随转体以脚掌为轴扭正；眼视右手。

③上体微向左转。同时左手随转体向后上方划弧平举，手心向上，右手随即翻掌，掌心向上；眼随转体先左视，再转向前方视右手。

④与②解同，唯左右相反。

⑤与③解同，唯左右相反。

⑥与②解同。

⑦与③解同。

⑧与②解同，唯左右相反。

3. 第三组

(7) 左揽雀尾（图4－1－7）

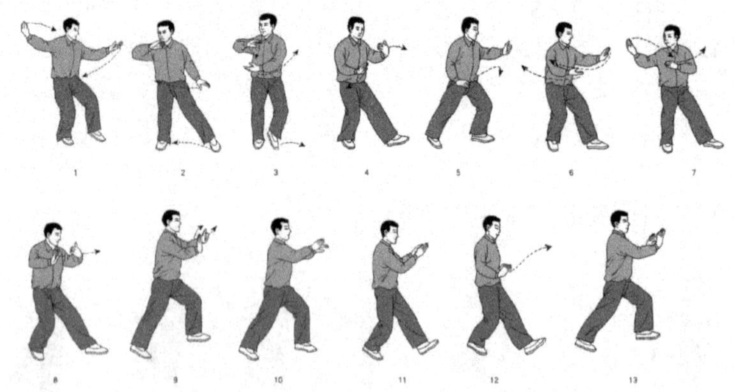

图 4－1－7

①上体微向左转，同时右手随转体向后上方划弧平举，手心向上，左手放松，手心向下；眼视左手。

②身体继续向右转，左手自然下落，逐渐翻掌经腹前划弧至右肋前，手心向上；右臂屈肘，手心转向下，收至右胸前，两手相对成抱球状；同时身体重心落在右腿上，左脚收至右脚内侧，脚尖点地；眼视右手。

③上体微向左转，左脚向左前方迈出，上体继续向左转，右腿自然蹬直，左腿屈膝成左弓步，同时左臂向左前方掤出（即左臂平屈成弓形，用前臂外侧和手背向前方推出），高与肩平，手心向后；右手向右下落，放于右胯旁，手心向下，指尖向前；眼视左前臂。

④身体微向左转，左手随即前伸翻掌向下，右手翻掌向上，经腹前向上、向前伸至左前臂下方；然后两手下捋，即上体向右转，两手经腹前向右后上方划弧，直至右手心向上，高与肩平，左臂平屈胸前，手心向后；同时身体重心移至右腿；眼视右手。

⑤身体微向左转，右臂屈肘折回，右手附于左手腕里侧（相距约 5 厘米），上体继续向左转，双手同时向前慢慢挤出，左手心向后，右手心向前，左前臂要保持半圆；同时身体重心逐渐前移变成左弓步；眼视左手腕部。

⑥左手翻掌，手心向下，右手经左腕上方向前、向右伸出，高与左手齐，手心向下，两手左右分开，宽与肩同；然后右腿屈膝，上体慢慢后坐，身体重心移至右腿上，左脚尖跷起；同时两手屈肘回收至腹前，手心均向前下方；眼向前平视。

⑦上式不停，身体重心慢慢前移，同时两手向前、向上推出，掌心向前；左腿前弓成左弓步；眼平视前方。

(8) 右揽雀尾（图4-1-8）

图4-1-8

①上体后坐并向右转，身体重心移至右腿，左脚尖里扣；右手向右平行划弧至右侧然后由右下经腹前向左上划弧至左肋前，手心向上；左臂平屈胸前，左手掌向下与右手成抱球状；同时身体重心再移到左腿上，右脚收到左脚内侧，脚尖点地；眼视左手。

②同“左揽雀尾”③解，唯左右相反。

③同“左揽雀尾”④解，唯左右相反。

④同“左揽雀尾”⑤解，唯左右相反。

⑤同“左揽雀尾”⑥解，唯左右相反。

⑥同“左揽雀尾”⑦解，唯左右相反。

4. 第四组

(9) 单鞭（图4-1-9）

图4-1-9

①上体后坐，重心逐渐移至左腿，右脚尖里扣；同时上体左转，两手（左高右低）向左弧形运转，直至右臂平举，伸于身体左侧，手心向左，右手经腹前运至肋前，手心向后上方；眼视左手。

②重心再渐渐移至右腿上，上体右转，左脚向右脚靠拢，脚尖点地；同时右手向右上方划弧（手心由里转向外），至右侧方时变勾手，臂与肩

平；左手向下经腹前向右上划弧停于右肩前，手心向里；眼视左手。

③上体微向左转，左脚向左前侧方迈出，右脚跟后蹬，成左弓步；在身体重心移向左腿的同时，左掌随上体的左转慢慢翻转向前推出，手心向前，手指与眼齐平，臂微屈；眼视右手。

（10）云手（图 4－1－10）

图 4－1－10

①重心移至右腿上，身体渐向右转，左脚尖里扣；左手经腹前向右上划弧至右肩前，手心斜向后，同时右手松勾变掌，手心向右前；眼视左手。

②上体慢慢左转，重心随之逐渐左移；左手由脸前向左侧运转，手心渐渐转向左方；右手由右下经腹前向左上划弧，至左肩前，手心斜向后；同时右脚靠近左脚，成小开立步（两脚距离 10～20 厘米）；眼视右手。

③上体再向右转，同时左手经腹前向右上划弧至右肩前，手心斜向后；右手向右侧运转，手心翻转向右；随之左腿向左横跨一步；眼视左手。

④同②解。

⑤同③解。

⑥同②解。

（11）单鞭（图 4－1－11）

图 4－1－11

①上体向右转，右手随之向右运转，至右侧时变成勾手；左手经腹前向右划弧至右肩前，手心向内；重心落在右腿上，左脚尖点地；眼视右手。

②上体微向左转，左脚向左前侧迈出，右脚跟后蹬，成左弓步；在身体重心移向左腿的同时，上体继续左转，左掌慢慢翻转向前推出，成“单鞭”式。

5. 第五组

(12) 高探马（图4－1－12）

图4－1－12

①右脚跟进半步，身体重心逐渐后移至右腿上；右勾手变成掌，两手心翻转向上，两肘微屈；同时身体微向右转，左脚跟渐渐离地；眼视左前方。

②上体微向左转，面向左前方，右掌经右身旁向前推出，手心向前，手指与眼同高；左手收至左侧腰前，手心向上；同时左脚微向前移，脚尖点地，成左虚步；眼视右手。

(13) 右蹬脚（图4－1－13）

图4－1－13

①左手手心向上，前伸至右手腕背面，两手相互交叉，随即向两侧分开并向下划弧，手心斜向下，同时左脚提起向左前侧方进步（脚尖稍外

撇）；身体重心前移；右腿自然蹬直，成左弓步；眼视前方。

②两手由外圈向里圈划弧，两手交叉合抱于胸前，右手在外，手心均向后；同时左脚靠拢，脚尖点地；眼平视右前方。

③两手臂左右划弧分开平举，肘部微屈，手心均向外；同时右腿屈膝提起，右脚向右前方慢慢蹬出；眼视右手。

（14）双峰贯耳（图 4－1－14）

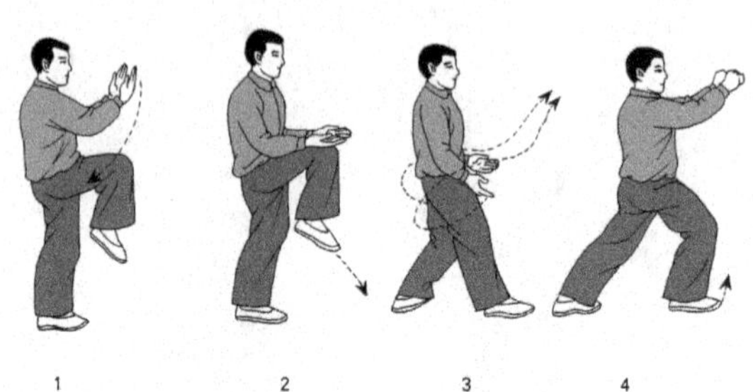

图 4－1－14

①右腿收回，屈膝平举；左手由后向上、向前下落至体前，两手心均翻转向上，两手同时向下划弧，分落于右膝盖两侧；眼视前方。

②右脚向右前方落下，重心渐渐前移，成右弓步，面向右前方；同时两手下落，慢慢变拳，分别从两侧向上、向前划弧至面部前方，成钳形；两拳相对，高与耳齐，拳眼都斜向内下（两拳中间距离为 10～20 厘米）；眼视右拳。

（15）转身左蹬脚（图 4－1－15）

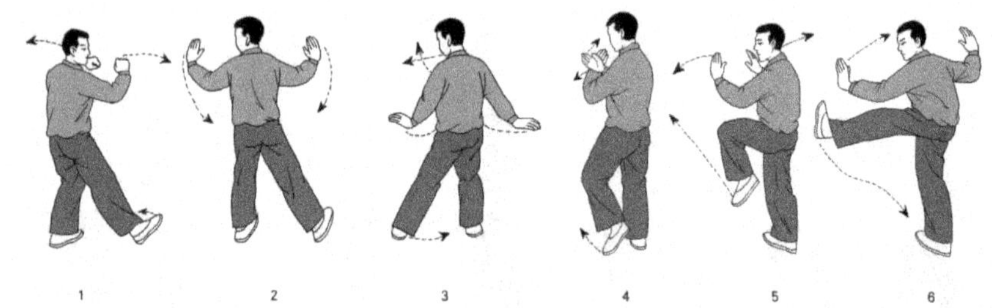

图 4－1－15

①左腿屈膝后坐，身体重心移至左腿，上体左转，右脚尖里扣；同时两拳变掌，由上向左右划弧分开平举，手心向前；眼视左手。

②身体重心再移至右腿，左脚收到右脚内侧，脚尖点地；同时两手由外圈向里圈划弧合抱于胸前，左手在外，手心均向后；眼平视左方。

③两手臂左右划弧分开平举，肘部微屈，手心均向外；同时左腿屈膝提起，左脚向左前方慢慢蹬出；眼视右手。

6. 第六组

(16) 左下势独立（图4－1－16）

图4－1－16

①左腿收回平屈，上体右转；右掌变成勾手，左掌向上、向右划弧下落，立于右肩前，掌心斜向后；眼视右手。

②右腿慢慢屈膝下蹲，左腿由内向左侧（偏后）伸出，成左仆步；左手下落（掌心向外）向左下顺左腿内侧向前穿出；眼视左手。

③身体重心前移，左脚跟为轴，脚尖尽量向外撇，左腿前弓，右腿后蹬，右脚尖里扣，上体微向左转并向前起身；同时左臂继续向前伸出（立掌），掌心向右，右勾手下落，勾尖向后；眼视左手。

④右腿慢慢提起、平屈，成左独立式；同时右勾手变掌，并由后下方顺右腿外侧向前弧形上挑，屈臂立于右腿上方，肘与膝相对，手心向左；左手落于左胯旁，手心向下，指尖向前；眼视右手。

(17) 右下势独立（图4－1－17）

图4－1－17

①右脚下落于左脚前，脚尖着地，然后以左脚前掌为轴，脚跟转动，身体随之左转，同时左手向后平举变成勾手，右掌随着转体向左侧划弧，立于左肩前，掌心斜向后；眼视左手。

②同“左下势独立”②解，唯左右相反。

③同“左下势独立”③解，唯左右相反。

④同“左下势独立”④解，唯左右相反。

7. 第七组

(18) 左右穿梭（图4-1-18）

图4-1-18

①身体微向左转，左腿向前落地，脚尖外撇，右脚跟离地，两腿屈膝成半坐盘式；同时两手在左胸前成抱球状（左上右下）；然后右脚收到左脚内侧，脚尖点地；眼视左前臂。

②身体右转，右脚向右前方迈出，屈膝弓腿成右弓步；右手由脸前向上举并翻掌停架在右额前，手心斜向下；左手向左下，再经体前向前推出，高与鼻尖平，手心向前；眼视左手。

③身体重心略向后移，右脚尖稍向外撇，随即身体重心再移到右腿，左脚跟进，停于掤内侧，脚尖点地；同时两手在胸前成抱球状（右上左下）；眼视右前臂。

④同②解，唯左右相反。

(19) 海底针（图4-1-19）

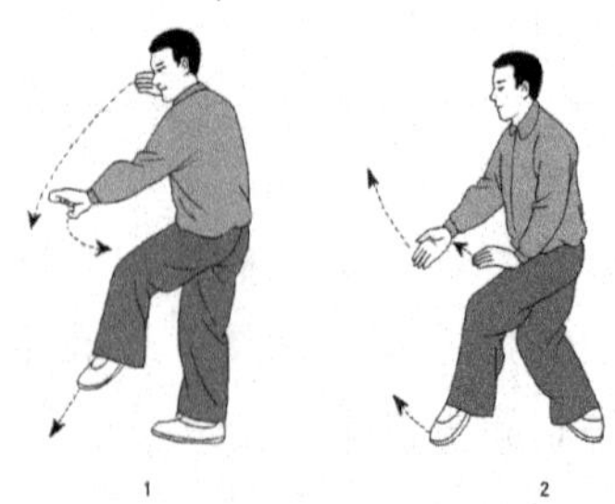

图4-1-19

①右脚向前跟进，身体重心移至右腿，右脚稍向前移举步；右手下落经体前向后、向上提抽至肩上耳旁，左手下落至体前侧。

②左脚尖点地成左虚点；同时身体稍向右转；右手再随身体左转，由右耳旁斜向前下方插出，掌心向左，指尖斜向下；与此同时，左手向前、向下划弧落于左胯旁，手心向下，指尖向前；眼视前下方。

（20）闪通臂（图4－1－20）

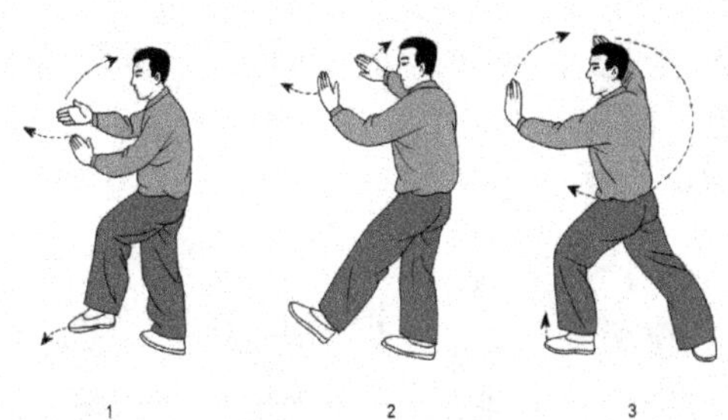

图4－1－20

①上体稍向右转，左脚微回收举步，同时两手上提；眼视前方。

②左脚向前迈出，脚跟着地；左右两手分别向左前、右后分开；左手心向前，右手心向外；眼视前方。

③重心前移，左腿屈膝弓成左弓步；同时右手屈臂上举，停于右额前上方，掌心翻转斜向上，拇指朝下；左手由胸前随重心前移慢慢向前推出，高与鼻尖平，手心向前；眼视左手。

8. 第八组

（21）转身搬拦捶（图4－1－21）

图4－1－21

①上体后坐，身体重心移至右腿上，左脚尖里扣；身体向右后转，然后身体重心再移至左腿上；与此同时，右手随着转体向右、向下（变拳）经腹前划弧至左肋旁，拳心向下；左掌上举于头前，掌心斜向上；眼视

前方。

②向右转体，右拳经胸前向前翻转撇出，拳心向上；左手落于左胯旁，掌心向下，指尖向前；同时右脚收回后（不要停顿或脚尖点地）即向前迈出，脚尖外撇；眼视右拳。

③身体重心移至右腿上，左腿向前迈出一步；左手上起经左侧向前上划弧拦出，掌心向前上方；同时右拳向右划弧收到右腰旁，拳心向上；眼视左手。

④左腿前弓成左弓步，同时右拳向前打出，拳眼向上，高与胸平，左手附于右前臂里侧；眼视右拳。

（22）如封似闭（图 4－1－22）

图 4－1－22

①左手由右腕下向前伸出，右拳变掌，两手手心逐渐翻转向上并慢慢分开回收；同时身体后坐，左脚尖跷起，身体重心移至右腿；眼视前方。

②两手在胸前翻掌，向下经腹前再向上、向前推出；腕部与肩平，手心向前；同时左腿前弓成左弓步；眼视前方。

（23）十字手（图 4－1－23）

图 4－1－23

①屈膝后坐，身体重心移向右腿，左脚尖里扣，向右转体；右手随着转体动作向右平摆划弧，与左手成两臂侧平举状，掌心向前，肘部微屈；同时右脚尖随着转体稍向外撇，成右侧弓步；眼视右手。

②身体重心慢慢移至左腿，右脚尖里扣，随即向左收回，两脚距离与肩同宽，两腿逐渐蹬直，成开立步；同时两手向下经腹前向上划弧交叉合抱于胸前，两臂撑圆，腕高与肩平，右手在外，成十字手，手心均向后；眼视前方。

(24) 收势（图4-1-24）

1

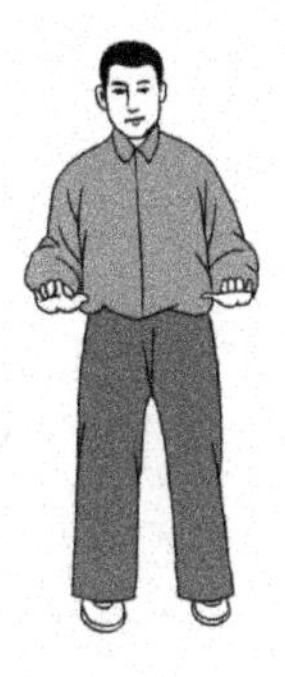
2

图4-1-24

①两手向外翻掌，手心向下，两臂慢慢下落，停于腹前；眼视前方。

②两腿缓缓蹬直，同时两掌慢慢下落至大腿侧，然后收左脚成并步直立；眼视前方。

二、八段锦

预备式

身体直立，两臂下垂，全身放松，舌抵上颚，目光平视（图4-1-25）。

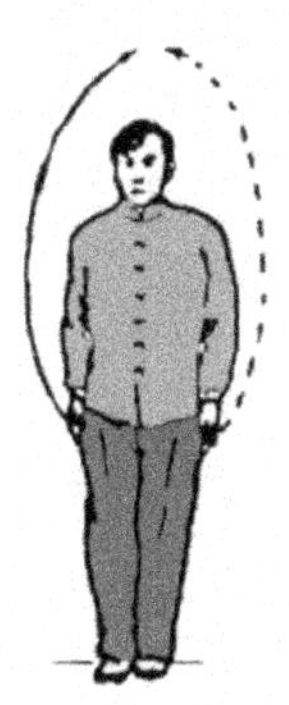

图4-1-25

（一）第一段两手托天理三焦

随着吸气，两臂从体侧缓缓上举至头顶，掌心朝上；两手手指相叉，内旋翻掌向上撑起，肘关节伸直，如托天状；同时两脚跟尽量上提，抬头，眼看手背（图4－1－26）。随着呼气，两臂经体侧缓缓下落；脚跟轻轻着地，还原成预备式。

图4－1－26

练习时，两手上托时掌根用力上顶，腰背充分伸展。脚跟上提时，两膝用力伸直内夹。反复练习数次。

（二）第二段左右开弓似射雕

直立，左足跨出一大步，身体下蹲作骑马式。两臂在胸前交叉，右臂在外，左臂在内（图4－1－27）。“左开弓”动作，拇指伸直与食指成八字撑开，其余三指扣住，缓缓用力向左侧平推，同时右拳松握屈肘向右平拉，似拉弓状，眼看左手（图4－1－28）。两臂下落，经腹前向上抬起，在胸前交叉，右手在内，左手握拳在外（图4－1－29）。“右开弓”动作同“左开弓”，唯左右相反（图4－1－30）。

图4－1－27

图4－1－28

图 4－1－29

图 4－1－30

模仿拉弓射箭的动作，开弓时要缓缓用力，收回时慢慢放松。开弓时呼气，收回时吸气。如此反复练习。

（三）第三段调整脾胃须单举

并步直立，两臂屈肘上抬至胸前，掌心向下（图 4－1－31）。“左举”动作，左手内旋上举至头顶，同时右手下按至右胯旁（图 4－1－32）。

左手向下，右手向上至胸前；“右举”动作同“左举”，唯左右相反（图 4－1－33）。

图 4－1－31

图 4－1－32

图 4－1－33

练习时，注意以吸气配合上举下按，以呼气配合过渡性动作。上举时须有托、撑的意思。反复练习。

（四）第四段五劳七伤往后瞧

直立，两脚并步，头缓缓向左、向后转，眼看后方（图 4－1－34）。上动稍停片刻，头慢慢转回原位。头缓缓向右、向后转，眼看后方（图 4－1－35）。

图 4－1－34　　图 4－1－35

转头时，注意身体保持正直，以呼气配合转头后看动作，以吸气配合转头复原动作。反复练习。

（五）第五段摇头摆尾去心火

两足分开，左脚向左横跨一步成马步，两手张开，虎口朝里，扶住大腿前部（图 4－1－36）。随着吸气，头向左下摆，臀部向右上摆，上体左倾（图 4－1－37）。随着呼气，头向右下摆，臀部向左上摆，上体右倾（图 4－1－38）。上体前俯，头和躯干和向左、向后、向右、向前绕环一周（图 4－1－39）。

图 4－1－36　　图 4－1－37

图 4－1－38　　图 4－1－39

练习中，上体摇摆时，下盘要稳，不要上下起伏。呼吸与头、臀摇摆协调一致。

（六）第六段双手攀足固肾腰

两脚并步直立，上体后仰，两手由体侧移至身后（图4－1－40）。上体缓缓前俯深屈，两膝挺直，两臂随屈体向前、向下，用手攀握脚尖，（或手触地）保持片刻（图4－1－41）。

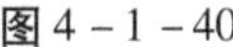

图4－1－40

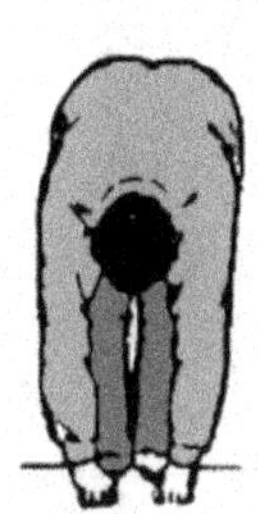

图4－1－41

练习时，身体放松，动作缓慢，上体后仰吸气，前屈攀足呼气，反复练习。

（七）第七段攒拳怒目增力气

左脚向左平跨一步成马步，两手握拳抱于腰间，同时眼看前方（图4－1－42）左拳向前用劲缓缓冲出，小臂内旋拳心向下（图4－1－43）。左拳变掌，再抓握成拳收抱腰间（同图4－1－20）。右拳向前用劲缓缓冲出，小臂内旋拳心向下。左侧冲拳，方法同左前冲拳，推向左侧冲出（图4－1－44）。右侧冲拳同左侧冲拳，唯左右相反。

图4－1－42

图4－1－43

图4－1－44

冲拳时，呼气并瞪眼，收拳时吸气。身要正，步要稳，冲拳要运劲。

（八）第八段背后七颠百病消

直立，并足，两掌紧贴腿侧，两膝伸直，两手左里右外交叠于身后；脚跟尽量上提，头上顶，同时吸气（图4－1－45）。足跟轻轻落下，接近地面，但不着地，同时呼气（图4－1－46）。

图4－1－45

图4－1－46

练习时，注意呼吸与提脚配合，如此连续起落颠动，使全身放松。最后脚跟落地直立垂臂收功。

第二节　现代实用体育运动保健方法

在新型理念下，人们的健身保健方法发生了翻天覆地的变化，一些传统的健身方法虽然功效很好，但是一些年轻人本着创新的精神，对传统的健身保健方法进行了改良，更有甚者创造出了一种全新的体育运动保健方式。在这些新型的健身运动中，健步走就是比较有代表性的运动保健方法之一，下面我们就以健步走为例，为大家介绍现代实用体育运动保健的方法。

健步走就是指以健身为主要目的的行走，是不同于人们平常所熟悉的行走活动，它是有所设计和遵循一定的规则而进行的活动，比如要达到靶心率、运动强度、运动频率、运动量等方面的要求，通过多方面科学系统的控制，使之产生良好的运动健身累积效应，从而使身体健康产生持续性的质地改善。

健步走是改变后的走，或者说是包装内涵和外延后的走的时尚形式，它主张通过大步向前，快速行走，提高肢体的平衡性能，是介于散步和竞走之间的一种运动方式。健步走不受年龄、性别、体力等方面的限制，突出的特点是方法易于掌握，不易发生运动伤害；运动装备简单，只需一双舒适合脚的运动鞋，属于低投入、高产出的有氧健身运动，是人们对以车当步后缺失原始而纯朴健身方式的一种创造性补充。健步走起源于欧洲，目前在很多国家普及发展，它不仅是一种运动，更代表一种生活态度，并逐渐成为新的时尚健身潮流。

一、健步走技术

每一个人从开始会爬到逐渐站立，再到学会迈步行走，并没有人指导而自然形成了自己的动作。但如果选择的行走方法不适合自己，就会事与愿违，达不到完美的效果。

（一）正确的行走姿势

（1）头部。行走期间，头部一直保持直立，头顶上方有一种被绳子牵引的感觉，使身体如同圆柱一般。

（2）视线。不要过分俯视，视线可以达到在安全距离范围内稍远的地方，一般是 3 ~6 米。

（3）呼吸。调整呼吸使其沉稳自然，舒畅自如，长出气，深吸气，步行时不要太过注意呼吸情况。

（4）手臂。摆臂时要感觉手臂是从胸部中线开始向外延展，而不只是肩部以外的部分，屈臂 90 度为最好。

（5）腰腹。行走时始终保持紧缩收腹，对向前迈腿的动作有帮助；同时不要出现挺腰和弓腰的姿态。

（6）骨盆与臀。要保持左右左的螺旋转动，但是也不要左右摇摆太大；要有意识地把臀部当作腿部的一部分向前迈动，出脚时要用力向后下方蹬地。

（7）大腿和膝。脚接触地时不要过分紧绷，腿部伸展，出脚要柔和自然。

（8）足。向前迈步出脚时，脚尖上翘，脚跟先着地，身体重心要快速敏捷地从脚后跟过渡到整个脚底。迈步抬脚时要让脚趾跟部有意识地用力抓蹬地面。

（二）健步走的技巧

抬下巴，耳朵与肩膀形成一直线，眼睛直视前方，肩部放松垂下，挺胸，背部要直，手臂放松，以肩关节为轴自然前后摆臂，手掌成杯状，摆臂不要高过肩；收紧小腹，膝盖保持柔软，臀部摆动，同时腿朝前迈，脚跟先着地，过渡到前脚掌，然后腿离地面，脚迈向正前方，上下肢应协调运动，并配合深而均匀的呼吸。另外，走的韵律和节奏感也很重要，走的正确，自然会产生愉悦的韵律。

（三）健步走的阶段与原则

1. 健步走的三个阶段

对于准备进行健步走的人来说，锻炼的要领是：循序渐进、因人而异、贵在坚持。可分如下三个阶段进行。

（1）基础阶段。主要集中在第一周。这一周内，可健步走 3 ~ 5 次，速度可比散步快一些，每分钟 110 ~ 120 步，步幅在 60 ~ 75 厘米，时间在 20 ~ 30 分钟。晚上休息前用热水泡脚，对大腿、小腿肌肉，跟腱（脚后跟与小腿肌肉之间的部位）和脚心进行 3 ~ 5 分钟的按摩，可快速消除初期练习的疲乏和酸胀。

（2）提高阶段。时间为第二到第五周。锻炼者渐渐提高健步走速度和增大步幅。重点训练健步走的正确姿势，调整步行速度，提高精神饱满度。

（3）舒心阶段。坚持了 1 个月，你的健步走速度、姿态都已经达到了一定的水准。可增加健步走过程中的乐趣，如边走边听音乐，经常改变路线等。选择好的场地和有意识地调整心情是这一阶段的重要内容。

2. 健步走的准备

（1）首先要检查你的身体。假如已久病一年以上，或以前很少活动，或有心脏方面的疾病、怀孕、高血压、糖尿病、在用力的时候有胸痛症状、常感疲劳并伴有严重的头晕等任何一种状况，都需要先与医生讨论，以确定你是否能进行健步走运动。

（2）准备衣服，宽松舒适轻松的衣服能让你活动自如。要根据气候和季节的变化，增减衣服；穿棉质的袜子吸汗，防止脚起泡。

（3）白天走路时，涂抹防晒用品，夏天可戴太阳镜，以防紫外线的伤害；寒冷时节可戴遮阳帽保护头部，以免体温流失。

（4）不要负重，轻松上路。

（5）鞋要合脚，稍微留点空间，舒适有弹性，有避震、减震性能；最好选用专门的一双跑鞋，两双以上交替使用，每走 800 千米换一双。

（6）随身携带水壶，走路前、走路时和走路后都应喝水，特别是在潮湿炎热的天气时。小口喝，不要一次大量饮水；运动饮料比水更好。

3. 健步走的注意事项

（1）健身时间一般可以根据自己的生活习惯进行安排，也没有特定的要求。不过人们通常喜欢在早晨进行晨练，在傍晚或晚饭后进行锻炼。喜欢在早晨锻炼主要是因为这个时间较为固定，很容易养成锻炼的习惯。在傍晚前后锻炼主要是因为科学研究表明，人的精力在17点到21点是最为充沛的，并且这是在繁忙的下班后，可以与家人相聚一起锻炼，有利于家庭和睦和健身氛围的形成。

（2）不提倡空腹运动。因为人在运动时会消耗热量，而糖类是热量的主要来源。空腹运动易造成血糖降低，体质较弱者容易产生眩晕的症状。吃饭后1～1．5小时运动为宜。

（3）运动期间不宜大量补充水分。运动本来就要消耗大量能量，如果在运动中（特别是运动量比较大的时候）摄入大量水分，第一容易增加胃部负担，引起胃下垂等疾病；第二会导致血液大量流入胃部，造成脑部缺氧，人会觉得昏昏沉沉的，影响运动质量。

（4）女性经期的健步走锻炼可以转变为速度稍微慢些的散步锻炼，从而保持锻炼的连贯性和持续性，等经期过后可以继续恢复到以前的健步走水平。

（5）每周健步走3～4次。你可以选择隔天一次或2天休息一次。

（6）保证一定量的蛋白质摄入，比如牛奶、鸡蛋、豆制品等。只要保证蛋白质的摄入与消耗平衡，其方式可与吃荤者相同。

（7）大量出汗后千万不能立即冲凉，因为运动后毛孔张开，冷水刺激会使毛孔突然紧缩，容易造成静脉曲张。

三、散步

散步，是指不拘形式闲散、从容地缓缓步行，是中国传统的健身方法之一，亦为现代养生者所青睐。《黄帝内经》指出，要“广步于庭”，意思就是清晨起床后，在庭院里缓缓步行，有益于健康。“饭后百步走，能活九十九”“没事常走路，不用进药铺”等俗语则生动、形象地说明了散步与健康长寿的关系。

散步有利于健康，主要是因为它能使人心情舒畅和得到极小范围及程度的身体刺激与锻炼。散步更适合老年人、体质较弱的中年人、慢性病患者和孕妇。

（一）散步的健身功能

散步早在几千年前就被中国古老中医认为是“百炼之祖”，被誉为医学之父的希波克拉底称步行为“人类最好的医药”。已有许多研究证实，有规律的散步，可增进身体所有部位的健康，促使大脑分泌内啡肽，这是一种俗称“愉快素”的物质，能使身体的各种节律（生物钟）处于和谐状态，促使心情愉快，从而增加参与者的幸福感受，提高生命质量。

散步能走出健康，并不是说散步可预防治疗所有病痛，其效果也不可能立竿见影，“走”到病除。但只要能坚持走下去，就一定会有益处，尤其到了老年，散步的益处更会显现出来。

1. 散步改善慢性病患者的精神状态

对于神经衰弱、男女更年期综合症及患有抑郁症的人来说，散步是改善其病症的有效方法；散步还可以加强肺的吐故纳新，对中、老年肺气肿有良好的辅助治疗作用。

2. 散步对孕妇好处多

散步是孕妈妈最适宜的运动，有利于呼吸新鲜空气，提高神经系统和心肺功能，促进血液循环，有规律地按摩子宫，从而很好地促进胎儿大脑发育和皮肤发育；增强腹肌、背肌、骨盆肌的力量和弹性，使关节、韧带变得柔软、松弛，有利于分娩时放松肌肉，减少产道阻力，增加胎宝宝娩出的动力。散步还可以促进胎宝宝有效吸收钙等功能。不过孕妈妈要选择安全和优雅的环境，在有人陪伴下进行散步活动。

散步是一项经济省事、不需要专家指导的有氧运动，能让你身材更好、更健康，方法就是每周至少行走三次，每次至少 30 分钟，并不断增加行走步率。有研究表明，散步的益处可与有人指导的运动相媲美，值得推荐。

（二）科学的散步设计

散步要达到很好的养生效果，需要进行科学的设计。不仅要有好的动作、姿态，还要注重运动时间、强度、量等。

1. 运动量

散步运动量要适度，做到“形劳而不倦”，并且要循序渐进，持之以恒，方能收到动形以养生的功效。

散步可消耗热量，对身体有好处，但研究结果显示光散步不足以带来健康。人们不能只注意运动，而忽略了运动强度。加拿大科学家比较了随意进行一万步走和另一组按照详细科学计划实施定期的运动所产生的效果，时间是6个月，消耗的热量也相同，共有128人参与计划。他们发现，6个月后，随意步行者最高氧气摄取量平均增加了4%；但是按照详细计划的运动组别的这个数字是10%。

正如澳大利亚科普作家浪达·拜恩的著作《秘密》中所阐述的吸引力定律所言：关注什么就得到什么。都是在双脚行走，它可能只是交通方式，也可能是健身方式，也可能是散心与沟通方式。当我们将焦点进行转移和锁定时，你想要健康，健康就被你吸引而来。试想，在农村有很多勤劳的农民，他们一辈子总在劳作，如果从运动科学层面来分析，他们的运动和训练强度，密度和负荷一定会很大，然而这些一生劳作的运动，并没有给他们带来锻炼和健身的效果。因为他们关注的焦点不一样，农民关注的是庄稼收获，而不是内在的自我身体健康，而有些市民他关注的是健康，因此他就会事半功倍。看来，制定活动和徒步的健身目标及计划才是得到健康的第一步。

尽管散步在所有健身运动中的目的偏重于养生、保健，参与者还是可以根据自己体质状况的逐步提高，逐渐增加步频和步幅以及负重的形式来健身。比如提着哑铃散步或者采用北欧式健身走（见“健步走”章节）等。这种通过改变已有的人们惯用的运动方式，而采用一种非常态的运动方式，可以使我们的身体产生一种应激状态，从而对身体产生更深刻的刺激记忆，这样能产生更好的健身效果。日本医学博士横山正义也建议，散步健身不妨从增加重量开始，这样热量消耗会加倍。他建议大家握着哑铃走，0.5~1千克的哑铃男女都适宜，起初速度可以稍微慢些，姿势以不让肩膀感到有负担为准，然后再根据自己的实际情况加速。

2. 散步与竞走的量速对比

竞走与散步是健步走的两个极端区域模式，让我们通过彼此的对立面来更好地认识运动本身。散步是慢速位移，目的主要在于散心健身爽神；而竞走是一种高强度竞技项目。通过以下比较我们能更直观详细地了解。

2009年柏林田径世锦赛上，女子20千米竞走冠军是俄罗斯人卡尼斯金娜，也是2008年北京奥运会此项目金牌得主，用时88分钟，也就是每分钟227米，如果步幅在1.1米，也需要206步，这个速度比经常参加锻炼的年轻小伙子跑步速度还要快很多。也就是说对于步幅0.7米左右的人来说，要走302步，而事实上普通人的步频上限为140次左右。散步的步频通常在90次以内，甚至更慢在70次以内，并且步幅一般在0.6米左右，也就是每分钟42米左右，就是说竞走的速度是散步的5~6倍。

3. 散步与健步走的区别

(1) 最大区别不在于目的是健身还是休闲，因为休闲气氛下的散步注重的是散心和消化系统的调理，对于健康本身也是很有益的。健康的内涵中，最重要的就是心理和情绪的健康。

(2) 另外，还要看参与的人群，比如对于年迈的老人、久病初愈的人或者孕妇，散步对于他们来说，运动量已经可以达到他们活动的健康阈值，甚至已经达到健身阈值。

4. 散步的多种形式

散步是一项最常见的体育运动，既安全又易行。但是，散步也有讲究。散步的方法很多，每个人可根据个人体质和实际情况自由选择，各种方法也可以交叉使用。唐代医学家孙思邈寿高101岁，他在《长寿歌》中提到“饱食走百步，常以手摩腹”。现代医学研究证明，在走步中，两手进行自我腹部按摩可促进食物消化吸收，促进心脏供氧能力，强健脾胃。

下面介绍两种适合老年人的对“症”散步法。

(1) 量速散步法

分为慢速和中速两种，慢速每分钟60~70步，中速每分钟70~90步，依体质情况选择，每次散步30~60分钟，每日2次。

(2) 定程散步法

在小坡度的路上散步，每次2~3千米，早晚各一次，体质较好的中老年人可用这个方法。

5. 散步的原则

(1) 散步之前，宜全身放松，适当活动一下上肢，调整呼吸，然后再从容展步。

(2) 散步宜从容和缓，不宜匆忙，更不宜使琐事充满头脑。散步者“须得一种闲暇自如之态”，百事不思，如此可以使大脑解除疲劳，益智养神。

(3) 步履宜轻松，犹如闲庭信步，周身气血方可调达平和。唐代医学家孙思邈有“行不宜疾”之说。《寿亲养老新书》中也有“徐徐步庭院散气”之论。这种步法，形虽缓慢，然气血畅达，百脉疏通，内外谐调，可取得较好的锻炼效果，对老、弱、病人尤其适合。

（4）循序渐进，量力而行。散步时要根据体力，量力而行，做到“形劳而不倦，勿令气乏喘吁。”这对于年老体弱有病之人，尤为重要。

（5）要持之以恒，将散步作为个人生活中必不可少的内容。

（6）结伴而行，畅谈其中，对于散步者更是一件惬意的事情。

6. 散步的注意事项

散步，人人能走，但也要注意科学散步，方可达到散步锻炼的效果。

（1）要注意选好鞋，最好是平底布鞋，且鞋的前部有适当空隙，好让脚伸展开散步。

（2）要制定切合实际的目标。实践证明每天定时散步最合适。上下班以步当车，上下楼不乘电梯而走楼梯，工余或假日离开麻将桌或电视，到城郊野外去散步，都能收到有效的散步锻炼效果。

（3）要在散步时保持心情舒畅，步履轻松，逍遥自在，不疾不徐。如此，才可达到走出来的健康。

四、徒步运动

（一）徒步运动的分类

1. 按徒步的地形分类

（1）平原徒步。这些地方主要是一些好的风景区、古镇、遗址等，比较轻松、安全，行前有张地图，便可以走天下。徒步其间可以领略到田园的美景，古镇的纯朴，遗址的沧桑。

（2）山岭徒步。时而攀越，时而探谷，时而涉溪，行前最好有张山势地形图，带好攀岩的装备，找个向导。穿越其中，可以领略到攀岩的刺激，探谷的神秘，涉溪的乐趣。

（3）山地丛林徒步。山地丛林穿越林深路险，行走之前一定要搜集大量的资料，确定详细的路线，最好有向导。穿越其中可以领略到自然的千姿百态，走原始森林，过独木桥，吃野山果，听鸟唱兽嚎，看山泉瀑布。

2. 按徒步的距离分类

根据距离的不同，通常可以分为四类。

（1）15 千米内的称为短距离徒步。比如在郊区公园进行的周末活动。

（2）15～30 千米的称为中距离徒步。比如周末在郊外一天以内的背包徒步。

（3）30千米以上的称为长距离徒步。比如由户外俱乐部或网上自由组合的小组，进行2天以内的主题户外徒步活动，以及有一些户外运动品牌赞助的比赛项目，如100千米超长耐力跑。

（4）100千米以上的称为超长距离徒步。比如欧洲的环勃朗峰徒步，重走长征路等。

3. 几种典型的徒步种类

下面介绍几种比较典型的徒步类型，它们目前在国内比较流行，且有较好的健身效果。

（1）城郊徒步

城郊徒步一般是指在城市周边以休闲健身为目的进行的一天以内徒步运动。徒步过程中没有较大的海拔落差，没有复杂的地形，一天之内即可往返。城郊徒步深受生活在大城市里人们的喜爱。紧张的生活节奏，拥挤的交通，污染的空气，促使一批批市民在闲暇时间走出城市，亲近大自然。进行城郊徒步运动不需要太多准备工作，对体力要求不高，危险系数也较低，很容易实施。周末约上几个朋友走在郊外，放眼望去，心胸开阔，呼吸着新鲜空气，再加上适当的流汗，让之前劳累的身心得到放松。郊外徒步可以说是一种简单易行，绿色健康的运动。

进行城郊徒步的对象主要分为两类，一类是以感情为纽带联系在一起的人群，通俗地说就是一群熟人，比如亲人、朋友、同事或者同学之间，往往是三五一群，规模不会很大。他们所选择的徒步地点是较为人熟知的，自驾车容易到达，甚至公交地铁即可到达的山林或丘陵地。有时候为了方便安全，会直接到一些以山林为主要特色的旅游景点，像北京周边的香山、西山、金山、百望山、凤凰岭等。这些地方路线成熟，服务设施健全，适合于各种年龄段人群，一般不存在安全隐患。周末的时候，家长带着孩子，子女陪着老人，同事和同事，同学和同学，一起到城市的周边进行徒步活动是一种很好的联络感情的健康方式。这种以散心和联络感情为主的徒步运动属私人休闲活动。

另一类是通过户外俱乐部或者网络联系起来的一群人，有户外爱好者，也有具有一定目的的人（比如想认识更多的人），在组织方搭建的平台上一起娱乐健身。户外俱乐部组织的徒步活动多种多样，但大都还是城郊徒步活动为主，参与人员非常广泛，下至几岁的儿童（监护人陪同下），上至近百岁的老人，从各行各业的基层工作人员到白领阶层。这也说明参与城郊徒步的条件非常简单，有健全的身体，一定的时间即可。一般来说户外俱乐部所举行的城郊徒步活动，在路线上有一定的特色且为非开发旅游景点。

城郊徒步路程较短，用时较少，但还是要有一定的准备。衣服鞋子都应该适宜运动，不必追求专业，舒适即可。如果是爬山的话，要注意穿着底厚、可裹脚踝的鞋子，避免新鞋、小鞋。脚上的水疱往往是挤出来的，而不是磨出来的。

徒步前行注意走有明显标示或已成形的道路，切不可孤身一人探路。迷路的情况往往是因为独自寻找道路却忘记回来的路。

城郊徒步运动是进入户外的最初级别的运动，进入门坎低，适宜于各年龄段人群，是全民健身的绿色运动。它与更高级别的户外运动相比，最大的区别在于心理上没有应对危险情况的准备。

在郊外徒步时，非大山大林还是容易买到水的，如已知补水困难就应带足饮用水，一个正常人一天的用水量大约 1.5 升，一次一天之内即可往返的徒步，一人 2 升水足以。

（2）野外徒步

野外徒步一般是指在距城市较远的山地、丘陵、峡谷等地进行的并在队伍中具有一定角色分工的徒步运动。野外徒步通常所需时间为 2 ~5 天。为了发挥各队员的优势，提高团队效率，野外徒步运动要求团队中人员在队伍中需要有一定的角色分工，并且在活动进行前期进行较充分的准备。一般来说，进行野外徒步的人员之间都是相互认识、彼此熟悉的，但也不乏商业活动中临时组建的队伍。

①前期准备。野外徒步前期准备工作多是专门针对已选定的路线来做的，而路线的选择往往又是由队员实力所决定的。

毋庸置疑，大自然是壮美的，但同时也是残酷的。当都市人走出水泥森林，突破盒子空间，离开了电气电脑化的现代生活，直接面对大自然的时候，所需要的不单是浪漫心境和诗情画意，更重要的是要有对安全的重视。野外活动不同于之前所讲的城郊徒步，应以安全为第一准则。而野外徒步活动因为环境的因素经常会遇到一些不可预料的突发事件。虽然远足并不需要特别的技巧，但如果有适当的训练和准备，将有助应付大自然多端的变化，减少意外发生的机会。

②路线选择。收集路线资料。我们通常所进行的野外徒步活动，选定的路线大都已经是被户外爱好者穿越多次，甚至已经为普通户外爱好者所熟知的路线。在这里，我们不提倡进行未开发野外路线的徒步，这也是避免意外发生的有效方法。既然我们所选择的徒步路线是被人所走过的，那么了解此路线的第一选择，就是与这样的人取得联系进行沟通。要注意的

是，最好能联系到最近一次徒步该路线的人，但是还要注意他们所徒步的时间与我们即将徒步的时间是否有季节跨度。在野外，时间的迁移有可能造成路线一定程度的变化，而季节的变化会造成路线穿越方式质的变化。还有一点要说的是，如果我们选择的路线最近一两年内发生过自然灾害，哪怕是普通的山体滑坡、泥石流等，都要慎重考虑路线的可行性。当然，在夏季南方的许多地方暴雨频发，洪水、山体滑坡、泥石流都有可能阻碍徒步路线。在这里，我们不提倡在发生过自然灾害的野外路线上或者可能发生自然灾害的路线上进行徒步活动。

以上所述只是一些路线选择的原则性问题。搜集路线资料的方式有很多种，除了咨询徒步当事人外，还可以通过网上搜寻一些旅游的游记、线路攻略以及户外协会、户外俱乐部的路线资料等。

（3）公园徒步

徒步不是只能在离开城市较远的山林里才可以进行，一些在城市里或城市边缘较大的公园都可以实施健身徒步活动。公园徒步是一种比较适合喜爱户外运动的初学者、中老年徒步健身爱好者、以家庭团聚健身为目的市民和以班级建设为目的的学生游玩。

这些公园大都风景优美，有山有水，景色宜人，并且有很成熟的已开发的线路，公园的配套和服务设施也较完善。徒步爱好者只需要带够一天行军用的水和聚餐用的食品即可，不需要再多携带备用的食品和物资。因为，这里很方便补给，不过价钱会高一些。

通常徒步的人群集中在周末的一天出行，由于比较近，可以选择坐公交出行，这样可以避免堵车的现象，而且节假日公园门口很难找到停车位。乘公共交通的好处，还在于可以自由选择徒步线路，比如选择从公园的东门进来，在翻越多座小溪和大山后从北门出来。并且不受时间限制，可以收放自如。

当你多次徒步这个公园时，你就会很熟悉所有的线路，那么你就可以更科学地设计行走的线路和时间，从而能够更好地锻炼身体。由于徒步健身的盛行，目前一些公园也会特意设置一些经典的健身徒步线路，并标有步速、步幅、步数和脉搏等多种测量指标，来指导大众科学健身。比如北京的香山就特意开发多条登顶线路，来适应不同健身目的的人群；颐和园和圆明园更是设计多条经典线路，沿途每隔百米设立一个标记牌，提醒健身者的徒步速度和距离，还在马路边竖起很多健康与科学徒步的知识牌。

可以说公园徒步是更加靠近户外的健步走版本。它是健身性和安全性最佳搭配的徒步健身方式。

一般人走路是大腿带动着小腿走，而科学的户外行走姿势是以膝盖为轴，小腿弹踢带动大腿行进。因为在登山或徒步中，用小腿带动行进，可使大腿处于相对停滞状态，当停下休息时，大腿会迅速给小腿供给养分，将小腿产生的运动酶代谢掉，这样我们就不会感觉腿部酸痛，因为运动酶是肌肉产生酸痛的根源。有的人喜欢走外八字，这种步行姿势极易造成髋关节及两膝的肌肉十字韧带长时间处于紧张状态。

（4）徒步旅游

①徒步旅游的特点

徒步旅游要注意保护自然环境和维护当地人生活习俗，尊重当地文化和传统。

②徒步旅行的必要条件

A. 客观条件。可自由支配的收入多，闲暇时间充裕，身体健康状况良好，人口结构良好及素质较高；旅游地的文化信息宣传，景象气候迷人等客观因素。

B. 主观条件。徒步旅游的发展证明，相当数量徒步旅游者的动机中，都包含有探新求异的需要，或者说是好奇心和探索求知的驱动。

总之，徒步旅游可以让参与者满足对于运动、娱乐、疗养等恢复或保持身心健康需要的诉求，是人们暂时离开工作和家庭环境，用以调节生活节奏而产生的动机。

至于在徒步旅游中了解和认识异域异地文化，其特点也正是希望了解、探究异地他乡的文化情况，重塑性格，磨砺意志，造就思想的变化以及保持与社会的经常接触，进行社会交往等所产生的效果。

（二）徒步行走的技巧

徒步运动由于是在环境复杂的户外进行，因此为确保安全，所需要的技术也较多，以下详细介绍各个徒步技术。

1. 徒步的身体动作

（1）身体。徒步运动不仅仅是腿部运动，它还是一种全身运动，在行走的过程中需要通过手臂的摆动来调节身体的平衡。

（2）足部。全脚掌触地，先是脚跟，然后到脚尖。

（3）节奏。最好的速度是边走边聊而不气喘。

（4）呼吸。调匀呼吸，避免岔气，用腹部深呼吸。

（5）背部。沉肩，保持背部挺直。

2. 徒步的行走技术

不同地形的行走技术和平时走路的技巧完全不一样，行进的过程中姿态也是有技巧的。

（1）平地。行进时背部肩沉背挺，用腹部深呼吸，全脚掌触地，从脚跟到脚尖位移。

（2）上坡。特别是坡度较大时可以把脚撇开一些，也就是外八字方式，全脚掌着地但重心应在脚掌前部，身体稍向前倾。如果大于45度的坡，还要借助双手攀援路边可以利用的支点（如灌木、岩石等）或借助登山杖，坡度大时应当走“之”字形。

（3）下坡。注意重心稍低一些，身体稍微下垂，适当向后仰一点避免向前栽倒。

（4）山脊行走。山脊地势较平，利于行走；视野开阔，不易迷路。

（5）横切行走。属于过渡性的通过方式，存在一定的危险性，谨慎采用。

（6）过栈道。峡谷边的窄路，一边是河谷，一边是峡壁，道路仅能一次通过一人，通过时，身体重心要放低，要贴近峡壁一面行走，要细心，大胆。

3. 徒步的节奏

最好的行走速度是走而不喘，脉搏尽量不要超过120次/分钟，尽可能要按自己的行走节奏去走，不要时快时慢，时跑时停，尽量保持匀速。

调整徒步节奏的过程是徒步活动中最主要的部分，也是很有技巧的部分。如果我们只知道不停地蛮走，只会把自己累死，而且也看不到什么景色。行进中，最重要的就是保持自己的节奏，在自己最舒服的步伐和频率上走。如果被前面的人落下，也不必急于追赶，落下别人也不必担心，只要大家还在同一条没有岔路的路线上或者视野之内。改变自己应有的节奏去适应别人的行进节奏往往是最累的。

衣物的增减也需要保持节奏。这看似简单，然而也是最容易被忽略的。出发前之所以要减衣服，是防止过多的出汗。减下的衣服是方便穿脱的，而且要把减下的衣服放在伸手可及的地方，如背包的头包下。徒步过程中停下来休息时一定要注意加衣服，决不能嫌麻烦，一旦失温很容易引起身体不适。

为了在徒步中很好地控制节奏，我们可以将一个徒步活动，按照体能状态的变化分为五个阶段。

（1）初始阶段。这段时间通常很兴奋，速度快，精神状态好。最艰难的路段最好安排在这一阶段。

（2）假性疲劳期。大概在初始后半小时到1小时左右，会第一次感觉到累。但这是“假性的”，这时应该继续坚持走，千万不要停，只要坚持住，很快就可以度过这一段难关，进入状态良好期。这个阶段就如同长跑运动中的“极点”，坚持住很快就会迎来“第二次呼吸”，从而使身体状态很好地恢复。

（3）完全消耗点。在上个阶段结束后，身体的能量真的就消耗得差不多了，这时应该好好地休息一下。最好是在达到这个连接点前完成当天的任务，否则会很苦，因为你马上就要进入体力透支期。

（4）体力透支期。现在全靠顽强的精神力量支持着，咬牙挺着，而事实上自己的肌肉早已麻木。这种状态人的肢体活动控制能力非常差，动作很不协调，如果路比较险峻，那会十分危险。所以不到不得已的时候，不要轻易在体力透支期行进。

第五章　大众常见运动损伤

我们在运动过程中，有时不可避免的会出现一些损伤类的问题，本章将就常见的运动损伤展开分析讨论并提供预防损伤的一些方法措施。

第一节　腕关节损伤与肌肉拉伤、挫伤

一、腕关节损伤

（一）概述

我们在运动过程中常见的腕关节损伤主要有腕纤维软骨盘损伤，这里我们也将以此为例来对腕关节损伤展开探讨。腕三角软骨盘损伤也叫腕关节三角纤维软骨复合体损伤。这种损伤常见于体操、乒乓球、网球、击剑、摩托车等运动项目，发病过程中常伴有下尺桡关节不稳的征象。

（二）损伤机理

（1）长期在腕背伸支撑下做旋转动作，使三角软骨盘受到长期磨损和牵拉，也可造成软骨盘的慢性损伤，软骨盘退变破裂或发生创伤性炎症和劳损。例如，体操的鞍马支撑、单杠转体等动作，手腕长期处于背伸尺倾支撑下旋转，以致逐渐疼痛，出现症状。

（2）当前臂极度旋转、手掌撑地，或手腕屈曲活动范围过大，可导致尺桡下关节韧带损伤、脱位和腕软骨盘损伤，有时可合并桡骨远端骨折。

（三）症状

（1）手腕尺侧倾、旋转、背伸时疼痛加重，腕部无力。

（2）多数有明显外伤史，如摔倒时手腕撑地。

（3）局部压痛明显，活动功能受限。

(4) 腕尺侧疼痛或伴轻度肿胀。

(5) 伴有尺桡远侧关节损伤时，可有关节松弛感，软骨盘损伤者可出现腕尺侧响声，关节绞锁等症状。

(四) 现场处理与预防

1. 现场处理

(1) 包扎固定

①绷带包扎法

绷带包扎法是急救技术中不可缺少的组成部分。常用的绷带有卷带和三角巾，现场还可用毛巾、头巾、衣物等代替。绷带包扎有固定夹板或敷料，以限制伤肢活动，避免加重伤情；保护创口，预防或减少感染；支持伤肢，使之保持舒适的位置，减轻疼痛和压迫止血，防止或减轻肿胀等作用。

②卷带包扎法

卷带（bandage）包扎法可根据包扎部位的形态特点，采用不同的包扎方法。

A. 环形包扎法

用于包扎肢体粗细均匀的部位，如手腕、小腿下部和额部等，也是其他包扎法的开始或结束时使用的包扎法。包扎时，先张开绷带，把带头斜放在伤肢上并用拇指压住，将卷带绕肢体一圈后，再将带头的一个小角反折，然后继续绕圈包扎，每圈都盖住第一圈，包扎3~4圈即可。

B. 螺旋形包扎法

用于包扎肢体粗细相差不大的部位，如上臂、大腿下部等。包扎时，先做2~3圈环形包扎，然后将绷带向上斜形缠绕，每圈都盖住前一圈的1/2~1/3（图5-1-1）。

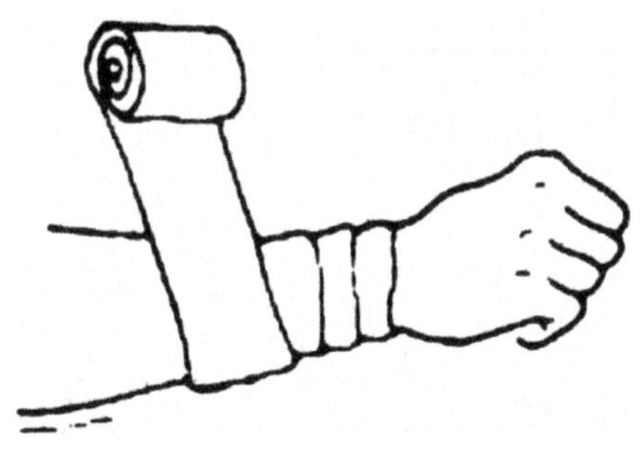

图5-1-1 圈环形包扎

③三角巾包扎法

三角巾（scarf bandage）的大小可根据需要选定。一般有大小两种，用1米见方的白布对角剪开为大三角巾，小三角巾是大三角巾的一半。三角巾应用方便，适用于全身各部位的包扎，这里只介绍手、足和头部包扎法。三角巾以三角形命名，有顶角、底角、斜边和底边等名称（图5－1－2）。

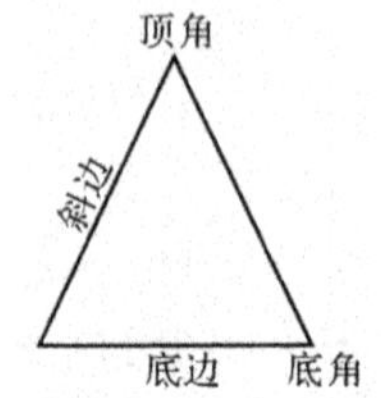

图5－1－2　三角巾

三角巾平铺，手指对向顶角，将手平放在三角巾的中央，底边横放于腕部。先将三角巾顶角向下反折，再将三角巾两底角向手腕背部交叉围绕一圈，在腕背打结（图5－1－3）。

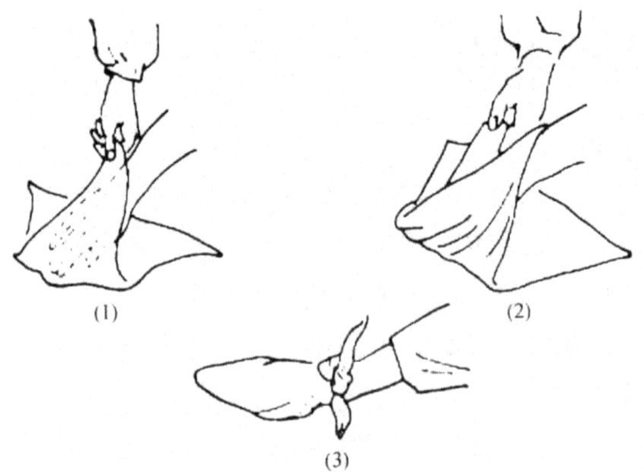

图5－1－3　三角巾手部包扎法

④骨折固定法

用一块有垫夹板放在前臂和手的掌侧，手握棉团或绷带卷，再用绷带缠绕固定，然后用大悬臂带把患臂挂于胸前（图5－1－4）。

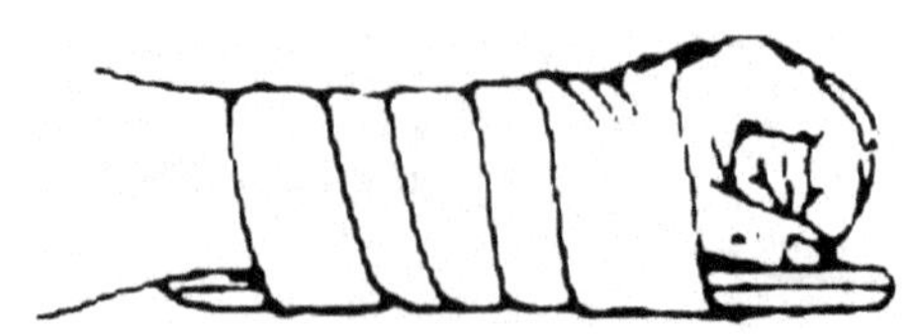

图5－1－4　手腕部骨折的临时固定

（2）止血法

①绷带加压包扎法

用生理盐水冲洗伤部后用厚敷料覆盖伤口，外加绷带加压包扎，以压住出血的血管而达到止血效果，同时抬高伤肢。它适用于小动脉、小静脉和毛细血管出血的止血。

②抬高伤肢法

用于四肢小静脉和毛细血管出血。方法是将患肢抬高，使出血部位高于心脏，降低出血部位血压，达到止血效果。此法在动脉或较大静脉出血时，仅作为一种辅助方法。

③屈肢加压止血法

前臂、手或小腿、足出血不能制止时，如未合并骨折和脱位，可在肘窝和腋窝处加垫，强力屈肘关节和膝关节，并以绷带“8”字形固定，可有效控制出血。

（3）悬挂法

常用于除锁骨和肱骨骨折以外的其他上肢损伤。将三角巾的顶角置于伤肢的肘后，一底角拉向健侧肩上，伤肢屈肘90度，前臂放在三角巾的中央。再将三角巾的另一底角向上翻折并包住前臂，两底角在颈后打结。最后拉直顶角并向前折回，用胶布粘贴固定（图5－1－5）。

图5－1－5　悬挂法

2. 预防

（1）控制训练负荷量，合理分配训练中的练习动作，避免长时间手腕频繁地屈伸发力运动。

（2）练习结束后进行局部的按摩和冰敷，促进恢复。

（3）加强腕关节力量练习，提高关节稳定性。

二、肌肉拉伤

（一）概述

骨骼肌是人体进行运动的动力来源，都跨越一个以上关节，其收缩使肢体产生位移运动。肌肉收缩时所遇阻力过大，或过度被动拉长所造成的肌纤维拉伤、部分断裂或完全断裂称为肌肉拉伤。在田径、球类运动中多见，以大腿后群肌肉、股四头肌和腰背部等肌肉多发。

（二）损伤机理

1. 肌肉的力量和柔韧性差

肌肉力量、柔韧性达不到完成动作的要求，容易拉伤。拮抗肌力弱，如股后肌群的肌力一般仅是其拮抗肌（股四头肌）的1/2，在训练中如果只注意股四头肌的训练，而忽视股后肌群的训练，容易导致拉伤。

2. 主动拉伤

由于完成动作用力过大，肌肉收缩力量过大所致；也可以由于受到外界强烈刺激（如肌肉受到撞击）而产生强烈收缩所致，如杠铃下蹲负重过大，100米起跑，跳远踏跳时容易造成肌肉拉伤。

3. 被动拉伤

被动拉伤是由于肌肉受牵拉时，超过了肌肉本身的伸展性而发生拉伤。可见于做“压腿”“前踢腿”“跳深”等柔韧性练习中。

（三）症状

1. 疼痛

因伤情轻重而不同，轻者肌肉处于休息位不痛，只有在重复损伤动作时疼痛加剧；重者在任何情况下都有明显的疼痛，并伴有局部张力升高、淤血和肿胀。

2. 局部畸形

一端肌肉断裂者局部可触到一侧凹陷而另一侧异常膨大；肌腹中间断

裂则出现“双驼峰”畸形。

（四）现场处理及预防

1. 现场处理

（1）抬高上肢休息。

（2）以冷水冲洗浸泡、冷镇痛气雾剂或冰袋冰敷，弹力绷带加压包扎，局部制动。

（3）30 分钟后除去冷敷，改用海绵或棉花加压包扎，减少伤肢的活动。

（4）怀疑完全断裂时，应在局部加压固定患肢的情况下，立即送医院处理。

2. 预防

（1）加强局部肌肉的力量训练，不仅要重视专项技术还要增加肌肉力量。例如，羽毛球运动员膝关节、踝关节还有肩关节损伤的发病率很高，增加这些关节相应部位的肌肉力量，可以有效的预防肌肉拉伤的发生，并且起到保护关节的作用。

（2）训练或比赛结束后即刻进行放松活动，可以采取静态和动态交替的放松拉伸方式，有利于肌肉疲劳的快速消除。

（3）在进行训练或比赛前做好充分的准备活动，尤其在寒冷季节应适当延长准备活动的时间。

三、肌肉挫伤

（一）概述

肌肉挫伤是指体表的部位受到钝性物体的撞击或者打击而导致的局部软组织的闭合性损伤。运动时的相互冲撞、踢打以及身体撞到运动器械均可发生局部肌肉挫伤。多发生于对抗性项目中，如足球、篮球、武术散打、拳击、跆拳道等运动项目。挫伤可涉及皮肤、皮下组织（血管、神经等）和肌肉。根据挫伤的部位不同可伤及肌腹、肌腱、肌腱止点等组织。

（二）损伤机理

（1）外力直接撞击导致局部软组织、肌肉等发生挤压伤，严重时可以导致肌肉撕裂或者断裂。

（2）肌肉紧张时造成的挫伤往往比放松时的表浅，这是因为紧张的肌肉缓解了外力传导至骨面的力度，减轻对深部组织的创伤。

（三）症状

（1）轻度挫伤：压痛局限，局部出现疼痛、肿胀。肢体活动基本正常。

（2）明显挫伤：局部明显肿胀，出现皮下瘀血，关节活动障碍，局部可以摸到肿块，血肿严重者可出现波动感。四肢挫伤时在关节处不能屈曲90度位；下肢跛行，起立或爬楼梯都会有疼痛。

（3）严重挫伤：广泛肿胀，摸不到肌肉的轮廓，关节屈曲更受限，下肢跛行明显，非用拐不能走路，有时关节内出现积液。

（四）现场处理及预防

1. 现场处理

（1）小腿前外侧受到撞击后局部肿胀明显者，要注意检查大脚趾与第二脚趾根部下方的区域是否有感觉麻木或者感觉异常，如有需要考虑发生胫前间隔综合征的可能，这是由于胫前间隔部位压力过高导致腓神经受到压迫、受损所出现的症状，这种情况也需要到医院进行进一步处理。

（2）单纯肌肉挫伤，立即在局部使用冷镇痛气雾剂或冰块冰敷，后用新伤药、弹力绷带加压包扎。轻度挫伤可在采取保护措施下继续训练或比赛；挫伤严重伴有局部血肿明显者，应局部冰敷并加压包扎之后送医院进一步处理。

（3）股四头肌受到撞击后，局部肿胀、疼痛明显的要考虑发生股四头肌下血肿的可能，需要去医院进行进一步诊断和处理。

（4）伴有并发症的肌肉挫伤，例如，严重休克或者内出血，应立即送往医院救治。

2. 预防

（1）使用合格护具，对减少这类损伤有一定效果。

（2）在对抗性项目中注意自我保护，身体接触的瞬间收缩肌肉可以有效地缓解冲击力对局部造成的损伤。

（3）在使用器械训练中，掌握正确的使用方法，需要他人协助的项目，必须在有专人保护的情况下进行训练。

第二节　肘关节损伤

关于肘关节运动损伤，最为常见的可以说是网球肘了，本节将主要对网球肘这类肘关节损伤疾病展开分析探讨。

一、概述

网球肘（又称肱骨外上髁炎）是伸指伸腕肌的起点处发生的腱止点损伤，是由于前臂伸肌的反复牵拉导致局部过度使用性损伤。多见于网球、羽毛球运动员。

二、损伤机理

（1）退行性变。随着损伤时间的延长，如果导致损伤的应力特性得不到改善，局部的损伤部位将发生组织学改变，并伴随有肌腱和止点功能的退化。

（2）过度使用。在肘关节部位，屈肌力量明显大于伸肌，即伸指伸腕肌力相对较弱，反复屈伸、旋外活动的牵拉导致微细损伤不断积累，使附着部位的肌腱止点、筋膜发生损伤。

三、症状

（1）局部压痛；肘关节外髁处疼痛，并向前臂放射，尤其是在前臂外旋时疼痛明显。

（2）病理改变包括局部的细胞数量增多、排列紊乱、胶原纤维比例改变，血管增生、骨质增生，这些改变导致局部出现疼痛等相应症状。

四、现场处理及预防

（一）现场处理

（1）急性损伤按照急性闭合性软组织损伤处理原则和方法进行即可。

（2）进行包扎，可采用“8”字形包扎法，具体方法是先在关节处做几圈环形包扎后，将绷带斜形环绕，一圈在关节上方缠绕，一圈在关节下方缠绕，两圈在关节凹面相交，反复进行，逐渐离开关节，每圈压住前一圈的1/2～1/3，最后在关节上方或下方做环形包扎结束（图5－2－1）。

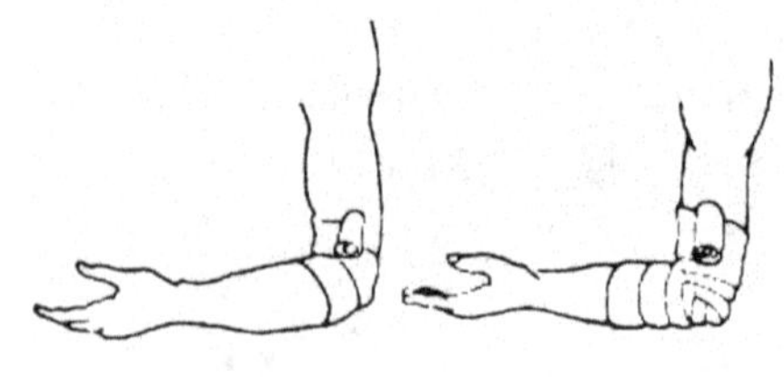

图5－2－1　“8”字形包扎法

（3）肘关节脱位时最好用铁丝夹板弯成合适的角度，置于肘后，用绷带固定后再用大悬臂带挂起前臂。如无铁丝夹板，可直接用大悬臂带固定伤肢。若现场无三角巾、绷带、夹板等，可就地取材，用头巾、衣物、薄板、竹板、大本杂志等作为替代物。

（4）避免反拍击球动作2～3天。

（二）预防

（1）掌握正确的技术动作，并选择适合自己能力的技术动作，如网球运动员尽可能采用双反。

（2）选择合适的护具或者器材，需要考虑器材的弹性、硬度、重量、平衡点等。

（3）注意训练中和训练后的牵拉、放松活动。

（4）训练前预防损伤的练习动作。

第三节　肩关节损伤

一、概述

肩关节部位的损伤多发于肩部需要进行大范围活动的运动项目，如标枪、仰泳、排球、体操等，多由于负荷过度所致。轻者可发生肩袖损伤、重者可发生肌肉断裂，这里以肩袖损伤为例展开探讨。

肩袖损伤是指肩袖结构由于急性或者长期超范围活动所导致的创伤。肩袖是由冈上肌、冈下肌、肩胛下肌、小圆肌的肌腱在肱骨头前、上、后方形成的袖套样肌样结构。与此关系密切的另一损伤是肩部撞击综合征。

二、损伤机理

（1）肩关节不稳，反复发生撞击，造成肌腱滑束损伤。

（2）上臂遭受暴力直接牵拉或受外力作用突然过度内收，以及在肩袖上方或者下方的对冲性损伤都可能使肩袖收到牵拉而发生损伤。

（3）肩关节反复超范围活动造成肌腱受到挤压。如体操转肩、排球扣球等。

三、症状

（1）肩前方或肩峰处疼痛，不少人有撕裂或折断感，急性期疼痛剧烈，慢性期表现为自发性钝痛。

（2）肩部活动后疼痛加重，有时夜间疼痛加重，不能卧向患侧。

（3）多有急性损伤或反复、累积性损伤史。

四、现场处理及预防

（一）现场处理

（1）轻微损伤可进行冷敷、加压包扎、制动。

（2）部分撕裂者，其治疗主要是对症治疗，给予镇痛、止血、脱水、活血化瘀等药物治疗。同时配合局部痛点封闭、理疗，使运动员损伤肩外展、前屈、外旋位于石膏或外展架 3 ~ 4 周。

（3）肩关节脱位。可用大悬臂带悬挂伤肢前臂于屈肘位。

（4）伤后 6 周如果检查外展肌力仍差者应该进行手术修补。

（二）预防

（1）加强准备活动。

（2）加强肩关节周缘肌肉力量及肩部柔韧性训练：可用一定重量的物品置于肘部，平举至与肩同高，持续 1 ~ 2 分钟为一组，每次 4 ~ 6 组，每组间歇时注意放松，放松时肩部进行正压、反拉及前后绕环练习。

（3）控制训练中的肩部负荷，注意训练后的局部反应；掌握正确的技术动作；重视训练后整理活动。

（4）肩关节在外展位时肩峰与肩袖之间的磨损最大，因此，在这个体位练习提高肌肉力量，减少在运动中关节活动对肌腱的牵扯，从而起到保护肩袖的作用。

第四节　踝关节损伤

一、概述

踝关节损伤以韧带撕裂为多见，可以发生在很多运动项目中，踝关节内翻伤明显多于外翻，最常见的是导致外侧距腓前韧带、跟腓韧带损伤。踝关节在骨骼结构上主要由胫、腓骨下关节面与距骨滑车构成，内外侧有内、外踝节而形成的“门”形的关节窝，距骨滑车关节面前宽后窄。当足背屈时关节稳定，但在跖屈时关节隙增大，容易扭伤。由于外踝比内踝长而低，可阻止距骨过度外翻，但是容易发生内翻伤。

脚关节部位的肌肉，在内踝后方有足趾屈肌腱经过，外踝后方有足趾伸肌腱经过。从力量来说，内踝后方的屈肌腱力量要强于外踝后的伸肌腱，导致踝关节容易内翻。而韧带也是容易发生损伤的部位，其踝关节内侧副韧带为关节囊的增厚所形成的三角形结构。起自内踝，呈扇形向下止于距、跟、舟三骨，如图5－4－1所示为踝关节内侧副韧带。外侧副韧带有三条，从前往后是距腓前、跟腓、距腓后韧带，位于外踝与距、跟骨之间，如图5－4－2所示。当足内翻时，易损伤距腓前韧带及跟腓韧带。

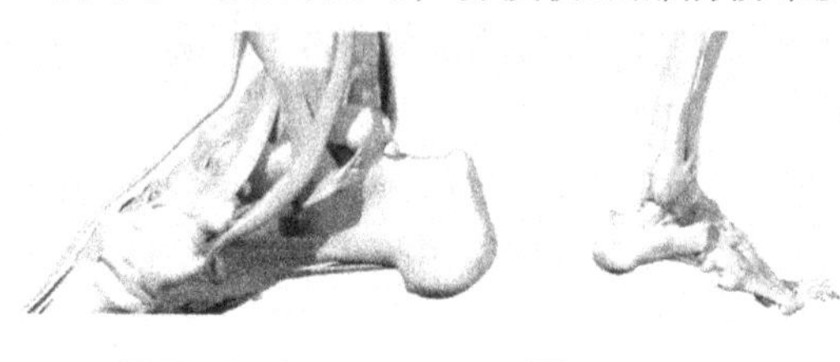

图5－4－1　　　　图5－4－2

二、损伤原理

通常情况下，踝关节内翻伤远远多于外翻伤，踝关节超出正常范围的内翻与踝关节如下结构特点有关。

（1）踝关节外踝比内踝长。

（2）外侧副韧带比内侧副韧带薄弱。

（3）外踝后的伸肌力量弱于内踝后的屈肌力量。

三、症状

（1）韧带损伤部位疼痛、压痛、肿胀，活动受限，皮下淤血明显，说明有明显血管损伤。

（2）踝关节强迫内翻实验阳性。方法是：伤员平卧，两下肢伸直，检查者位于伤员脚底下方，两手握住足底使足内翻，比较内翻程度的差异，判断外侧副韧带损伤程度。

（3）踝关节抽屉试验阳性。两手分别握住踝关节上方和足跟部，握足跟部手向前拉，感觉踝关节活动度是否有增大。

（4）损伤程度分级：

①一度拉伤：轻微拉伤或者撕裂，没有关节活动度增大现象。

②二度拉伤：部分撕裂，活动度加大。

③三度拉伤：完全断裂，明显的开口感。

四、现场处理及预防

（一）现场处理

（1）进行冷敷 15 分钟。

（2）进行保护、局部制动、冷疗、加压包扎和抬高伤肢处理。

（3）注意损伤部位的肿胀、淤血程度，如果肿胀、淤血明显，可增加冷敷时间和次数，以达到减轻肿胀、疼痛的作用。

（4）进行包扎处理，具体可以采用“8”字形包扎法。先在关节下方做几圈环形包扎后，将绷带由下而上，再由上而下地来回做“8”字形缠绕，使相交处逐渐靠拢关节，最后做环形包扎结束，如图 5 - 4 - 3 所示。

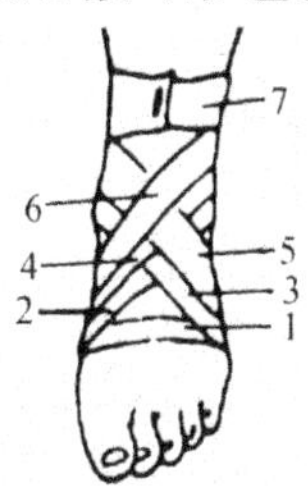

图 5 - 4 - 3　“8”字形包扎法之二

(5) 通过进行强迫内翻实验、踝关节抽屉试验检查损伤程度，如为二、三度拉伤，需要尽早送医院处理。

(二) 预防

(1) 注意进行充分的准备活动。

(2) 进行运动时合理使用护具，伤后训练时合理使用粘膏支持带、护踝等护具。

(3) 注意踝关节稳定性力量训练，如提踵，平衡垫上站立练习。

(4) 掌握落地不稳时的自我保护。

(5) 运动员在进行有身体接触项目运动时禁忌动作粗野。

第五节　膝关节损伤

膝关节损伤在运动训练中也比较常见，本节将就膝关节急性损伤展开探讨分析，膝关节急性损伤包括半月板撕裂、十字韧带撕裂和侧副韧带撕裂三种常见损伤，由于膝关节结构的复杂性和相关性，上述三者可以单独发生，也可能合并发生。

一、膝关节侧副韧带扭伤

(一) 概述

膝关节侧副韧带在形态上呈现出扁平状、三角形，我们可以通过图5－5－1来看其具体的组成及结构构造。

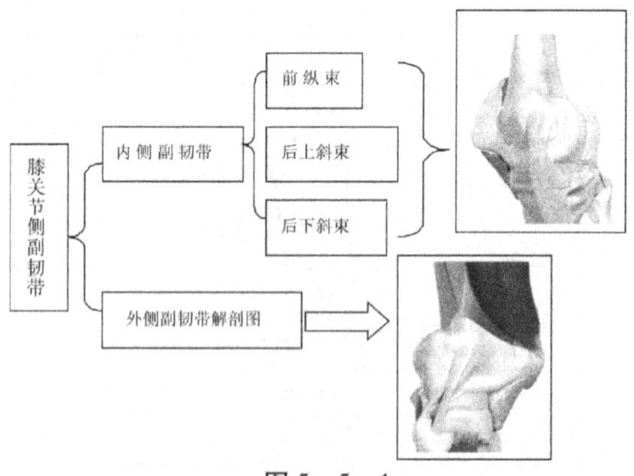

图5－5－1

侧副韧带拉伤为急性损伤，局部会有出血、渗出，进而导致炎症反应。损伤局部的出血部位在伤后 12 小时开始有肉芽组织长入，进而通过机化过程而完成瘢痕修复，外侧副韧带为束状。膝关节伸直时拉紧，屈曲时松弛，所以在半蹲位容易拉伤。

（二）损伤机理

（1）韧带受到直接撞击。

（2）小腿被动外翻或者内翻，如足球对脚、滑雪板内侧碰到障碍物。

（3）膝关节外侧受到撞击会导致内侧副韧带损伤；内侧受到撞击（少见），可导致小腿内翻，导致外侧副韧带损伤。

（三）症状

（1）局部疼痛、可有肿胀。

（2）侧副韧带位置压痛。

（3）侧扳试验阳性。

（四）现场处理及预防

1. 现场处理

（1）根据损伤动作判断可能的损伤。

（2）寻找压痛点确认损伤韧带。

（3）进行侧扳试验，膝关节内侧或者外侧局部出现疼痛说明有韧带损伤；同时注意关节活动度是否有异常增大，如果有增大说明有部分撕裂的可能，如果有开口说明韧带断裂。如果有部分撕裂或者完全断裂的可能要尽快找医务人员来进行处理。

（4）冷敷完成上述检查后，进行 15～20 分钟冷敷。

（5）加压包扎利用弹力绷带进行加压包扎，以减轻肿胀，加速恢复。具体有如上所述的环形包扎法，具体操作不再赘述，如图 5－5－2 所示。

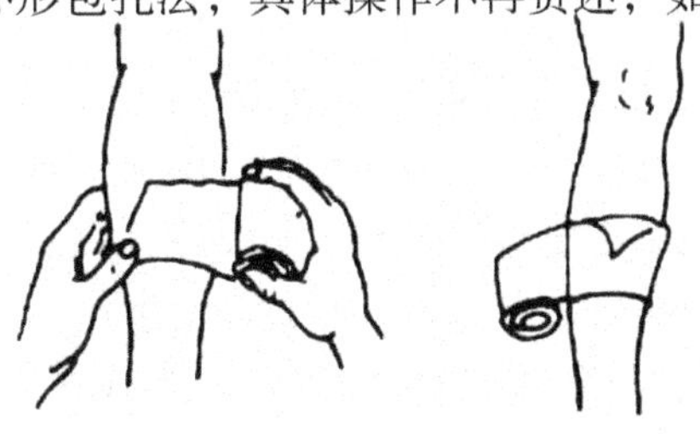

图 5－5－2　环形包扎法

此外，还有反折螺旋形包扎法。使用这种方法进行包扎时，先做2～3圈环形包扎，然后用左手拇指压住绷带上缘，将绷带向下反折约45°，向后绕并拉紧绷带，每圈反折一次，后一圈压住前一圈的1/2～1/3，反折处不要在创口或骨突上并互相平行（图5－5－3）。

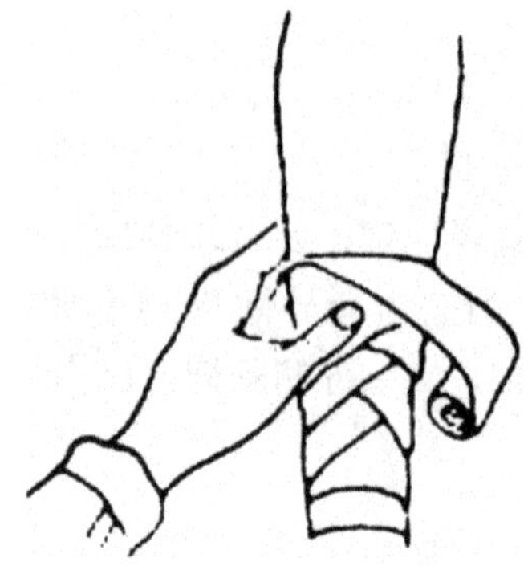

图5－5－3　反折螺旋形包扎法

（6）制动和抬高伤肢。

2. 预防

（1）充分的准备活动，让韧带温度升高，逐渐适应负荷强度。
（2）避免动作粗野，学会自我保护。
（3）需要时使用护膝，贴扎来保护膝关节。

二、半月板撕裂

（一）概述

膝关节内的半月板可以加深关节窝，对关节所受冲击力起缓冲作用。半月板损伤的关键是其矛盾运动的解剖特性，常见于一些需要急转、急停的项目如足球、篮球等。内侧半月板较大呈“C”形，外侧半月板较小呈“O”形，位于胫骨平台与股骨之间，外厚内薄，上面稍呈凹形，下面为平面，具体如图5－5－2所示为半月板解剖图。

半月板撕裂为急性损伤，急性损伤时以局部出血、渗出、急性炎症为主。由于半月板撕裂不需要尽早手术，形成慢性损伤后，局部的病理变化主要是形成滑膜炎，导致关节积液，有时会发生关节绞锁，进一步加重滑膜炎和关节软骨损伤。根据撕裂形状不同，其对半月板的影响也有所不同，如图5－5－4所示为外侧半月板及其撕裂类型。

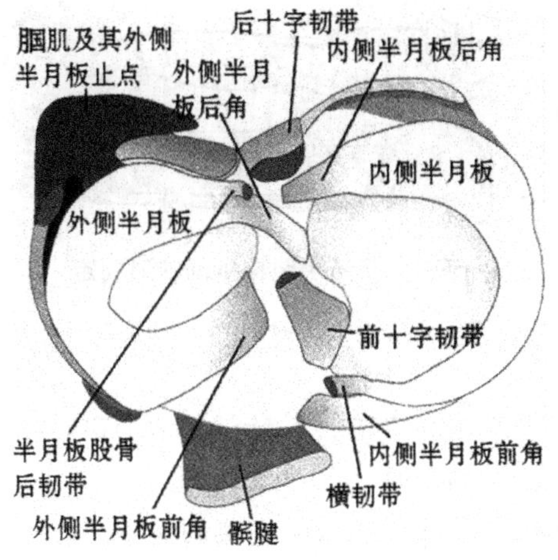

图 5－5－4

（二）损伤机理

当膝关节屈伸时，半月板在膝关节内上面与股骨关节面成关节；当膝关节半屈曲位做内旋或者外旋时，半月板的下面与胫骨面形成关节，当膝关节快速完成屈伸加旋转动作时会导致半月板产生不协调运动导致受到挤压和捻挫而发生损伤。

（三）症状

（1）疼痛、压痛、感觉膝关节不稳、绞锁、甚至股四头肌萎缩。

（2）肿胀为滑膜炎的表现，说明有关节积液，浮髌试验呈阳性，积液膨出诱发试验呈阳性。

（3）麦氏征阳性。完成膝关节内旋或者外旋的同时屈伸过程中出现疼痛和响声为麦氏征阳性，说明有半月板撕裂。

（四）现场处理及预防

1. 现场处理

（1）局部冷敷、加压包扎、制动、抬高伤肢。

（2）如果疼痛和运动障碍比较严重，禁止运动员用伤肢走路，用夹板将膝关节固定在最舒适的位置，送医院进行进一步处理。具体的方法是用 2 块有垫夹板放在小腿的内、外侧，2 块夹板上至大腿中部，下至足部，用 4 ~5 条宽带分别在膝上、膝下及踝部缚扎固定（图 5－5－5）。

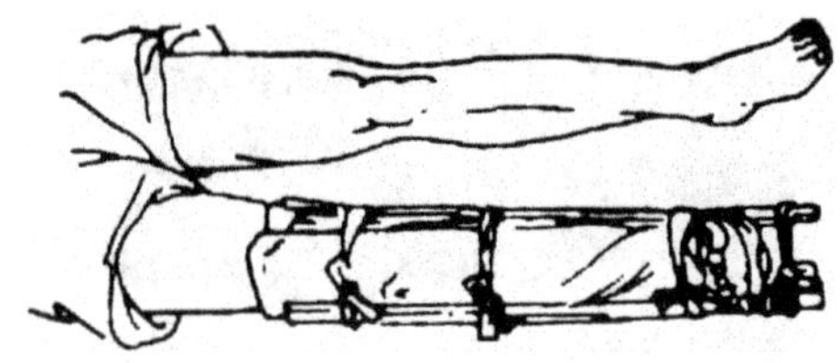

图5-5-5　小腿骨折的临时固定

2. 预防

(1) 让运动员在赛季前进行合理的膝关节力量和柔韧性训练。

(2) 训练中合理使用护具。

(3) 注意避免损伤动作，如负重深蹲起时不要膝关节内扣。

三、十字韧带拉伤

(一) 概述

十字韧带也叫交叉韧带，是膝关节内限制小腿前后运动和旋转的两条主要韧带。前交叉韧带起于外上的股骨外上髁内侧，向前向下止于内下的胫骨平台内侧髁，限制小腿向前移动和内旋；后交叉韧带起于内上的股骨内侧髁，向后向下止于外下的胫骨平台外侧髁，限制小腿向后移动和外旋，如图5-5-6所示分别为前交叉和后交叉韧带解剖图。

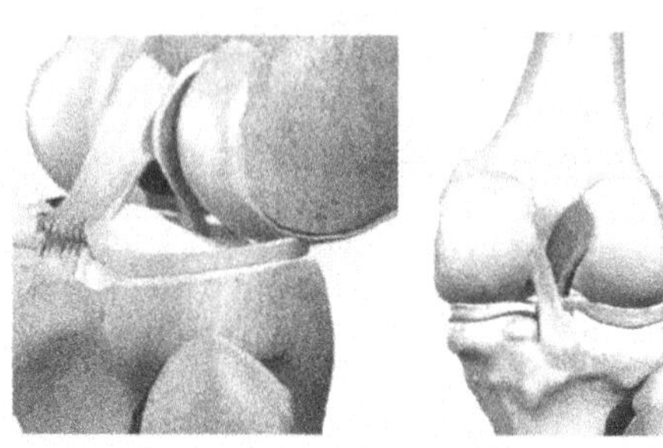

图5-5-6

十字韧带拉伤多发于小腿受到向前或者向后方向的猛烈撞击所致，如足球比赛中被绊倒导致膝关节下方着地跌倒；两人对脚力量过大导致交叉韧带拉伤；女子篮球运动员落地的特殊受力情况导致前交叉韧带撕裂甚至断裂。

（二）损伤机理

1. 落地应力

多见于女性，由于女性的骨盆宽导致落地时膝关节、踝关节的角度与男性不同，落地时膝关节受到的剪切力增大，加上髋关节和下肢力量的不足、膝关节屈肌与伸肌力量不均衡，导致前十字韧带撕裂甚至断裂。

2. 急停转身

此动作导致小腿固定，但是股骨在身体力量的推动下向前运动，导致前十字韧带拉伤。

3. 暴力撞击

膝关节下方受到猛烈向前或者向后的撞击，当撞击力超过韧带的承受力水平，导致撕裂发生。多见于足球这类有身体接触项目，主要由于犯规动作所导致，如蹬踏、铲球、对脚等。

（三）症状

（1）损伤时有些人有撕裂感，关节不稳，出现剧烈疼痛；关节肿胀，这种情况往往提示有关节内出血，膝关节活动受限。

（2）抽屉试验阳性：膝关节屈曲 90 度或者 120 度情况下，两手握住小腿上端，用力向前拉或者向后推，分别检查前、后十字韧带。如出现活动范围增大和疼痛，说明有十字韧带损伤或者断裂。陈旧性损伤者多可见到股四头肌萎缩。

（四）现场处理及预防

1. 现场处理

（1）检查疼痛位置，是否肿胀，进行抽屉试验检查。如果断裂或者部分撕裂，找急救人员进行处理。

（2）冷敷 15 ~ 20 分钟，等待急救人员到来。

（3）如有撕裂或者断裂，需要石膏固定数周或者尽早手术缝合。

（4）如果抽屉试验阴性，没有部分断裂和全断，则需要减少活动，休息时抬高患肢。

2. 预防

（1）通过力量训练提高股四头肌与腘绳肌之间的力量平衡性，加强髋、膝、踝关节周围肌肉力量。

（2）跳深练习提高下肢协调性和耐力。

（3）动态神经肌肉控制训练对提高膝关节稳定性有益。

（4）提高单腿控制能力主要涉及臀部肌肉（特别是臀中肌）。

（5）灵敏性练习提高下肢灵活性。

（6）提高突然减速能力。

（7）核心稳定性训练提高身体控制能力。

第六节　髌骨与骶髂关节损伤

一、髌骨劳损

（一）概述

髌骨位于股骨下端的前方，是人体最大的籽骨，为三角形的扁平骨，底位于上端，髌尖在下，上端与股四头肌相连接，下端为髌腱上端的止点。髌骨具有增大力矩，提高股四头肌伸膝力量的重要作用。当膝关节处于不稳的屈曲位时，还起到增加膝关节稳定性的作用。

髌骨劳损包括髌腱止点损伤和髌骨软骨损伤两方面，前者是由于起跳、落地、起动、急停时所产生的强烈牵拉导致的肌腱止点损伤，后者则是由于膝关节半蹲位变向活动所产生的摩擦导致关节软骨损伤。

肌腱止点由于结构复杂，损伤后的修复愈合很困难；关节软骨由于没有再生能力，一旦损伤发生愈合也非常困难。

髌腱止点损伤是常见的末端病之一，可以发生在髌尖部，也可以发生在髌腱的胫骨结节止点。这类损伤多由于反复牵拉所产生的微细损伤积累所致。现在认为髌骨劳损病理变化是一种退行性改变，而不是过去所说的慢性炎症。退行性改变导致局部组织结构的成分发生改变，钙化的纤维软骨增多，出现细胞数量改变、排列紊乱，潮线“涨潮”，但是没有炎性细胞出现。

（二）损伤机理

1. 髌骨软骨软化症

（1）直接暴力：髌骨前方受到暴力撞击，如冲撞、跪倒等。

（2）间接暴力：膝关节屈曲位移动导致髌骨软骨面与股骨髌面间反复摩擦。

2. 髌腱止点损伤

（1）间接暴力：起跳、落地、制动、转向时髌腱止点会受到反复牵拉而导致微细损伤发生和积累，超出机体承受能力时将导致过度使用性损伤发生。

（2）直接暴力：该部位受到直接撞击。

（三）症状

1. 髌腱止点损伤

（1）髌腱止点损伤，明显压痛，单腿下蹲痛。

（2）长时间病例可见到髌尖骨质增生。

（3）伸膝抗阻试验阳性。

2. 髌骨软骨软化症

（1）可见关节交锁，多由于有软骨脱落，形成“关节鼠”所致。

（2）上下楼出现膝软、膝痛。

（3）部分伤者可有浮髌试验阳性，提示有关节积液。

（4）髌骨抽动痛、压迫痛。

（四）处理与预防

1. 髌骨损伤处理

关节软骨损伤后其本身的再生修复能力极低，至今都是对症处理而无特效的治疗方法。因此，更应重视预防。增强股四头肌的力量，是防治髌骨劳损的积极手段。采用高位静止半蹲练习，若方法得当，负荷量合适，常可收到一定的治疗效果。

此外，理疗、中药外敷、针灸、中药渗透药外敷或直流电导入、按摩、强的松龙和普鲁卡因混合液进行髌骨周缘痛点注射等均可采用。若长期保守治疗无效，且症状逐渐加剧或有关节游离体，出现交锁现象的髌骨软骨病患者，可考虑手术治疗。

2. 髌骨损伤预防

（1）增加膝关节静力性力量练习。

（2）训练中合理使用护具，训练后对股四头肌等膝关节周围肌肉进行充分放松。

（3）充分的准备活动。

（4）改进落地技术，提高缓冲程度。

（5）注意观察训练后关节是否有肿胀，合理控制训练负荷。

二、骶髂关节损伤

（一）概述

骶髂关节是连接骨盆和脊柱的关节，位于骨盆后部，承受主要的脊柱向下的力量，在运动中它会承受更大的负荷。此关节面由骶骨侧方的耳状面与骨盆后部的耳状面构成，骶骨的关节面朝向后外，其前面较后面宽。相对的关节面之间间隙很小，关节面粗糙不平使两关节面密切相嵌，此关节活动度很小，属于滑车关节；前后有骶髂前韧带、骶髂后短韧带、骶髂后长韧带、骶髂骨间韧带、骶结节韧带和骶棘韧带进行固定。骶髂关节是微动关节，虽然周围有很多肌肉，但是起固定作用的主要是韧带。

骶髂关节损伤（也叫骶髂关节功能紊乱）是指由于该关节活动度异常、关节面位置发生改变，导致周围组织受到挤压而出现局部疼痛的现象。常见于运动员，尤其是划艇运动员、越野滑雪这类损伤发病率高，而骶髂关节损伤导致的腰痛有报道占到下腰痛的20%左右。骶髂关节损伤多为急性损伤，局部可发生炎症、肿胀以及伴随有神经刺激症状。

（二）损伤机理

（1）骶髂关节活动度异常：过度松弛或者活动过度受限，导致受力时发生关节面发生移位或者周围软组织拉伤。

（2）剧烈运动、撞击、外伤等导致骶髂关节半脱位。

（3）长时间姿势不良情况下工作；皮划艇的上体大幅度摆动和用力；越野滑雪中的下肢向后外侧用力蹬雪。

（三）症状

（1）直腿抬高患侧受限，并有骶部疼痛；患侧脚不敢着地，臀部不能坐凳子。

（2）骶髂关节处可有局限性压痛。

（3）骨盆分离试验（“4”字试验）阳性，髋外展抗阻试验阳性。

（4）急性发作期，在下腰部一侧可出现疼痛，大多较为严重，放射至臀部或腹股沟区；但一般不会放射到坐骨神经的小腿分布区。

（四）现场处理及预防

1. 现场处理

（1）按摩、冷敷、理疗可以缓解症状，卧硬板床休息。

（2）疼痛明显者，找医生进行检查和处理。

2. 预防

（1）加强腰部稳定性力量练习，提高身体功能性控制能力。此能力涉及躯干、肩带、骨盆力量的协调性、均衡性。

（2）训练后通过放松跑、牵拉来消除肌肉疲劳，恢复结构间的正常关系。

（3）避免腰部过度负重。

第七节 腰椎损伤

急性压机劳损、慢性腰肌劳损、腰间盘膨出、腰间盘突出、腰椎椎管狭窄、下腰疼痛等都是常见的腰椎疾病，但限于篇幅，这里我们主要对运动中常见的急性和慢性腰扭伤进行讨论。

一、概述

首先我们应对腰部结构构造有一个了解。腰背部由 12 块胸椎和 5 块腰椎组成，另外有 7 块颈椎。其由椎间盘、椎间韧带和棘间韧带及相关的深层肌肉来进行稳定。腰部扭伤还和其肌肉有着密不可分的关系，其中深层肌肉包括骶棘肌、半棘肌、多裂肌和回旋肌、横突间肌、棘突间肌等，作用是在躯干产生运动前收缩，以保证脊柱的稳定性，如图 5 －7 －1 所示。而浅层肌肉包括斜方肌、背阔肌，是腰部运动的动力，也称为原动肌，如图 5 －7 －2 所示。

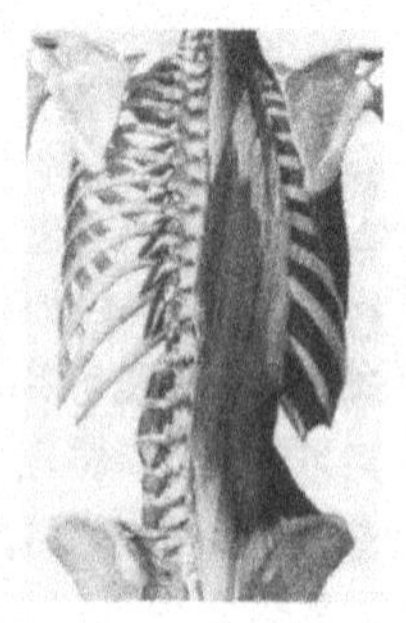

图 5 －7 －1

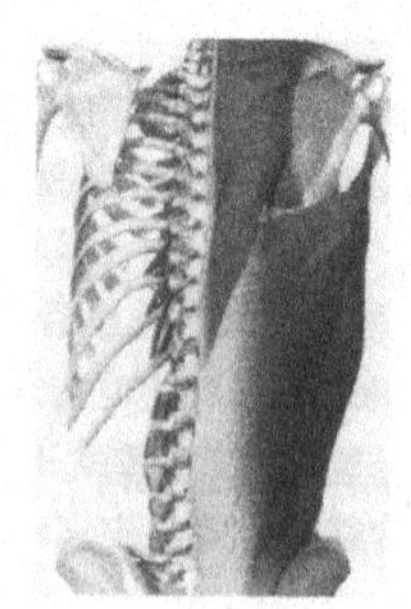

图 5 －7 －2

（一）急性腰扭伤

急性腰扭伤的病理变化以局部炎症反应为主，1 ~2 天后炎症逐渐消退，肉芽组织成熟为胶原纤维，形成瘢痕组织，这一成熟过程大约需要数周的时间。由于瘢痕组织的强度低于正常组织，所以容易再次发生损伤。

（二）慢性腰扭伤

腰部肌肉慢性劳损是由于反复的机械力作用于肌肉骨膜、韧带、关节而使肌肉受损。如长期弯腰过多、体位姿势不良、腰部反复受伤、脊柱畸形等等均是常见的原因。腰部肌肉劳损的常见症状有酸痛，在运动或劳动后久站或久坐后常见疼痛加重，而且常随气温变化而症状加重。

腰背筋膜系指包绕骶棘肌的筋膜。较厚，分为深浅两层，浅层起自胸腰骶椎的棘突和棘间韧带，下缘止于髂骨嵴，外侧缘止于肋骨角；深层分隔骶棘肌与腰方肌，而紧张于腰椎横突、髂骨嵴、第十二肋与髂腰韧带之间。深浅两层在骶棘肌的外侧缘相会合，成为较厚的腰背筋膜，构成骶棘肌鞘，并向腹侧形成腹横肌筋膜。腰背筋膜下的脂肪组织有一基本分布区。

二、损伤机理

（一）急性腰扭伤

（1）场地湿滑：由于场地有水、沙土、冰雪导致失去重心。

（2）核心稳定性力量不足，导致训练负荷超出机体负担能力而发生损伤。

（3）非身体接触项目中的突然转身、变向起动，如篮球防守中的移动、排球的防守救球。

（4）提拉重物动作错误、用力过猛。由于提起重物离身体过远，重心不稳时发力导致损伤；抬、拉过重的物体也容易导致急性腰扭伤发生。

（5）有身体接触项目中的相互碰撞：由于碰撞导致身体失去重心往往是急性腰扭伤的重要原因。

（二）慢性腰扭伤

健身者中，多系急性腰扭伤后治疗不彻底即投入锻炼或逐渐劳损所致；练习中，过多过密的腰部活动，腰肌负担过重，导致局部组织的微细损伤，逐渐积累而发病；练习中出汗受凉，风寒湿侵入机体，使经络阻滞，气血运行不畅，影响肌肉的营养和代谢，也是重要原因之一。另外，腰椎有先天性畸形和解剖缺陷者，如腰椎骶化、骶椎腰化、椎弓崩裂与腰椎滑脱、先天性隐性脊柱裂等，都可以引起腰背肌力平衡失调，产生腰痛。

三、症状

（1）局部压痛：根据部位可以大致区分损伤组织，发生在棘突部位多为韧带损伤；发生在腰背部两侧、髂骨翼的多为肌肉和筋膜损伤。

（2）疼痛，活动受限。

（3）背部肌肉紧张：在急性损伤时明显。

（4）背伸抗阻试验阳性，没有串麻现象。

四、现场处理及预防

（一）现场处理

（1）局部冷敷、制动。

（2）急性腰损伤一般都应卧床休息。用木板床，腰后垫一小褥，使肌肉韧带松弛。针刺腰痛穴大都可以止痛并使腰部活动增加。此外，还可适当给予止痛及安静剂消除肌肉痉挛。

对腰骶关节、骶髂关节扭伤推拿及按摩常有很高疗效。其手法为：第一手法，用拇指或手掌按摩脊椎两旁肌肉，并经环跳、腋窝至小腿，舒筋活络；第二手法：病人俯卧，术者一手按住患侧，另一手提起同侧足部上提1～2次；第三手法：重复第一手法；第四手法：叩击，自上而下并在患处扣3～4次；第五手法：自肩向腰按摩3次，最后一次至足。

（3）而对慢性腰肌劳损的处理一般采用按摩、体疗的方法。按摩常用手法有推摩、叩击、按压等，还可配合穴位进行点穴；体疗则以加强腰、腹、背部肌肉力量为主，过多卧床休息则适得其反。

对于经非手术治疗后效果不佳的顽固病例可手术治疗。

持续性腰痛者暂停腰部负荷及体前屈练习。要根据腰痛严重程度及锻炼后的反应安排运动量和强度。每次锻炼时间不宜太长，锻炼内容多样化，不能“单打一”。

（4）疑有腰椎骨折时，要尽量避免骨折处有移动，更不能让伤者坐起或站起，以免引起或加重脊髓损伤。不论伤者是仰卧或俯卧，尽可能不要变动原来的位置。用硬板担架或门板放在伤者身旁，由数人协力轻轻把伤者搬至木板上，取仰卧位，并用数条宽带把伤者缚扎在木板上。若腰部悬空时，应在腰下垫一小枕或卷起的衣服。若使用帆布担架时，伤者要俯卧，使脊柱伸直，禁止屈伸（图5－7－3）。严禁抱头、抬脚式搬运，以免使脊柱过度弯曲而加重对脊髓的损伤。

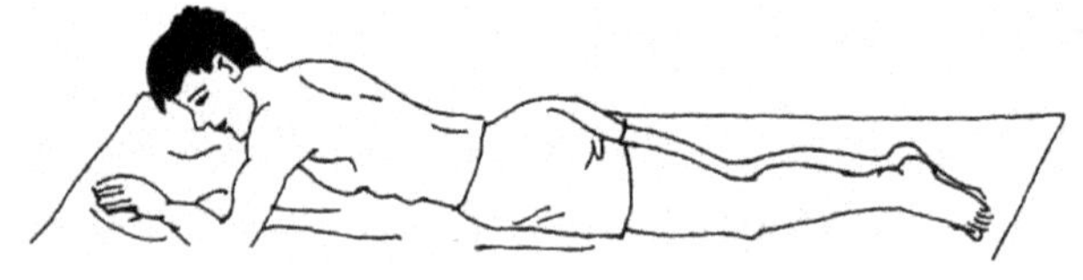

图5－7－3　帆布担架姿势

（5）卧床休息1周，不要睡软床，在下腰部部位垫一个小枕头或者毛巾。

（二）预防

（1）避免长时间坐位不动。

（2）重视准备活动时的腰部活动，避免突然用力的动作。

（3）注意场地设施的安全性检查，地面上有水、沙子要立即清理。

（4）采用合理技术动作和用力方式，提拉重物时尽量靠近身体，尽量避免脊柱超范围活动（如过度旋转、后仰）。

（5）注意用力过程中呼吸的控制，加强核心稳定性力量训练，提高身体控制能力。

第六章　自闭症儿童康复训练方法

每个孩子都承载着一个家庭的未来，可是如果家长们生下了一个患有自闭症的孩子，也就意味着这个家庭在未来的生活中将发生重大的变化，他们中的许多人不得不放弃正常的工作与生活而陪伴着孩子。父母们巨大的心理压力以及多年来四处奔走求医而不治的沮丧使这样的家庭体验着普通家庭无法感受的苦楚。

自闭症儿童不但自己会终生处在病痛的折磨之中，而且他们的亲人也会被随之而来的一系列痛苦所困扰；不但在物质生活上受到拖累，更痛苦的是自闭症儿童给家人所造成的精神折磨。当这种痛苦来临的时候，家长们开始是抱着希望奔走于各大医院，之后便是辗转各地找不同的训练机构进行康复。本章就自闭症儿童的一些成因与相应的康复训练手段进行详细阐述，旨在为我国自闭症儿童的康复，提供良好的理论与实践依据。

第一节　儿童自闭症的概念与成因

一、自闭症的定义与类型

（一）自闭症的定义

自闭症，又称“孤独症”，是一种神经发育障碍，也是多种广泛性发育障碍中的一种。病症在儿童出生后的 3 年内被识别，并在青春期表现出更多的明显症状。自闭症的一般症状表现在低下的社会交往能力、不正常的交流以及对外界刺激给出不正常的回应，许多自闭症患者拥有的兴趣爱好有限，并且有着奇怪的饮食与睡眠行为或者自残倾向。2000 年自闭症的发病率约为 1/2000，而近年来不断增长，以至在 2010 年达到了 1/600～1/150。该病症至今无法完全治愈。

（二）自闭症的类型

我们所讲的自闭症其实包含于自闭症系列障碍之中。根据美国《精神疾病诊断与统计手册（DSM—IV）》的规定，自闭症系列障碍有三大分支：自闭症、阿斯伯格综合征以及非特指型广泛性发育障碍。一般来说，儿童崩解症和 Rett 综合征也常与之并列，因为它们的症状有一些相似之处，如社交问题、交流困难与重复行为。人们也习惯把自闭症分成高功能与低功能以加以区别，有些自闭儿童智商高一些，有些则很低；但医学上所讲的广泛性发展障碍是几种不同病症的统称，自闭症与阿斯伯格综合征同属广泛性发展障碍这个大范围，它们有相似的地方，但也有些地方两种病症并无相关。自闭症的直观表现是（但不限于）：社交困难、语言或交流障碍、重复以及异常行为、异常兴趣。

二、自闭症的基本特征与范围

（一）自闭症的特征

自闭症的障碍主要表现在三个方面：一是语言障碍；二是行为障碍；三是社交障碍。

自闭症是神经发育失调症，显现于婴幼儿时期，自闭症会一直伴随着患者至成年。虽然其症状可能随年龄的增长变得逐渐平缓，但这并不意味着患者的痊愈。自闭症的症状在婴儿患者半岁大的时候逐渐开始出现，并在患者两三岁的时候基本成型。自闭症的特征表现在社交能力受损、交流能力低下、兴趣爱好受限以及怪异的行为等方面。另一些情况下，自闭症患者还会出现非典型性进食障碍等症状，他们的阿兹海默发病概率也高于平均水平。

1. 社会交往

自闭症患者最常见的问题就是社交障碍，他们缺乏社会交往，在交往中对人与事物缺乏必要的洞察能力，往往不能对人们的所作所为表现出较为直观的理解。自闭症患者的社交问题在儿童时期就已经较明显，他们对社会事物反应慢且迟钝，表现出对社交的不关心。他们很少与人交流，并且避免与人对视。3 岁之前的自闭症儿童也会表现出异常，如他们的活动较少，不善于使用肢体与周边世界互动。5 岁之前自闭症儿童显现出更明显的问题，他们不爱与别的孩子一起玩，面部表情有限且很少言笑。由于自闭症儿童的社交问题，他们大多不合群而被同龄儿童排斥，长此以往进入恶性循环，导致病情加重。

2. 交流

大概40%的自闭症患者有着交流能力方面的不足，这些不足虽因人而异程度不同，但会对患者的日常生活造成很大的不便，并影响了他们的社交机会。交流包括语言交流以及非语言交流，自闭症儿童在咿呀学语时就可能出现对口语的迟钝反应以及肢体语言的异常表达。当进入语言学习的关键时期，他们表现出对辅音、单字及词语的不敏感反应。相比于同龄儿童，他们学说话的能力较低，使用简单语言的次数少，口语和肢体语言不同步。在父母教给他们物体的名称后，他们也很难掌握。自闭症儿童长大后，虽然交流能力有所提高，但这些障碍并未根本消除并且难以治疗。所以大部分的自闭症儿童都要进入特殊教育学校，接受专门的语言学习与行为训练。

3. 怪异或重复行为

一些自闭症儿童的行为怪异，他们中的1/3都有过一次或多次的非正常进食，即异食癖。他们中有些会去吃沙子、橡皮、塑料袋等不可食用的东西。有些自闭症儿童伴有强迫行为，例如，走路的时候必须很小心地踩着路砖之间的间隙才能继续行走，并且每次走路都是如此。另一些自闭症儿童的行动则极其有限，他们不愿活动，长期待在一个地方，甚至保持一种姿势。除此之外，自闭症儿童还会表现出对单一事物的兴趣，如只玩一个玩具。自残行为在自闭症儿童中也不少见，他们可能会打自己的头、戳自己的眼睛。

4. 其他可能的症状

自闭症患者除了表现出上述三种症状之外，还有其他的症状与自闭症相关。虽然这些症状并不能从每个自闭症患者身上看到，但由于症状繁多，自闭症患者或多或少都会伴有一个或几个的其他症状，其中最严重的当属肠胃问题。由于大多数的自闭症儿童都有不正常的饮食习惯，他们的肠胃也因此受到牵连，腹泻的症状不在少数。另外，癫痫、痉挛、肌张异常、睡眠问题、免疫力低下也有可能伴随自闭症而出现。虽然没有严格的理论证明这些症状与自闭症有直接关系，但是数据表明它们的共同出现率高于单独症状的出现率。

（二）自闭症所涵盖的范围

自闭症患者的外在表现多种多样，它是一个有着多种不同病情症状的大范畴概念。在自闭症儿童的诊断、治疗、培训过程中，也很难发现有完全相同的两个自闭症儿童，所以它在医学上又被称为“孤独症谱系障碍”（Autistic Spectnem Disocrders，ASD）。孤独症谱系障碍是以社会功能、语言沟通缺陷和极不寻常的兴趣与行为为特征的广泛性发育障碍。人们通常在对自闭症的界定中，把相似情况的患者统统归并进自闭症的范畴内，现在国际上则以美国《精神疾病诊断与统计手册（DSM—5）》为分类标准：

——使用“孤独症谱系障碍”这一名称。

——ASD包含了原有典型孤独症、Asperger综合征（阿斯伯格综合征）及不典型孤独症。这些名称统一称为“孤独症谱系障碍”。

——原肯纳症（Kanner's Syndrome）被修改为社会交往障碍和迷恋刻板重复行为。

——Rett综合征被列入单基因疾病。——增加了社会交流障碍的诊断。

——根据ASD的严重程度，分成轻、中、重三级标准。

三、自闭症的早期倾向

父母如果在早期注意观察潜在的自闭症孩子，还是可以总结出一些特点的。例如，孩子在5个月左右的时候表情少、不容易笑或对外界刺激没有明显的面部反应；对父母的印象模糊，回应较少。8个月左右的时候，对玩具不感兴趣或是只去关注一种东西，不伸出手臂让人抱，不喜欢依偎人，没有咿呀学语的倾向。1岁左右的时候，对周围环境缺乏兴趣，长时间哭叫，行为刻板，如摇晃身体、敲打物品等，只是重复某一固定动作。缺乏目光对视，对声音刺激缺乏反应，不善于模仿动作，语言发育迟缓，肢体语言不当。2岁左右的时候，吃饭直接吞咽而不咀嚼，可能只吃单一的食物。身体肌肉松弛，有刻板的手部动作，如旋转、敲打、抓挠等。3~5岁，自闭症症状愈发明显，他们主动避开与他人眼睛的对视，目光游离，对事物和人没有好奇感，对周边环境感到不安或害怕。很多儿童无语言或者是出现一些仿音，对词语不理解。另外，自闭症儿童可能出现睡眠质量下降甚至失眠的情况。这些病患儿童会去吃不可食用的物品，比如，铅笔、土块、果壳等。一般他们社会交往能力低下，对周围的事物不感兴趣。其中多数存在感官障碍，他们对声音表现出无反应或是强烈反应，对外界的呼叫表现漠然，有些自闭症儿童无法通过听觉分辨是谁在说话。他们几乎全部出现过自残行为，比如打自己、用头撞硬物等情况。

四、自闭症儿童的特点与康复

（一）自闭症儿童的特点

1. 缺乏理解能力

正常的儿童可解读他人的手势、面部表情，可以判断他人的感觉和意图，而自闭症病童缺乏这种理解能力，他们很难明白他人的行为。

2. 存在感官障碍

自闭症儿童大多数存在感官障碍，最多见的就是自闭症儿童的听觉问题。他们在听到别人说话时，往往没有反应，在一个多声音混合的环境中，他们不能够分辨清楚是谁在说话。有些自闭症儿童对物体的感觉是通过嗅觉来完成的，他们经常会嗅闻，如一件衣服等物，或是在自己身体某处抓一把然后再放到鼻子前闻一下，以此来对事物进行感觉。

（二）自闭症儿童康复的重要性

如果在自闭症儿童的后天成长过程中进行特殊的、正确的、不间断的康复训练，可使他们得到动作或行为的强化，动作的协调性会增强，有些自闭症患者长大之后完全可以从事一些简单的劳动工作，自食其力地生活。通过对自闭症儿童发音系统的训练可以提高他们的语言能力，使他们从无语言到出现仿音再到出现主动性语言。通过对自闭症儿童的大脑进行训练能够提高他们的认知能力，让他们学会自主思考，学会与人交往与分享，最终提升他们融入社会的能力。

自闭症儿童的康复训练中，患者的年龄是一个关键因素，对自闭症儿童的干预训练越早越好。患者家长应该在训练前找到适合自己孩子的培训机构及方案，才能收到最好的效果，最终改善自闭症儿童生活无法自理的情况。

五、自闭症的男女差异

自闭症的发病率在近三十年来呈递增的趋势，男性发病率高于女性三四倍，但女性发病症状严重于男性。2007 年 12 月，联合国通过决议，将每年的 4 月 2 日定为“世界自闭症日”，用以提高对自闭症及相关研究和诊断的关注，足见国际社会已经对自闭症有了相当的重视。

六、自闭症儿童与正常儿童的对比

（一）脑的相关知识

脑主要包括左、右脑半球及连接两个半球的中间部分。它们主要负责人的逻辑思维、抽象思维及左右脑之间的信息交换。

脑半球分为五个叶：额叶、两个颞叶、枕叶、顶叶。它们与人的认知、运动、思考、记忆等功能有关。

脑细胞生长的方式主要有两种：生理生长与刺激生长。

生理生长是指人的脑细胞在生命过程中自然生长发育的过程。

刺激生长是指大脑细胞在外界影响下生长发育，如运动等可以使人的大脑细胞增长。

脑中有白质、灰质、黑质、髓磷脂之分。脑细胞中脂肪占 60% ~65%。

白质：白质由数百万条“沟通管线”组成，男女脑差异大部分是由于白质，如果白质出现病变则会诱发精神分裂、自闭症、病态性说谎等疾病。白质的构造与高智商无直接关系。

灰质：灰质并不是通常所说的神经元，脑半球被覆灰质（脑皮质），它是感觉、运动或中间信息处理的中心与枢纽，也是人类思维活动的物质基础、调节机体所有机能的最高中枢。神经元之间有化学突触或电突触两种传导方式，在脑中形成神经回路。

黑质：黑质是调节运动的重要中枢，是脑内合成多巴胺的主要核团。精神分裂症、抑郁症、帕金森病等都与黑质的病变有关。

髓磷脂：髓磷脂是神经传导的“绝缘体”，如果这种绝缘体受损则会产生中枢神经系统故障，损害主体的感官、行为、认知等脑的能力与功能。

此外，还有脑神经，它由左右成列的 12 对神经组成（图 6 -1 -1）。

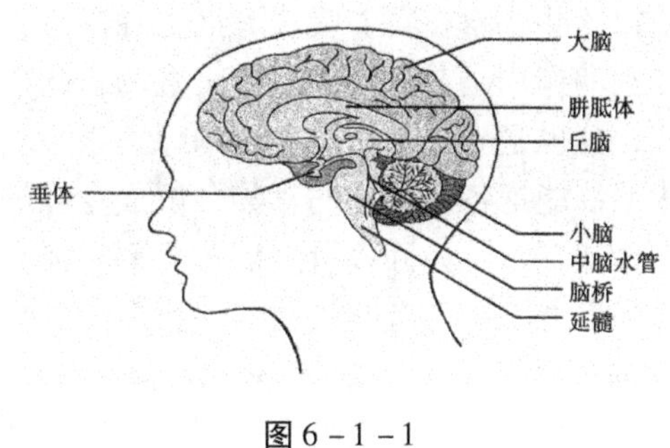

图6－1－1

（二）脑的分区

人的脑是分成许多功能区域的，在国际上没有一个确定的分区标准，但是我们可以从下图中大致了解一些常见的分区（图6－1－2）。

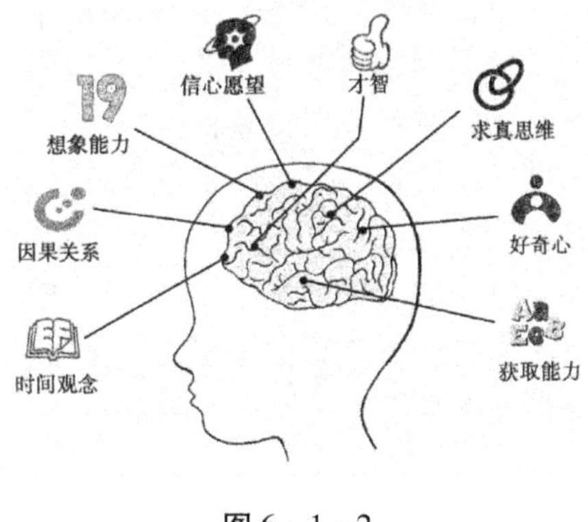

图6－1－2

（三）脑与营养的关系

人脑主要是由脂肪构成，而脂肪中包含脂肪酸。脂肪酸包括饱和脂肪酸与不饱和脂肪酸。不饱和脂肪酸又可分为单不饱和脂肪酸和多不饱和脂肪酸两类，它们是必需脂肪酸，也就是说人体自身无法合成，每天必须要在食物中摄取才能获得。一亚麻酸、DHA、EPA这类就属于多不饱和脂肪酸，它们是“脑黄金”，是维持脑正常工作的物质基础。由于自闭症儿童严重偏食，他们中的大多数只选择非常单一的食物品种进食，所以他们体内所含的一亚麻酸、DHA远比正常儿童低。由此看来，为自闭症儿童提供合理的营养是他们进行康复培训中极其重要的一环。

（四）自闭症儿童的生理特点

在自闭症儿童中有大约70%的人患有胃肠疾病，异食、偏食等问题也相当严重，这就使得这些儿童在营养吸收方面更加困难。免疫系统是我们身体的防御体系，它的作用是对抗病菌。大多数的自闭症儿童都有某种形式的免疫系统失调，这也是导致其胃肠疾患的原因之一。

正常人的消化系统能把各种各样的食物分解成身体细胞能够利用的状态，可是自闭症患者却不行，如许多自闭症孩子都有消化酪蛋白和谷蛋白的障碍，也就是说当患者吃了含有酪蛋白与谷蛋白的食物时，会发生吸收障碍并带来一系列的连锁反应。有的表现为兴奋，有的则表现为焦躁不安，这就使得他们对某一类食物的吸收发生困难，反过来影响到他们的营养全面。有些患者在身体的微量元素指标方面也会出现问题，如体内铅、汞含量过高，这会干扰神经递质的正常代谢，出现大脑皮质异常放电等情况，从而最终导致脑损伤。

（五）自闭症患者的饮食禁忌

由于自闭症患者的肠胃问题、吸收问题、消化酶偏低等一系列障碍，他们对许多食物会产生不良反应。大多数自闭症患者都经历过酪蛋白与谷蛋白吸收障碍所带来的不良反应。酪蛋白是奶蛋白，谷蛋白是麦子和谷物中的植物蛋白，患者应当禁食麦类、奶类、大豆等含有这两种蛋白的食物。也不宜吃含过多水杨酸成分的食物，如橘子、橙子、柠檬、番茄等。有些自闭症儿童由于营养缺乏而导致发育不良、个子矮小，这样反过来更加影响到儿童的正常成长以至于形成恶性循环。

七、儿童自闭症的成因

（一）儿童自闭症发病的原因

许多研究人员认为，造成广泛性发育障碍的因素与造成自闭症的因素有些相似。因此，对自闭症成因的解释多种多样，如基因说、营养不足说、消化功能不足说、叶酸说、脑创伤说、细菌或病毒入侵说、免疫系统失效说等等，但是自闭症的成因在国际医学界至今未有明确的定论。

目前研究人员更加侧重于生理学与心理学方面，他们认为认知方面的缺陷与大脑的异常可以解释自闭症的产生。除此之外，自闭症形成的社会文化解释说也曾风靡一时，但现在已经不被重视。

1. 社会文化原因

学者们一开始认为家庭环境不足以及社会压力是造成自闭症的主要原

因。早在20世纪50年代就有学者指出：父母的特定人格特征会给孩子带来不良的身心发展氛围。虽然这种理论对大众带来了很大的影响，但后来的很多研究都没有找到父母的性格、社会压力与自闭症的联系，至少在统计学上它们的联系不大，也曾有一些学者指出压力是自闭症的一个成因，但后来研究人员也没有找到它们的明显联系。自闭症患者的一些遭遇，如父母的死亡、经济问题和离婚等，在普通人身边依旧发生，这些遭遇在两者身上的发生率并无显著不同。

2. 生理学原因

自闭症形成的生理学因素备受重视。许多认知问题、语言障碍都可以与患者的生理情况挂钩，遗传因素就是其中之一，通过对自闭症及其家属的研究，学者发现自闭症患者的兄弟姐妹患自闭症的概率要高出常人。他们在100人中就可能有7个人是自闭症患者的双胞胎兄弟的自闭症发病率更是高达60%，也就是说，他们之中如果有一人已经确诊为自闭症患者，那么该双胞胎的另一个将会有超过一半的概率也被确诊为患有自闭症。许多研究也从生育原因出发，找到了一些可能导致自闭症的因素。比如孕期得风疹的母亲生下自闭症宝宝的可能性会高，孕期食用有毒食品也会增加自闭症儿童的降生概率。因此，自闭症的出现可能与孕期的病毒入侵与有毒物质的摄入有很大关系。

除此之外，自闭症发病还存在更严重的原因，许多研究人员将自闭症的发病因素锁定在神经生理学上，通过脑解剖与仪器检测发现自闭症患者早年在大脑特定脑区上的发育异常，小脑便是其中之一。小脑的重要作用主要体现在运动控制方面，但研究也发现了小脑在注意力、语言使用以及个别情绪反应等认知方面的功能。由于自闭症儿童的注意力问题，他们的小脑情况受到研究人员的关注。正常的小脑可以使人迅速地切换注意力，然而自闭症患者却在交流与社交中表现出不能集中注意力。这可能意味着自闭症患者的小脑受损，或是发育不良。神经成像为研究提供了帮助，学者发现许多自闭症儿童有着更大的脑容量、白质，同时他们的许多脑区出现异常，如杏仁体、边缘系统、脑干神经核团。功能核磁共振也检测出他们的额叶、颞叶在进行运动与使用语言的时候活动水平低于常人。由于自闭症患者可能涉及多种大脑异常，现在研究人员认为可能是这些异常对大脑的共同作用导致了自闭症。

3. 心理学原因

现在科学界的流行理论是自闭症患者的感知与认知的受损是他们无法

进行正常认知理解与社会交流的主要原因。一般来说，3～5岁的儿童都会对周边的人形成一种直观的认识，并且会用自己的这些理解去对他人的行为做出预测。与之相反，自闭症患者则无法合理地理解他人的想法，这种理解上的困难造成了社交上的回避，并且他们的语言中也很少提及其他人。

（二）儿童自闭症形成的因素

虽然国际医学界仍然没有明确自闭症的发病原因，但归纳起来以下几种情况对自闭症的影响是不能忽视的。

1. 遗传因素

科研人员已经在自闭症患者的2、5、7、11及17号染色体上面发现了一些可疑的致病基因位点。一些研究也发现，自闭症患者的双胞胎同胞有极高的患病率。在基因遗传这一因素中，轻度自闭症患者的兄弟姐妹有约1/10的患病率。

2. 营养不良

神经系统的发育在胎儿期极其重要，叶酸是胎儿神经管发育所需的重要营养成分，在孕期按照医生的建议补充适当的叶酸可以防止胎儿神经管畸形，还有像铁、钙、脂肪等不同营养的摄入都是保障胎儿正常发育的基础。

3. 环境因素

在怀孕前父母有不良生活习惯（比如吸烟、饮酒），在怀孕中母亲仍然背负着巨大的生活、工作压力，再加上生活环境中诸如空气的污染、噪音的干扰、饮用水的不洁、放射物刺激、饮食的农药化肥污染与变质、饮食的重金属物质超标等许多因素，这些都会对胎儿造成一定的影响。这些影响会损害胎儿的健康，如果这种损害伤到了胎儿的大脑，将会产生不可挽回的结果。

（三）儿童自闭症的形成与污染之间的关系

在一定程度上讲，自闭症患者存在某一区域较为集中的情况，虽然这些不同的区域，无论是空气受污染的情况，轻、重工业企业的分布，当地传统的饮食习惯，地域的水土特性生等又存在较大的不同，但也有几个共同点：患儿母亲都曾有生活在辐射环境中的经历，有经常食用含有重金属超标食品的经历。在母亲怀孕的初期也正是胎儿脑发育的关键期，这个时期如果接受到不当的电磁辐射或吃了重金属超标的食品，肯定会对胎儿脑发育产生影响。面对高速发达的现代社会，环境的污染、饮食的污染不容忽视，我们应该保护好自己，远离包括各种辐射、不健康食品在内的各种污染。

第二节　儿童自闭症的康复训练方法

一、一般治疗方法

（一）应用行为分析疗法

ABA 即 Applied Behaviour Analysis 的缩写。训练师将目标任务（即教学的知识、技能、行为、习惯等）按照一定的方式和顺序分解成一系列较小的或者相对独立的步骤，然后采用强化的方法，按照任务分解后的顺序逐步训练每一个小的环节，直到儿童掌握所有过程，最终达到自己独立完成任务，并且能够独立地应用其所学会的知识、技能。ABA 属于条件反射性训练，通过适当形式的奖励来对患儿的正面行为进行强化，抑制他们的负面行为。

ABA 训练方法的优势在于对自闭症儿童的适应性行为的训练较为有效，重复与强化也是在自闭症儿童的发音训练以及基础认知的训练中切实有效的一种方法。

ABA 训练方法的不足在于对自闭症儿童的主动分享训练及社交沟通的改善不明显，接受培训后早期效果好，后期效果则不明显。

（二）结构优化教育

结构化教育的核心概念就是结构化与个性化，它是有关自闭症及相关交际障碍儿童的治疗和教育方案。

结构化教育能发挥自闭症儿童的优势，加强自闭症儿童对教育和训练内容的理解与服从。结构化主要是为了避免自闭症儿童因对感觉的敏感性而产生的对周围环境或所接触事物变化的不适应性，把环境、时间、行动、学习、空间、教材、教具及教学活动等方面结构化，作一种具有系统性、组织性的编排，以达到教学的目标。使环境和具体事件变得具有可预测性。

结构化教育还利用自闭症儿童视觉、知觉优势，采取视觉提示作为视觉国标引导儿童的活动。通过这些视觉提示物，将正常人已经自动化的社会交往技巧的规范教给自闭症儿童，以促进其社会融入能力。结构化教育强调每个自闭症儿童应该拥有自己的特定技能和兴趣，体现出个性化，建立起个人独特的工作规律，根据训练进展及标准化测试工具对训练效果进行评估，有针对性地改进训练计划以达到最佳效果。

（三）听统训练法

听统训练法是法国的一位医生在20世纪60年代后期发明的，它主要是用来训练听力障碍者，如抑郁患者、有自杀企图者、听力丧失者都可以采用听统训练法进行治疗。它是一种听觉训练法，一个正常听力的人听觉范围较宽，一个老年人的听觉范围会变窄。一个正常听力的人与一个对声音灵敏的人，听1000赫兹的音的感觉是不同的。正常的人两耳听力基本相同，而听力障碍者两耳状态是不同的，会感觉听力困难。听统训练是通过让患者聆听经过特殊调制的音乐来矫正听觉系统对声音处理失调的现象，以达到刺激脑部活动，从而改善语言障碍、交往障碍、情绪失调和行为障碍的目的。

（四）感觉统合的训练

感觉统合的训练是基于自闭症儿童神经系统的特性而创新的一种训练方法，它主要是引导自闭症儿童对感觉刺激做出适当的反应。人脑中枢神经具有综合、组织和处理从各种感觉器传来的感觉（例如，触觉、视觉、听觉、味觉、嗅觉等），然后向某个国标做出反应的能力，此训练提供对大脑感知区域、自身感觉和触觉等一系列刺激所进行的全身运动，其目的不是为了增强运动技能，而是改善大脑处理感觉。教学采用游戏方式，让儿童在玩的过程中感到快乐，目的是解决自闭症儿童的行为学习困难、多动、注意力不集中、语言迟缓、人际关系淡漠等障碍。以技巧来引发他们自我学习的兴趣。

（五）RDI

RDI又称“人际关系的介入”，它重视对自闭症儿童动作与智能的培养。人际关系发展需要以下六个方面。

（1）运用情感反馈来理解他人主观体验的能力。

（2）社会性调适能力。

(3) 语言能力。能够用语言和非语言的手段，融入到交际行为中去。

(4) 灵活的思维方式。

(5) 社交信息处理能力。

(6) 有预见和事后总结能力。

基于人际关系发展的六个特点，RDI 制定了一套独特的实施方法与步骤。

(1) 改变你交流的方式（比如，减少提问）。

(2) 把生活节奏放缓，增加“不确定性”。

(3) 花时间进行分享类的活动。

(4) 用照片、日记来回顾美好的时光。

二、伯宗疗法

（一）伯宗疗法概述

现在世界上有关自闭症患者康复训练的方法有不少，有些方法具有实用性，有些方法则实用性较差，特别是对有些大龄自闭症儿童的康复无能为力。

伯宗疗法是我们多年潜心研究、反复实践的结果。它是在对人类大脑进行科学研究的基础上，通过对自闭症患者康复训练的实践经验积累，以心脑均衡理论为核心的自闭症患者康复训练方法。

伯宗疗法通过音乐（含有特殊频率的声波）和特制的图像（专利技术），配合向大脑提供营养的相关方法共同实施。自闭症患者大脑的营养保障是康复与训练取得成效的基础与前提。

在具体的训练过程中，伯宗疗法通过康复前评估、康复过程中的效果认定、想象教学法、互动教学法、差异化教学、营养膳食学与中医理疗手法相结合，最大限度地使自闭症患者得到有效的康复。

（二）伯宗疗法强调营养的重要性

营养是我们每个人生存的物质基础，占体重 2% 的大脑需要消耗身体 20% 的能量，可见合理饮食与补充营养对维持大脑正常工作的重要性。因自闭症儿童的偏食、厌食等特点，补充全面的营养对他们来说尤其重要，把营养膳食纳入自闭症康复计划之中，才能使他们的康复速度加快。在人类进化的过程中所摄取的食物种类的不同，使得世界各地人们的食物结构有很大差异。自闭症儿童的训练与治疗方法很多，但营养的重要性一直被忽视。伯宗疗法主张自闭症儿童的治疗应建立在合理的营养学基础之上，只有在保障身体（尤其是脑）的营养供给后，康复治疗方可迅速有效。

（三）伯宗疗法的想象训练法

自闭症儿童的想象训练法就是把儿童对音乐的理解与感觉通过想象投射到具体的“物”上，将儿童内心的感觉再经由外在的“物”表现出来。通过这种方法，自闭症儿童的集中力、听力、观察力、语言能力、思考、运动、认知与想象等脑能力将会被调动起来，并使之协调与统一。

（四）伯宗疗法的差异教学要求

差异教学法就是因人而异，区别对待不同类型的自闭症儿童，进行差异教学。自闭症儿童有症状轻重的不同，有年龄、性别的差异，体质的差异，有关注物与能力活跃点的差异等等。这些差异应由教师备档区别施教，而不是千篇一律地画画、听音乐或反复强化运动训练。由于自闭症病理（先天、后天等）的复杂性、患者生理特征（体质、血型等）的多样化以及自闭症儿童在认知能力上侧重点的不同，差异训练法是因人而异地去对待各类自闭症儿童的训练，在共同性的训练课目之外，还要有儿童的个体性训练。

（五）伯宗疗法的分类教学法

1. 学习观察色彩与形状

（1）准备材料

准备同一形状的红色与蓝色卡片各两张，红色与蓝色的画笔两支。

（2）操作过程

先用卡片把自闭症患儿的注意力吸引过来，并使其对卡片产生兴趣，一定要注意他的目光是否在跟随。

色彩的训练：教师拿起红色的卡片，放置一边，再拿起蓝色卡片放到另一边，让患儿将另外两张卡片按相同色放到一起，这样反复训练。

形状的训练：教师拿起圆形的卡片，放置一边，再拿起心形的卡片放到另一边，让患儿将另外两张卡片按相同形状放到一起，这样反复训练。当患儿做对时，教师要及时表扬。

整个过程中，始终有特殊的音乐在播放。

（3）认知颜色与形状

等患儿完全掌握了颜色与形状之后，把所有的卡片放在一起，让患儿按同一形状先做出分类，完全正确以后，再让患儿按同一颜色做出分类，直至完全正确。

（4）表达蓝色

当患者掌握了蓝色之后，马上让他在红色与蓝色的画笔中选出蓝色的一支，在音乐声中任意地在纸上涂鸦，并将此作业保留。

总结：运用这种分解操作，教师设立教学的目标，再细分成几个小步骤。最终目的是使患儿，能认知蓝色与形状，并由此方法的训练来认知其他颜色与形状。

2. 动手将教具在音乐的想象中进行组合

（1）准备材料

准备带有特殊加工色彩的未剪开的、不同形状（圆形与心形）的蓝色专用卡片各两张。

准备带有特殊加工色彩的已剪开的、不同形状（圆形与心形）的蓝色专用卡片各两张。

（2）操作过程

先用卡片把患儿的注意力吸引过来，并使其对卡片产生兴趣。一定要注意他的目光是否在跟随。

形状的训练：先让患儿把不同形状的卡片进行分类，必须让患儿在前面的训练中已经熟练掌握这一技能，在此基础上才能进行图像的组合。

形状的组合：老师把一组剪开的圆形与心形先组合起来，让患儿模仿把另外一组也组合起来，这样反复训练，直至熟练为止。患儿在做正确之后，教师要及时表扬。

整个过程中始终有特殊的音乐在播放。

（3）认知组合

当患儿完全能掌握之后，把所有的已剪开的部分让他组合起来。

（4）表达组合

当患儿掌握了组合之后，马上让他用画笔在音乐声中任意地在纸上涂鸦，尝试画出圆形与心形，并将此作业保留。

3. 听音乐展开想象，在教具中找对应组合

（1）准备材料

选取教学用的特殊音乐及选取不同形状、不同颜色的卡片 20 张。

（2）操作过程

先让患儿听 20 分钟的教学音乐，然后在同一音乐声中，让患者任意

地把所有卡片进行组合，并拍照保留，每天进行两次这样的教学。发现有没有相同的组合，如果有，时间间隔是多久。当有了相同组合之后，再换另一首教学音乐做相同的练习。观察有没有出现相同的组合，如果有，时间间隔是多久，不同的音乐中组合得是否相同。这一情况要记入患儿的训练档案。

（3）感受想象

患儿在音乐中所做的组合训练，不论组合如何，都是他们想象的结果，这种有目的的训练是为了加强患儿想象的能力。

（4）表达想象

自闭症患儿的想象可以通过绘画、组合教具等表达出来，目的是激发他们的思考力。对他们的作品教师应保留。

（六）伯宗疗法中的“5 +2”教学法

“5”是指提高患儿的感觉能力，包括视觉专注力、听觉能力、语言能力、动作的协调性和思维能力这五种能力。

“2”是指大脑营养与身体营养。

“5 +2”培训方法是在保障充分营养的前提下，对患儿进行“内在”的训练。

以语言为例。自闭症患儿有的没有语言，有的语言退化或仿说，这些都不是主动性语言。如果患自闭症的孩子在训练的过程中出现了需求性语言、交流性语言、提问性语言等，那么孩子在语言上的进步则完成了一个质变。现在社会上仅在语言培训方面的方法就有很多，而我们需要的是让孩子拥有自主思维之后的主动性语言。

本培训方法主要是通过借助五种能力对自闭症患儿的想象能力进行提升，最终达到让自闭症患儿出现自主的思维，由内而外地去发展他们的语言、行为与社会融入能力。而本方法又把营养分成身体营养与大脑营养两部分，一是因为大脑摄取营养的特殊性；二是有意突出大脑营养的重要性。自闭症患儿不是吃“家常便饭”就可以的，他们要有自己的“小灶”，因为他们的身体存在严重营养失衡。

（七）伯宗疗法的管理系统

自闭症儿童在被诊断出病症后，应该为其建立相应的康复档案，详细地记录其治疗训练的过程。这样，无论儿童在什么地方接受训练康复，教师都可以对他的情况作全面了解和掌握。

真正能长期关注自闭症儿童身心健康的是他们的父母。因此，本训练方法倡导家庭与社会相结合的管理模式。让自闭症儿童的家长成为他们的第一教师，这不但能使儿童的身心健康得到更全面的照顾，而且也为自闭症康复提供更加全面的资料和经验交流平台。自闭症儿童是一个庞大的群体，他们在康复的过程中，自己不能正常地生活，不但为家庭带来很大的负担，而且也为社会带来巨大的压力。让自闭症儿童康复，是我们社会的共同愿望与责任，是我们的义务，也是体现社会关爱的公益行为。

（八）伯宗疗法的图形说明

伯宗疗法是建立在以重视脑营养为主的全面身体营养基础之上，通过对自闭症儿童的视觉、听觉及其他感觉刺激，辅助以传统中医的手法，共同作用、相互结合的一种康复训练方法。它有这样几个特点：讲求科学地摄取营养，特别是对大脑的营养补充，提倡对自闭症儿童进行体内重金属及“垃圾”的排毒治疗，注重传统中医方法的运用以及由外而内对自闭症儿童心理的渐进式改变。伯宗疗法提倡自闭症患儿家长应该成为他们的第一培训师、小班教学及家长互助共同分享培训经验的理念。

（九）伯宗疗法的差异化训练

1. 自闭症儿童的独特性

每个自闭症患者都是与众不同的，因此，在对这些患儿做康复训练时也应该进行差异化区分。一种培训方法培训千万个患者，有了广泛性，却少了针对性。很难见到症状完全相同的自闭症患者，他们的情况多种多样，培训当然应该因人而异、有的放矢。

2. 康复训练的途径

现在的康复训练不外乎两种：一是在特殊的康复学校进行，由父母陪伴，在专业老师的指导下进行行为、语言及社会融入的练习。二是在医院由医生指导家长进行训练，之后由家长在家里对患者进行培训练习。

3. 建立自闭症患者的档案

自闭症患儿的家长每天陪伴在孩子身边，对患儿的身体情况乃至培训过程中的点滴变化最清楚。因此，应该为自己的孩子建立成长档案，把训练过程记录下来，为保证孩子在最佳康复期不间断地提升自己的能力做参考。

三、体育游戏疗法

体育疗法对于儿童自闭症的疗效是非常明显的，特别是体育游戏的运动方式对自闭症的治疗更是有意想不到的效果，体育游戏以其独特的方式锻炼儿童的语言能力、吸引儿童注意力、增进同伴间的沟通能力，并使儿童学会主动的交往和表达自己，有助于自闭症儿童的康复。体育游戏内容可以是“拉网捕鱼”“踩影子”“两人三足”“蛇战”“猫捉老鼠”等。下面我们以“拉网捕鱼”和“踩影子”为例，为大家讲解两种体育游戏的具体内容。

（一）拉网捕鱼

1. 游戏目的

发展自闭症儿童快速奔跑素质和协调配合及躲闪能力，提高自闭症儿童的心肺功能，培养小组成员的团结协作精神。

2. 场地器材

篮球场大小的平坦场地。

3. 游戏方法

把（男生或女生）分成人数相等的两队，双方猜拳确定渔民和鱼的角色。渔民须 3 人或 3 人以上结网捕鱼，不准抓鱼，鱼在规定的场地内自由跑动，鱼筐设在场内一角，捕到的鱼在鱼筐内不能跑走。

4. 游戏规则

（1）鱼游到场地外算被渔民捕到，由渔民捉到鱼筐内。
（2）（单个或两个）渔民抓鱼时，鱼可以拒捕，告诉裁判不计数。
（3）比赛采取 3 局 2 胜制。

5. 游戏罚则

失败的队为获胜队唱两首对方点的校园歌曲。

6. 游戏建议

扩大场地和未捕到的鱼可以救被捉到的鱼（双方拍一下手即可）来增

加运动量圆圈追逐游戏目的：集中自闭症儿童注意力，提高快速反应能力和奔跑能力，培养积极进取精神。

（二）踩影子

1. 游戏目的

（1）提高自闭症儿童奔跑的能力。
（2）初步培养自闭症儿童在奔跑过程中的躲闪能力。
（3）进一步了解光和影子的关系，体验游戏的乐趣。

2. 场地器材

（1）阳光灿烂的户外场地。
（2）事先用粉笔在场地上画好一个大圆圈。

3. 游戏过程

（1）踩自己的影子。让自闭症儿童先找一找自己的影子在什么地方，它是什么样子的。接着，让自闭症儿童分散开来想办法踩自己的影子。

（2）踩好朋友的影子。踩过自己的影子之后，接着又开始引导自闭症儿童踩别人的影子。两个自闭症儿童一组，一个踩另一个的影子，另一个边跑边躲闪。

（3）创新玩法。等自闭症儿童大致熟悉了这个游戏之后，开始让自闭症儿童四散开来玩“踩影子”的游戏，自闭症儿童进行游戏，教师也可以参与到游戏中，启发自闭症儿童动脑筋怎样才能不被捉影人捉到。（跑到阴凉处，没有影子也就捉不到）交换角色，尽量多地给自闭症儿童当捉影人的机会。在体验到游戏的快乐之中，培养自闭症儿童在奔跑过程中的躲闪能力。

4. 游戏罚则

输的一方要为赢的一方跳一支舞蹈。

5. 游戏反思

这个体育活动不但能锻炼自闭症儿童身体，还能开发孩子智力。在玩“踩影子”过程中，使自闭症儿童进一步了解光和影子的关系。并且通过创新玩法，培养孩子的创新意识和发散思维。通过游戏，自闭症儿童练习在一定范围内四散跑，增强自闭症儿童跑的能力，初步培养自闭症儿童在奔跑过程中的躲闪能力。

第七章　高血压患者的康复训练方法

随着时代的不断变迁，人类的疾病发生了很大的变化，很多疾病需要进行长期治疗，有的甚至需要进行终身治疗。随着社会发展水平的不断提高，人们的生活水平得到了大幅度的提高，高血压病症已经成为影响人类健康的重要疾病之一。

第一节　高血压患者常见症状与注意事项

一、高血压患者的常见症状

常在一般健康体检中或因其他疾病就诊时无意中发现血压增高，进一步检查后才明确诊断为高血压病。所以高血压病有“沉默杀手”之称。也有些病人在早期没有特异性的症状，很像神经官能症，如头晕、烦躁、失眠、健忘等，如果不测量血压，很容易造成误诊。值得庆幸的是，随着人们对高血压认识的提高，就诊时尤其是首诊时测量血压已成常规项目，这对早期发现高血压，功不可没。

一般而言，大多数高血压病人早期症状并不明显，仅在情绪激动，精神紧张或过度疲劳时出现头痛、头晕、头胀、颈项部有板直感，耳鸣、心悸、烦躁、失眠等症状及血压暂时性升高，休息后可消失，也有的仅仅出现午后头痛这一早期信号。

随着病情的发展，血压逐步升高而持久，上述症状出现频繁且更为明显，即使休息，也不能使血压恢复正常水平。到了后期，则因并发心、脑、肾等脏器的器质性损害，而出现相应的症状和体征。

二、高血压病症的常见并发症

长期未经良好控制的高血压会引起心血管、脑、肾脏、牙、眼睛等重要器官的一系列并发症。常见的高血压病并发症有以下几个。

（一）心脏

长期的血压升高使左心室代偿性地逐渐肥厚，形成高血压性心脏病。当代偿功能丧失时，就会发生充血性心力衰竭。同时，高血压病又是冠心病的重要危险因素。当冠状动脉有血栓形成，阻塞血管导致心脏组织缺血坏死，病人可出现不同程度的心绞痛、心肌梗塞、急性心力衰竭，甚至猝死。

（二）脑部

高血压脑部并发症最常见的是脑卒中，也叫脑血管意外，俗称中风，是我国高血压病人中引起死亡的最主要原因之一。它包括：

（1）短暂性脑缺血发作（俗称小中风）。

（2）脑出血。

（3）蛛网膜下隙出血。

（4）脑梗塞，包括脑血栓形成、脑栓塞及腔隙性脑梗塞。

（5）血管性痴呆，常因反复多次脑缺血发作或多发性脑梗塞引起智力减退，尤多见于老年人伴动脉硬化者。

（6）高血压脑病，它是缺血性中风中的特殊类型，经积极降压治疗，病情可在数小时至多1～2日完全恢复，否则可导致严重的脑损害，甚至脑死亡。

（三）肾脏

肾小动脉硬化也是高血压病常见的另一种并发症，病变至晚期可发生贫血、肾衰竭、尿毒症。

三、高血压病人康复养生应注意的问题

治疗高血压病的主要目的是：最大限度降低心脑血管疾病的死亡和病残（如瘫痪等）危险，并减少其他并发症的发生，这就需要通过将血压降低到正常范围内来实现。而为使血压达标，除药物外，还需要进行心理减压、适时锻炼、饮食调整、充足睡眠等相辅助。而且，在治疗高血压的同时，还应干预所有可逆的危险因素，如吸烟、血脂异常、糖尿病等，并及

时处理并存的其他疾病。但在高血压病人中，真正能够做到的却是寥寥无几。生活中对高血压治疗认识的种种误区，使之离标准血压相差甚远，也使高血压病人患冠心病、心力衰竭、脑卒中、血管和肾损害的风险也非常高。

治疗高血压是一项系统工程，高血压病人的康复养生保健也应从一点一滴做起：

（1）学习高血压的防御知识，增强自我保健意识。

（2）了解自己的“目标血压值”，并与医生共同努力达到这个目标。

（3）严格按医生处方服药，并遵从医生推荐的有关生活方式的建议，抓住每个达到目标血压的机会。

（4）戒烟戒酒（烈性酒同样该戒）饮茶（非浓茶）。

（5）循序渐进，持之以恒。

（6）健康饮食，提倡“合理的食量，均衡的营养”，低盐、低脂，多吃蔬菜、水果和高纤维食物。

（7）控制体重，预防超重肥胖，肥胖者应尝试减肥。一般说来，体重超标者每减轻 10 千克体重，可以降低收缩压 5～10mm Hg。

（8）保持情绪稳定。应加强自身修养，提高对不良刺激的心理承受能力。同时应学会自我精神调控，避免过度的喜怒哀乐。

（9）留些时间放松。生活、工作压力大会使血压上升，因此尽量留些时间放松，以保持身心平衡。

（10）注意保暖。保暖可防止血压上升和发生意外事故，天气寒冷容易出现高血压中风，冬天更要注意保暖。若使用空调，室内外温差不宜过大。

第二节　高血压患者的康复养生

一、心理养生疗法

（一）高血压病人为什么要进行自我心理调适

高血压病又称之为心身疾病，在高血压病的发病原因中，长期精神压力和心情抑郁是其重要原因之一；反过来，高血压病本身又可进一步造成心理失衡。高血压病病人自我心理调适的目的是保持心理平衡。许多研究表明，所有的保健措施中，心理平衡是最关键的一项。良好的心境使机体免疫功能处于最佳状态，几乎可以抵抗其他所有的内外不利因素，对抵抗病毒、细菌和肿瘤等都至关重要。因此，高血压病病人要学会自我心理调适，消除精神压力，创造良好的心理环境，保持心理平衡，这样才有利于病情的康复。

（二）高血压病人自我心理调适需注意哪些问题

（1）对于高血压病，要改变毫不在乎、漫不经心的心态。不要以为“年岁大了，血压自然有点高”。“没有不适症状，血压高点无所谓，休息一会儿就会好的”。对高血压病的不重视、无所谓，常常使其治疗不能“达标”。

（2）避免过度紧张，增加心理负担。有些高血压病病人发现血压增高，终日忧心忡忡，担心会因冠心病、中风而瘫痪或死亡，因而心理负担过重。也有的因一时血压下降不理想，就消极沮丧，对治疗失去信心，或变得焦躁不安，怨天尤人。其实，得了高血压病并不可怕，因大多数高血压病属良性高血压，病程缓慢。目前虽然缺乏根治的方法，需要长期作战，但只要建立健康的生活方式，坚持合理用药，树立战胜疾病的信心，保持豁达的心境，就可以控制病情，减少并发症，延缓疾病的发展，同样能延年益寿，过有质量的幸福生活。

（三）自我调整有哪些疗法

自我调整疗法又叫松弛训练。这种训练不仅对高血压病病人，就是对正常人也有相当的益处。这是因为当人体精神紧张、情绪波动时，必然会产生肌肉紧张。松弛训练可帮助你随时放松全身肌肉，摆脱紧张状态，保持情绪稳定。

二、运动养生疗法

（一）运动疗法在高血压的防治中的意义

“生命在于运动”，自古以来，人们就认识到运动能防身祛病，健康长寿。在慢性疾病的防治中，越来越多的证据表明，运动疗法具有更加积极的意义。慢性疾病的病人在疾病早期积极进行运动疗法，可以有效地避免或者减轻因不运动导致的身体失健，并有助于预防合并症和并发症，疾病恢复期的运动疗法，也有助于减轻功能障碍、预防或者减轻残疾的发生和发展。具体而言，运动疗法在慢性疾病防治中的积极意义有以下几点。

（1）增强抵抗力。经常运动可以使血液循环和新陈代谢得到改善，可增强机体的运动能力和体力，增强身体对内、外环境的适应能力。

（2）改善心肺功能。运动疗法可改善呼吸、循环功能，使肺活量和最大通气量增加，血液含氧量提高，肺组织弹性增强；运动可以调节神经系统的传导和反应活动，可加强心肌收缩，改善心肌功能，提高心血管结构和功能的适应性，增加血管的弹性，缓解小动脉痉挛，降低外周阻力，促使血压趋于正常。

（3）改善脂类代谢。中等强度长时间的有氧运动，可以有效地促进脂肪分解代谢，增加脂肪的燃烧，降低血胆固醇、三酰甘油及低密度脂蛋白的水平，提高高密度脂蛋白的水平，减少脂肪在心脏、血管、肝脏等器官内沉积，预防血管粥样硬化及心脑血管病变。

（4）改善糖代谢。运动疗法能改善机体的糖代谢，增强细胞对胰岛素的敏感性。有氧运动时通过血糖再分配机制，增加运动肌细胞与胰岛素的结合率，减轻胰岛素抵抗，促进血糖进入肌肉组织，葡萄糖利用率增加，从而有利于血糖的控制。

（5）改善血液黏稠度。坚持运动疗法，可促进血液循环，有利于体内脂类的代谢，从而改善血液黏稠度，减少栓塞性疾病的发生。

（6）有利于控制体重。运动可增加热量消耗，加速脂肪组织分解。经常锻炼的人能更多地动员和利用体内储存的脂肪，更有利于预防超重和肥胖，维持正常体重，肥胖者可减轻体重，减少由肥胖引发的或加重的因素，如高血压、血脂异常、胰岛素抵抗与高胰岛素血症、糖尿病、痛风等。

（7）增强脾胃功能。运动能增加消化腺的分泌，促进胃肠道蠕动，提高消化和吸收能力，增加食欲，通畅大便。所谓“动摇则谷气得消，血脉流通，病不得生”。

（8）预防骨质疏松。经常运动能改善骨的血液循环和营养，减少骨质丢失，使骨质坚硬，骨骼肌肉长得坚固结实。

（9）促进体内代谢产物的排泄。运动还可以增加肾血流量，促进体内代谢产物的排泄，从而提高机体免疫力，增强体质。

（10）改善精神状态。运动可以提高大脑皮质、下丘脑、小脑等处的内啡肽释放，产生镇痛作用；运动中机体代谢活动增强，肾上腺素分泌增加由此而产生的愉快感，可以缓解精神和心理压力，并打破抑郁或焦虑情绪与躯体器官功能紊乱之间的恶性循环，改善情绪，增强战胜疾病的自信心，并带来生活的乐趣。所以有人称“运动是世界上最好的安定剂。”

（二）高血压病人宜选择哪些运动方式

运动有助于降压，但要讲究方式、方法，并不像人们通常认为的那样，运动强度越大、越激烈，就越有效。临床观察及实验研究表明，只有影响血流动力学改变，涉及大肌群的有氧运动，加快走、跑步、登山、游泳等，才有明显的降压作用。中度的运动量对降低血压最有效，而更高的运动量只能提高机体耐受力却不能进一步降低血压。对于高血压病病人来说，步行、慢跑、打太极拳等舒缓的有氧运动更为适宜。散步可以在早晨、黄昏来临前进行，时间一般为 15 到 50 分钟，每日 1 到 2 次都可以。慢跑的运动量比散步的运动量要大一些，更加适合年轻一些的高血压患者。太极拳动作平和，能使血管放松，促进血压下降，而且思想集中，心境宁静，有助于消除精神紧张因素对人体的刺激。高血压病病人可在专科医生的指导下，结合个人的身体情况，如病情、年龄、原来体力的基础，以及兴趣爱好、运动场地条件等，选择适当的运动项目和运动方法。如一般轻度高血压病人可进行正常的体育锻炼；中度高血压病人可采用步行、做操、打太极拳等；重度高血压病人可进行散步、肢体按摩活动等。总之，以体力负担不大，动作缓慢有节奏，不过分低头弯腰，竞争不激烈的项目为首选。有些运动，如足球竞争激烈，举重会产加压，冬泳会刺激血管收缩，增加阻力，引起血压升高，都应避免采用。

（三）高血压病人的运动强度

高血压病人运动锻炼的强度和持续时间要有一定的限度，既不能盲目大量运动，也不能因运动量过小而达不到运动效果。中低强度、较长时间、有大肌群参与的有氧运动，以及各类放松性活动都有利于降低血压，可作为运动的首选。运动频率与日运动量的大小有关，如果日运动量较大，每周频率可以减少，如每周锻炼 3 ~ 5 次。如运动频率过少，会导致运动锻炼蓄积效应减少，因运动效应的产生至少需要 1 周，达到较显著的效应需要4～6周，而运动的疗效在24小时后即消失。所以，为养成良好的运动习惯，且因运动量适当，运动后也不觉得疲劳的病人，最好选择每日运动。

衡量运动强度和运动量是否适宜有很多方法，比较简单而实用的方法是用心率来计算。运动时的心率应该控制在100至125次/分，或运动后心率增加不超过运动前的50%为宜，停止活动后心率应在3～5分钟内恢复正常。还有更为简单的方法，即直接用170减去年龄作为运动中适宜的平均心率，如60岁的人，平均心率应在100次/分左右。

但是，有心脏病（如冠心病、心绞痛、心动过缓、传导阻滞、病态窦房结综合征等）、呼吸系统疾病或其他严重疾病者，不宜用“170－年龄”这个公式，应以运动中及运动后不出现心慌、呼吸困难以及全身不适为主要标准。

第八章　骨质疏松与偏瘫患者的康复训练方法

随着我国社会的不断发展，老龄化现象日益严重，骨质疏松与偏瘫症已经成为影响我国居民身体素质的重要因素，也是实现全面健身道路上一个绊脚石，对于如何避免骨质疏松和偏瘫症的发生，以及在发生了骨质疏松和偏瘫症之后，应该进行怎么样的康复训练，本章就这两个方面进行全面深入的分析。

第一节　骨质疏松与偏瘫的基本知识

一、骨质疏松的基本知识

（一）骨质疏松症

骨质疏松症是骨量减少，骨矿物质成分和骨基质等比例不断减少，骨组织微细结构破坏，导致骨质变薄，骨小梁数量减少，骨脆性增加和骨折危险度升高的一种系统性、全身性骨代谢障碍疾病。

①骨质疏松症是骨代谢紊乱的全身性疾病，可以表现在骨的不同部位，如颈椎、腰椎、股骨等。②骨质疏松症的病理变化为：骨骼里的矿物质主要是钙含量减少，骨骼里出现空隙。骨的微细结构骨小梁发生断裂，骨骼的脆性增加。③骨质疏松症的结果是给予骨轻微的外力就易发生骨折。骨折给病人造成极大的痛苦，并严重限制病人的活动，甚至缩短病人的寿命。

（二）骨质疏松的高发人群

（1）酗酒者酗酒导致骨密度降低，使成骨细胞功能受抑制，抑制骨生长因子，使睾酮水平下降，易导致骨质疏松症和骨折。专家建议：饮酒者每天乙醇摄入量以 11 ~ 29mL 为宜，高于 30mL 为过量，有害健康。

（2）高盐饮食者高盐饮食是导致骨质疏松的高危险因素，因为钠排出的同时钙排出也会增加，从而导致钙丢失。

（3）长期偏食者偏食会使钙、蛋白质等缺乏，导致骨基质蛋白合成不足。

（4）缺乏运动者足不出户，长时间打电脑、看电视，体育活动太少者，也易患骨质疏松症。

（5）吸烟者骨量丢失率为正常人的1～2倍。吸烟可使肠钙吸收减少、增加尿钙排泄、抑制骨形成作用。烟的抗雌激素作用，使女性吸烟者过早绝经，导致骨吸收减少、骨量丢失，增加骨折风险。

（三）骨质疏松的临床表现

骨质疏松症发病早期，病人一般没有任何临床症状，当疾病进一步发展到一定程度时，就会出现以下症状。

1. 疼痛

疼痛是原发性骨质疏松症最常见的症状，以腰背痛多见，占有疼痛症状病人的70%～80%。

2. 身长缩短、驼背

多在疼痛后出现。脊柱椎体多为松质骨组成，而且此部位是身体的支柱，负重量大，容易压缩变形，而椎体的压缩变形使脊柱前倾，后凸明显，形成驼背。随着年龄增长，骨质疏松症加重，驼背曲度加大（图8－1－1、图8－1－2）。

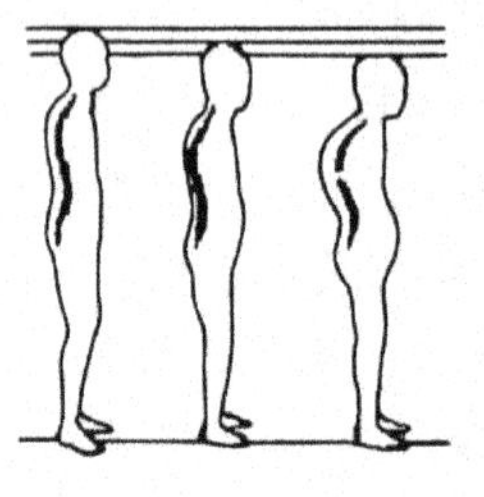

图8－1－1

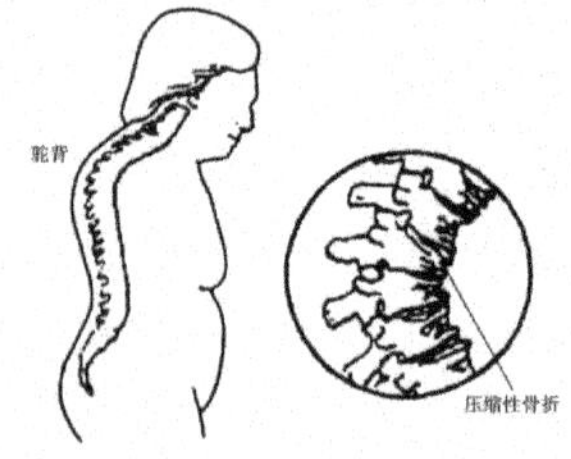

图8－1－2

3. 呼吸功能下降

胸椎及腰椎瑟缩性骨折、脊椎后凸、胸廓畸形，可使肺活量和最大换气量显著减少，病人往往可出现胸闷、气短、呼吸困难等症状。

4. 骨折

骨折是骨质疏松症最常见和最严重的并发症。

（四）骨质疏松病人疼痛的特点

腰背部疼痛是骨质疏松症病人最常见、最主要的症状。疼痛可在起床或站起时出现，仰卧位、坐位时，疼痛减轻，也可以因日常生活中的正常活动，如上、下楼梯等加剧；夜间和清晨醒来时加重；弯腰、咳嗽、排便用力时加重。疼痛的性质多为酸痛和钝痛，多为持续性刺痛。值得注意的是，骨质疏松症病人骨骼发生骨质疏松症的程度，与病人感觉到的因骨质疏松症引起的，疼痛程度往往是不一致的。

（五）骨质疏松病人易发生骨折的部位

骨折的常见部位有桡骨远端、肱骨近端、髋部、股骨近端及脊柱（图8－1－3）。老年病人早期以桡骨远端骨折为主，晚期以股部和髋部骨折为多见。随着年龄增长，骨质流失逐渐加快，骨质流失使骨矿物质含量减少，骨小梁结构破坏，导致骨骼强度下降，骨骼不能支撑正常体重或轻微增加的压力，故在遭遇外伤或跌倒时，极易在以上身体主要的承重部位发生骨折。

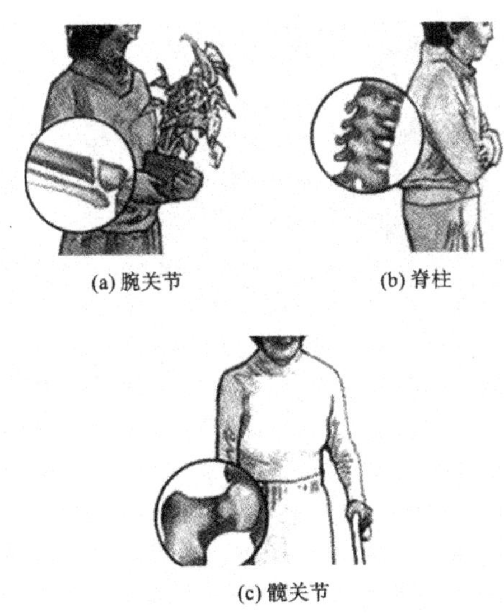
(a) 腕关节　(b) 脊柱

(c) 髋关节

图8－1－3

二、偏瘫的基本知识

（一）偏瘫的运动障碍

运动障碍是指偏瘫一侧的上下肢不能活动、活动困难或不灵活。脑卒中早期，瘫痪的上下肢往往不能活动，其他人帮助患者活动时会感到患者的肢体很松软（医学上称为软瘫或弛缓性瘫痪）。随着时间的推移，瘫痪的肢体可出现稍稍的活动，但往往也变得愈来愈僵硬（医学上称为肌张力增高），甚至扳不动，或者时有抖动（医学上称为痉挛），又称为硬瘫或痉挛性瘫痪。

（二）偏瘫的感觉障碍

感觉障碍常常表现为偏瘫肢体的疼痛、麻木。有些患者的疼痛和冷热感觉全部丧失，热水袋烫伤了皮肤也毫无感觉。因此，在给患者用热水洗脚时水温不应该过高，用热水袋取暖时应该用毛巾包好，以避免烫伤。语言（言语）障碍的康复治疗应根据每个患者的特点选择适当的方法，由易到难，循序渐进。

（三）偏瘫患者的情绪障碍

（1）日常生活：活动能力下降，甚至丧失。常常表现为吃饭、喝水要人喂，洗脸、刷牙要人帮着做，自己不能洗澡、穿衣、穿鞋，大小便全靠别人帮助。

（2）行走困难：走路一拐一拐的，有的患者需要别人扶着走或者两个人架着胳膊走，严重者则完全不能行走。

（3）上下楼梯困难：一部分患者虽然能够行走，但上下楼梯困难或者根本不能上下楼梯。

（4）不能使用日常简单的工具：如不能打电话、不能打伞、不能剪指甲等。

第二节　骨质疏松与偏瘫患者的康复训练

一、骨质疏松病人的康复训练

（一）准备部分

准备活动在运动中起着非常重要的作用。准备活动当前目的，是为了使人体尽快地由相对安静状态逐渐过渡到紧张的运动状态，为正式运动做好生理上和心理上的准备。充分活动各关节，避免受伤，动作幅度由小至大。骨质疏松症病人可以做哪些准备活动呢？

运动一般分为有氧运动和无氧运动，通俗地讲有氧运动是充分摄取氧气而进行的运动，无氧运动是指肌肉在“缺氧”的状态下高速剧烈的运动。热身活动最好是将有氧运动和无氧运动结合起来，运动前一定要进行肌肉放松活动，进行充分的肩部伸展运动、扩胸运动（图 8 －2 －1、图 8 －2 －2）。

下面介绍几种常见的热身活动。

图 8 －2 －1

图 8 －2 －2

1. 伸展运动

（1）屈膝坐下，足心对合，将双膝关节向地面缓慢压下（图8 －2 －3）。

（2）双腿分开伸直，上身向前、向左足、右足方向伸展（图8 －2 －4）。

图8-2-3

图8-2-4

（3）趴下成匍匐状，慢慢将腰部向后伸，肩部向下，接着身体前移，伸展腰部（图8-2-5）。

（4）双手上举，一只手握住另一只手腕部，然后伸展腋下方，双手交替进行（图8-2-6）。

图8-2-5

图8-2-6

2. 有氧运动

（1）两手交叉握于脑后，用适当的速度屈伸膝关节，反复10~15 s（图8-2-7）。

（2）无负重地上下台阶，反复10~15 s（图8-2-8）。

图8-2-7

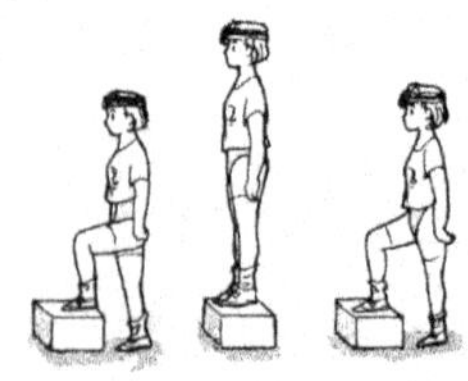

图8-2-8

（二）在家庭中的康复训练

对于老年性骨关节病的骨质疏松症病人，可以在家中做以下几种动作。

1. 肌肉的静力性收缩

（1）股四头肌仰卧，伸直膝关节进行股四头肌静力收缩（触及股四头肌的收缩）。

（2）臀部肌肉俯卧，外展后伸大腿进行臀肌收缩练习（图 8－2－9）。每次收缩尽量用力并维持一段时间，重复数次，使肌肉感觉酸胀为宜。

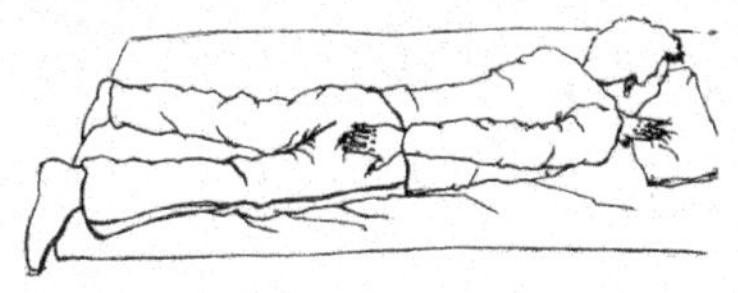

图 8－2－9

2. 直腿抬高练习

仰卧，伸直下肢并分别上抬约 30°，坚持 10 s。每 10～20 次为 1 组，训练至肌肉有酸胀感为止（图 8－2－10）。

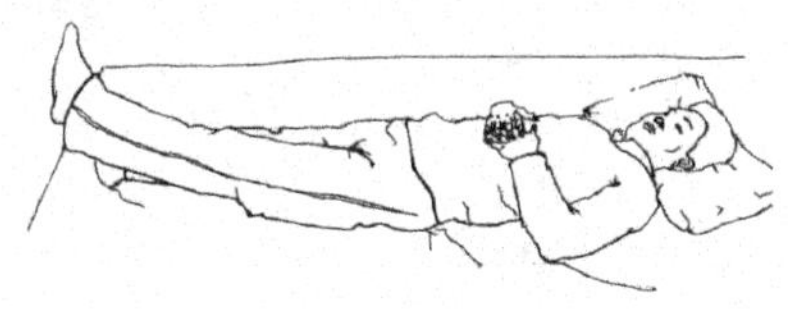

图 8－2－10

3. 静蹲练习

屈膝、髋关节，但不小于 90°，呈半蹲状，坚持 10s，10～20 次为 1 组（图 8－2－11）。

图 8－2－11

4. 股四头肌抗阻练习

仰卧，在小腿上绑缚适当重量的沙袋后直腿抬高，并随肌力增强逐渐增加沙袋的重量（图 8-2-12）。

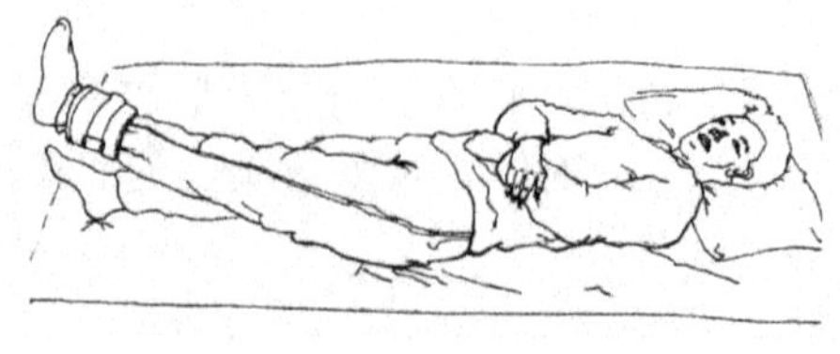

图 8-2-12

5. 踝关节屈伸练习

尽力背伸一跖屈踝关节（图 8-2-13），可以增强小腿肌群的力量，并通过肌泵的作用，促进下肢血液循环。

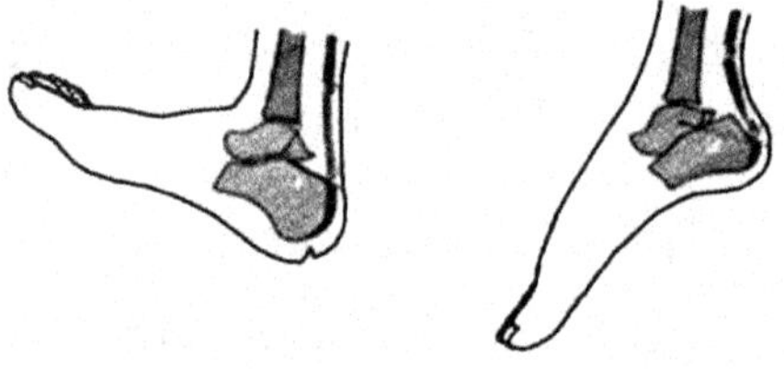

图 8-2-13

6. 关节活动度训练

（1）主动锻炼如膝关节、髋关节的屈伸锻炼，应仰卧，一侧下肢伸直，训练侧屈膝屈髋，使大腿尽量靠近胸部，然后交替练习另一侧下肢（图 8-2-14）。

（2）被动锻炼体位及动作同前，由病人或他人进行辅助训练（图 8-2-15）。

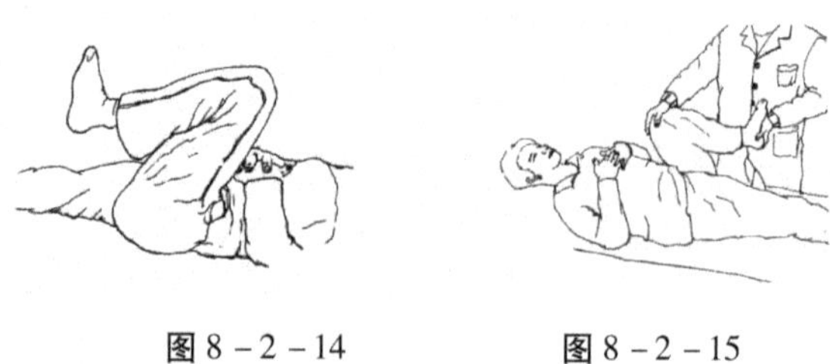

图 8-2-14　　图 8-2-15

腰背部肌肉是维持腰椎稳定性的重要结构之一，加强腰背部的锻炼可以有效预防骨质疏松症病人急慢。腰部损伤和腰痛的发生。具体的方法如下。

（1）飞燕式：俯卧床上，去枕；双手背后，用力挺胸抬头，使头部和胸部离开床面（图8－2－16）；同时膝关节伸直，两大腿用力向后也离开床面（图8－2－17）；持续3～5s，然后肌肉放松休息，3～5s为一个周期。

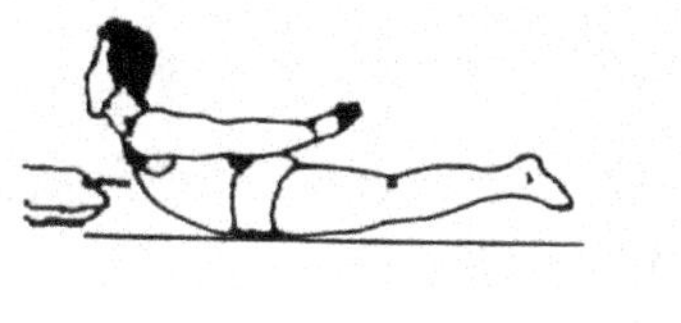

图8－2－16　　　　图8－2－17

（2）五点支撑法：仰卧在床上，去枕屈膝；双肘部及背部顶住床上，腹部及臀部向上抬起，依靠头部、双肘部及双脚这五点支撑起整个身体重量（图8－2－18）；在五点支撑法的基础上将双上肢抬离床面（图8－2－19）。持续3～5s，然后肌肉放松休息，3～5s为一个周期。

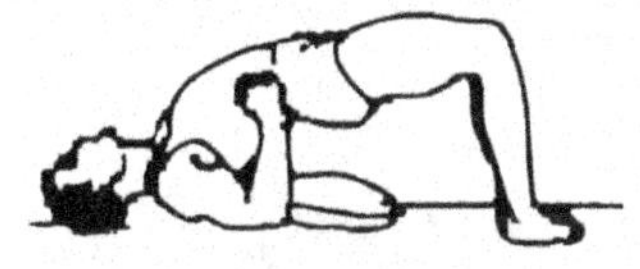

图8－2－18

骨质疏松症病人进行运动，不仅对预防骨质疏松症起着重要的作用，对已患有骨质疏松症病人来说也十分重要。在进行运动时应该根据自己的实际情况进行。应遵循量力而行、劳逸结合和适可而止的原则。对以前经常锻炼的病人，应坚持自己的运动习惯，对照本书提供的运动方法进行改进。对于从来没有运动习惯的病人要逐渐养成坚持运动的习惯。运动方法可以选择中国传统的太极拳、八段锦、广播体操，也可以选择慢跑、快走等方法进行。运动时间可根据病人情况而定，以运动后肌肉不出现酸痛感、晨起不感到疲劳为佳。每天的锻炼时间不少于30min。

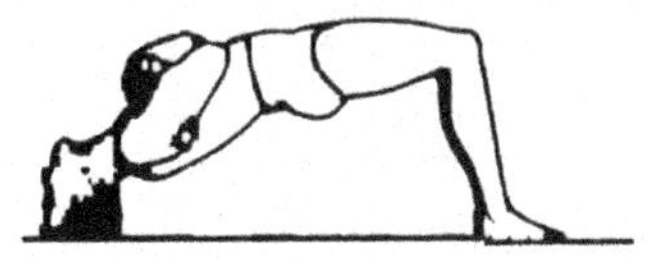

图8－2－19

同时，老年骨质疏松症病人要达到安全有效地运动，需注意以下几点。

（1）根据自身条件进行运动。老年人运动前应对自己的身体条件有充分的了解，以防盲目运动造成损伤。

（2）循序渐进。选择由简单到复杂、强度由小到大的运动。

（3）做自己比较熟悉的运动。如年轻时就喜欢散步，年纪大了仍需坚持散步。如果老年人突然进行原来不熟悉的运动（比如滑雪），就非常容易受伤。

（4）以有氧运动为主，如慢走等。

（5）考虑环境因素。在天气寒冷时或是在不平整的场地运动易受伤。所以，运动应选择在比较安全的环境中进行。

（6）注重运动前热身和运动后的整理运动。每次运动前用10min左右来热身，也就是给身体“预热”，把血液循环、呼吸、肌肉、骨骼等充分调动起来，这是预防损伤的有效手段。运动后，需要慢走几分钟，缓慢调整呼吸，逐渐使肌肉放松，使各内脏器官逐渐恢复到安静状态。

（7）进行小组活动。几个人一块儿运动，互相照应，在突然发生运动损害时能够有人搭救。

（三）上肢训练

在进行运动时，保持正确的姿势是非常重要的。因为不良的姿势不但会降低练习的有效性，而且会导致受劳。如果练习是站立进行的话，应该保持身体重心稳定，背部、腹部肌肉均用力（图8－2－20）。

图8－2－20

在坐式练习中，也应在运动开始和运动过程中保持正确的身体姿势。当感觉疲倦的时候，很容易出现错误姿势，从而摔倒。如果发现自己的姿势不正确，应该降低运动强度或者停止练习。下面介绍几种上肢的运动方式。

1. 胸腔挤压练习

锻炼位置：手臂与胸部。

初始姿势：直立，将弹性健身带绕在后背上，双手各握弹性健身带的一端，末端留3～4cm。双臂与双手在胸腔两侧弯曲，双手稍微超出身体前方，手肘在腋窝下方。动作：将双手向前伸展，直到双臂完全伸直。从开始伸展到完全伸直应持续3s。双臂完全伸直后，双手退回原位，该过程也应该持续3s（图8－2－21）。病人可感觉到手臂与胸部的肌肉得到了锻炼。练习中需要调整双手在弹性健身带上的位置（扩大或者缩小双手之间的距离）。

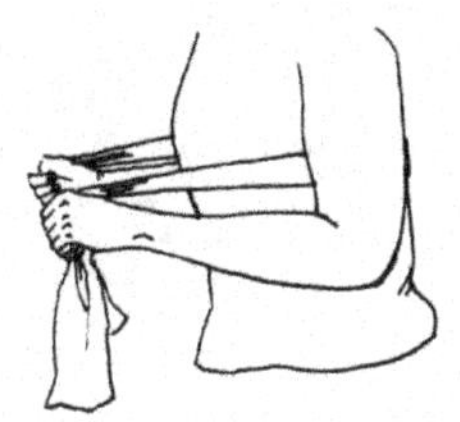

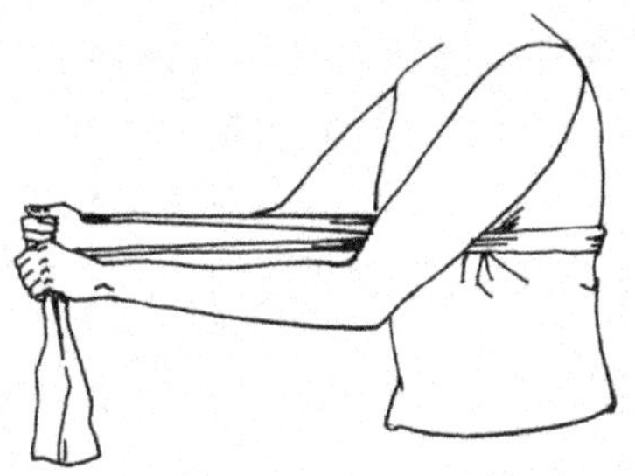

图8－2－21

2. 胸腔展翅练习

锻炼位置：手臂与胸部。

初始姿势：直立，将弹性健身带绕在后背上，双手各握弹性健身带的一端。双臂与肩齐高、与地平行、并向身体两侧伸展。

动作：保持双臂伸直，双臂向身前画弧线，直到双手在正前方稍微相触，这个过程应持续3s。接着将双臂向身体两侧画弧形，回到初始姿势，这个过程也应持续3s（图8－2－22）。练习中需要调整双手在弹性健身带上的位置（扩大或者缩小双手之间的距离）。

图8－2－22

3. 双臂下拉伸练习

锻炼位置：肩膀与后背。

初始姿势：直立，双臂向上伸展，双手握住弹性健身带。

动作：保持双臂伸直，双臂同时向身体两侧伸展，直到双臂与肩同高。这个过程应持续3s。接着双臂向上抬起，回到初始姿势。该过程也应该持续3s。病人可感觉到肩膀与后背的肌肉得到了锻炼。练习中需要调整双手在弹性健身带上的位置（扩大或者缩小双手之间的距离）。

4. 水平双臂拉伸练习

与双臂下拉伸练习相似，只不过在初始姿势中双臂与肩同高，在身体前方伸直。接着双臂向身体两侧伸展，直到完全伸直。

5. 单臂拉锯练习

锻炼位置：背部与手臂。

初始姿势：站立，双臂向前，与肩同高。双手大概握在弹性健身带的中部。弯曲左臂直到左手处在右肩的正前方。右臂与地面平行，向身体右侧伸直并保持不动。

动作：保持左臂肘部弯曲，左手在胸前向左肩方向移动，直到拉伸到左肩前方，左手到达左肩后回到初始姿势，并重复动作。病人能够感觉手臂和右肩后侧得到了锻炼。如果觉得拉锯动作过于困难或者过于轻松，可能需要调整双手在弹性健身带上的位置（扩大或者缩小双手之间的距离）。右臂的动作完成之后再锻炼左臂（图 8－2－23）。

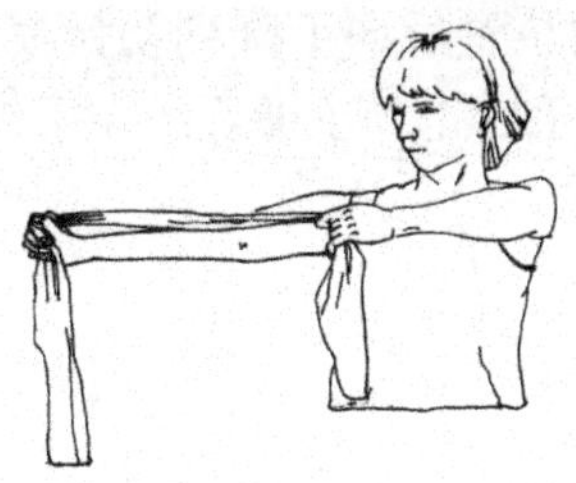

图 8－2－23

6. 坐式划艇练习

锻炼位置：背部与手臂。

初始姿势：坐在地板上，双腿并拢伸直，双膝稍弯曲，双脚垂直向上。双手握住弹力健身带并将其绕过脚底。保持双臂略伸直。背部保持挺直并稍向前倾。不要弯曲背部，或者将头部向前伸。

动作：弯曲肘部，双臂同时向后拉伸弹性健身带，直到双手处于身体两侧。这个过程应该持续 3s。在双臂弯曲动作完成后回到初始姿势，这个过程也应该持续 3s。病人能够感觉手臂后侧得到了锻炼。在练习过程中背部应该保持不动，只有双臂前后运动（图 8－2－24）。

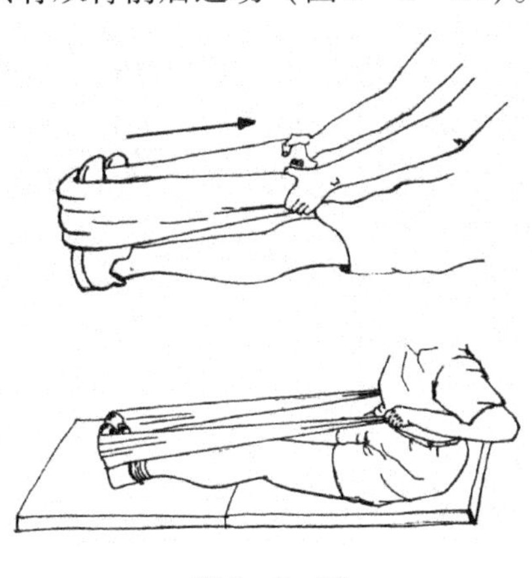

图 8－2－24

7. 垂直拉伸练习

锻炼位置：背部与手臂。

初始姿势：站直，右脚踩住弹性健身带，并略比左脚向前伸出一点，靠近弹性健身带的尾部，右手抓住弹性健身带的另一端。右臂伸直，右手位于右腿前。动作：弯曲肘部，右臂向上提，直到右手处于胸腔前方平腋窝处。这个过程应该持续3s。在右手提到上述位置后向下降到初始姿势，这个过程也应该持续3s。病人能够感觉背部与手臂得到了锻炼。左手练习同右手（图8－2－25）。

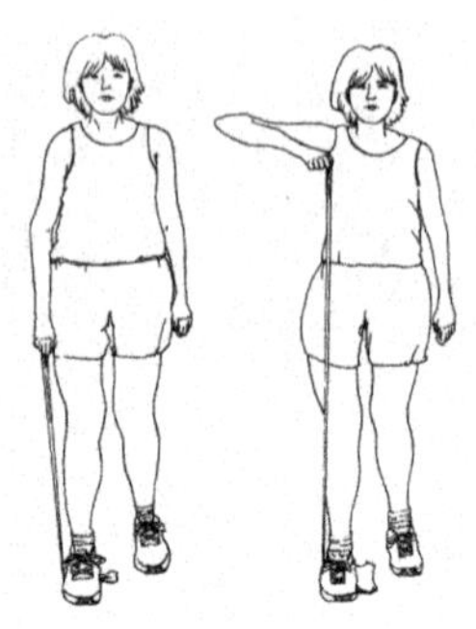

图8－2－25

8. 侧拉伸练习

锻炼位置：背部与肩部。

初始姿势：站直，双脚略分开，右脚踩住弹性健身带，靠近弹性健身带的尾部，右手抓住弹性健身带的另一端。右臂伸直并向身侧伸出，直到约与右臀同高。

动作：右臂保持伸直，向上抬起直到与肩同高多或者略高于肩。这个过程应该持续3s。在右手提到上述位置后向下降到初始姿势，这个过程也应该持续3s。病人能够感觉到肩及背部得到了锻炼。左臂练习同右臂（图8－2－26）。

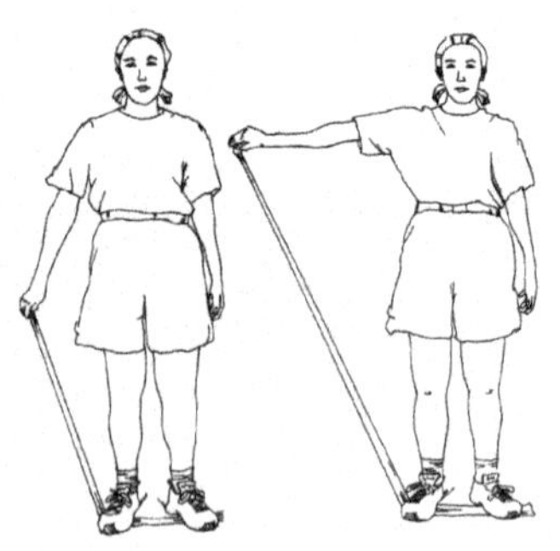

图8－2－26

9. 前拉伸练习

锻炼位置：背部与肩部。

初始姿势：站直，双脚略分开，右脚踩住弹性健身带的尾部。右手抓住弹性健身带的另一端。右臂伸直并向身前伸出，处于右大腿前方。

动作：右臂保持伸直，向上抬起直到与肩同高，或者略高于肩。这个过程应该持续 3s。在右手提到上述位置后向下降到初始姿势，这个过程也应该持续 3s。病人能够感觉到肩和背部得到了锻炼。左手练习同右手（图 8－2－27）。

图 8－2－27

10. 肱二头肌伸展练习

锻炼位置：手臂前方。

初始姿势：右脚向前跨，右膝略弯曲。双手握住弹性健身带并将其绕过膝盖关节处。双臂略向侧下方并夹住身体两侧以保持稳定。

动作：弯曲肘部，双臂同时向上拉伸弹性健身带，直到双手与肩同高，手掌面向上、向后。这个过程应该持续 3s。在双手提到上述位置后向下降到初始姿势，这个过程也应该持续 3s。病人能够感觉到手臂前方得到了锻炼（图 8－2－28）。

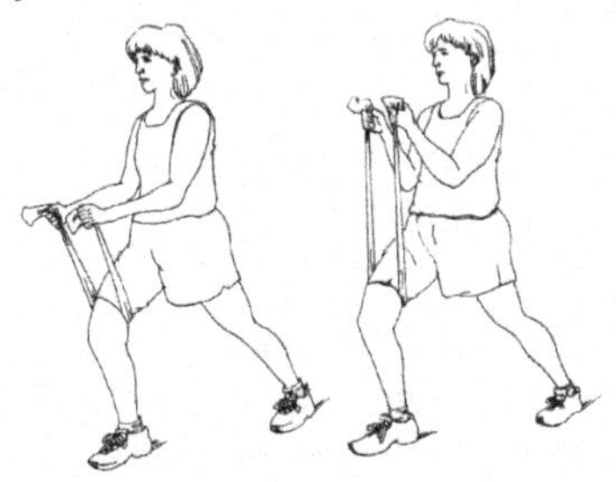

图 8－2－28

注意：在动作过程中，上臂应保持稳定，并处在身体两侧。保持背部伸直，避免运用背部的力量来抬高双臂。如果不用背部的力量，或者背部不向前倾就无法完成动作的话，病人需要调整双手在弹性健身带上的位置。如果双手已经握在弹性健身带的末端，那么病人需更换一条弹性略小些的健身带。

11. 肱三头肌伸展练习

锻炼位置：手臂后侧。

初始姿势：除了双手都举在身体前侧，在双肩正前方以外，其余姿势与单臂拉锯练习相同。肘部弯曲上举并与肩同高。

动作：以肘关节为圆心，右前臂在身前，向身体右侧划弧线，直到右臂完全伸直为止。从开始伸展到完全伸直应持续 3s。在手臂完全伸直后回到初始姿势，并重复此动作。病人能够感觉手臂后侧得到了锻炼。如果觉得伸直手臂过于困难或者过于轻松，病人可能需要调整双手在弹力健身带上的位置（扩大或者缩小双手之间的距离）。右臂的动作完成之后再锻炼左臂（图 8－2－29）。

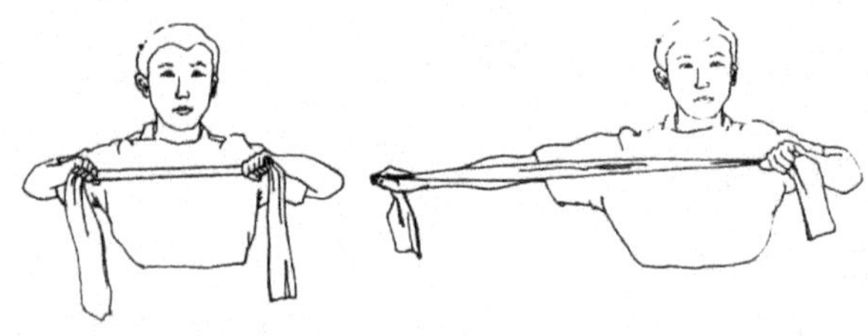

图 8－2－29

12. 坐式肱三头肌伸展练习

锻炼位置：手臂后侧。

初始姿势：将一把结实的椅子（不要使用有轮子的椅子）顶墙摆放，椅子的座位朝外。首先端坐在椅子上，然后将双手手掌朝下，沿身体两侧分别扶稳椅子的边缘。接着慢慢地将臀部抬离座位，悬空保持在刚好离开椅子前端边缘的位置。然后向前移动双脚，直到小腿向前有些拉伸（注意膝盖保持弯曲）。

动作：屈肘关节，使身体在椅子前向下降。接着伸直手臂并使身体回到初始姿势。以上为一个循环。在前几次循环的时候可以只下降一点点，在之后的循环中可增加下降的距离。身体降得越低，就需要越大的力量将自己向上拉回原位（图 8－2－30）。

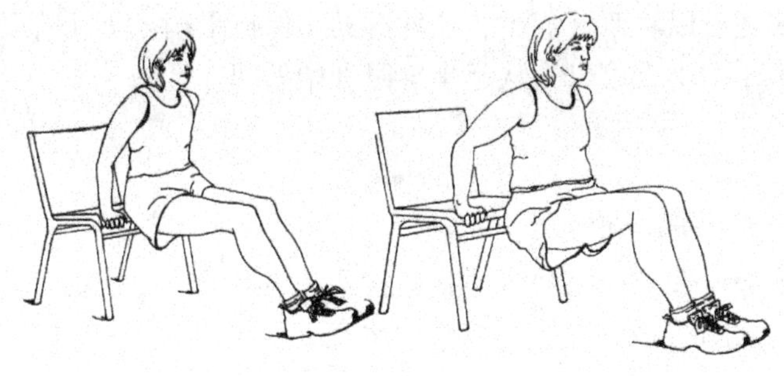

图 8－2－30

（四）下肢训练

1. 深蹲练习

锻炼位置：大腿和臀部。

初始姿势：背部挺直站立，双脚分开，略比肩宽。如果是在练习初期，可以把双脚再分开一点，脚尖朝外（这样可以降低对膝盖造成的压力）。

动作：慢慢地将臀部向后方和下方推出，仿佛将要坐在椅子上，直到膝关节成 135°～90°弯曲（90° 即大腿与地面平行）。下蹲深度视病人的力量强弱而定，刚开始的时候使膝关节弯到 135°，习惯以后可以逐渐向下（弯到 90° 的难度是非常大的）。之后慢慢向上回到初始姿势(图 8－2－31)。

图 8－2－31

注意：尽量保持背部挺直，腰部以上不要向前倾。练习过程中膝盖应该保持在脚尖上方的位置（不要向前突出超过脚尖）。这个姿势有些难度，需记住臀部要向后方和下方推出，同时脚跟触地，这样会有些帮助。除此之外，病人还可以将双臂前举，这样有助于保持平衡。如果在深蹲练习时保持平衡过于困难，可以先从起坐练习开始做起。

2. 起坐练习

锻炼位置：大腿和臀部。

初始姿势：选择一把结实并有直立靠背的椅子，坐在椅子边缘，保持背部挺直、双脚在膝盖正下方并略比肩宽（小腿和大腿应成直角）。双臂在胸前交叉（这样可以避免在练习过程中使用手臂）。

动作：慢慢地从椅子上站起，直到完全直立。注意要用腿部的力量来完成站起动作。慢慢地返回到初始姿势，而不要一下子坐到椅子上，因为在缓慢地坐下过程中肌肉同样得到了锻炼（图 8－2－32）。

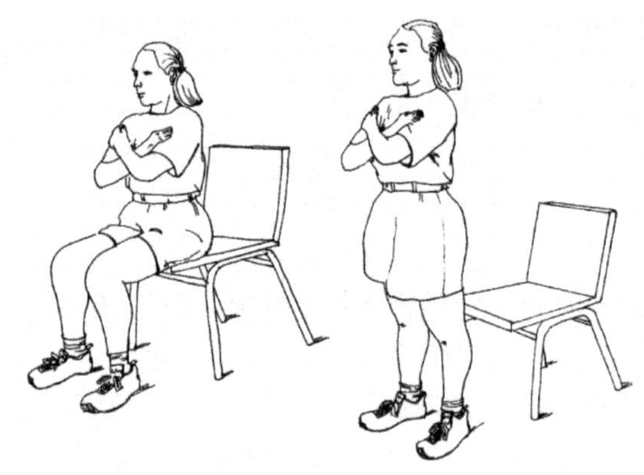

图 8－2－32

3. 跨蹲练习

锻炼位置：大腿和臀部。

初始姿势：直立，双脚略比肩宽。确保前方有足够的位置来完成这项练习。

（1）前跨蹲练习（图 8－2－33）右腿向前跨（大约是平时两三步的距离）。在右膝弯曲的同时弯曲左膝，使左膝慢慢与地面靠近（到离地面 2.5～5cm 处）。右膝应该位于右脚的正上方，使右侧大腿和小腿成 90°。如果膝盖过于向前并超过了右脚，那说明步子跨得不够大，请在下次练习时进行调整。慢慢地返回初始姿势。开始时，病人可能会觉得这一动作不太连贯，随着力量和平衡能力的增加，将能够流利地完成这一动作。将双臂向身体两侧伸展将有助于保持平衡。病人可以在同一套练习过程中换腿，也可以在练完右腿后再换左腿（这样会增加另一条腿的练习难度）。

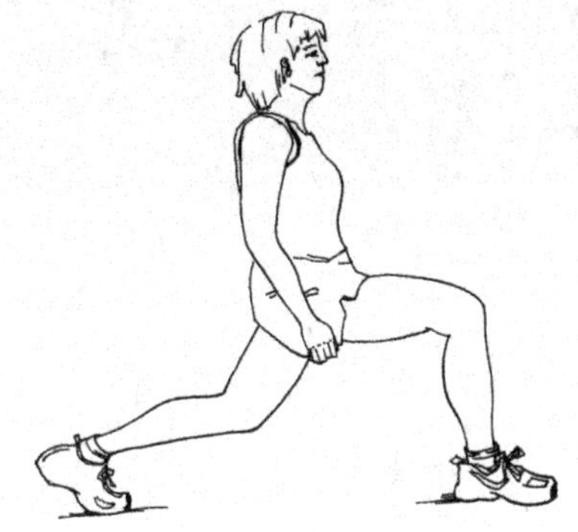

图 8－2－33

（2）侧跨蹲练习（图 8－2－34）与前跨蹲练习相似，唯一的不同是将右腿跨向身体侧面，使右膝成 135°～90°（90°时右大腿与地面平行）。练习过程中尽量不要弯曲左腿同时臀部后挺。注意身体要保持正对前方，如果病人转身并向右侧看的话，是在做前跨蹲练习了。回到初始姿势并练习左腿。

图 8－2－34

4. *踮足练习*

锻炼位置：小腿。

初始姿势：直立，双脚略比肩宽。在有足够力量可以独立完成该练习之前可能需要扶住椅背来保持平衡。

动作：慢慢地抬起脚跟，靠脚趾支持身体；然后慢慢地使脚后跟回到地面。接着，慢慢地抬起脚尖，靠脚跟支持身体，然后慢慢地使脚趾回到地面（图 8－2－35）。

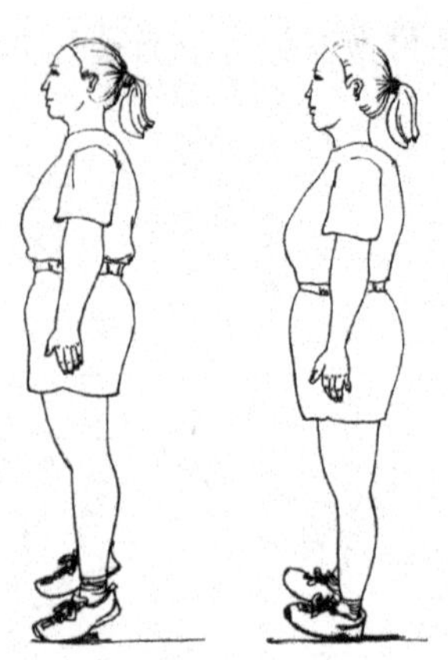

图 8－2－35

二、偏瘫病人的康复训练

手和脚的阴影部分表示该侧肢体瘫痪，本部分都用这种方法来表示，特此说明。

（一）卧姿与站立训练

1. 卧姿训练

（1）患侧卧位

患侧在下，头枕枕头，后背用枕头支撑；患侧上肢前伸，手心向上；患侧下肢伸展，膝关节微屈；健侧上肢自由位，下肢呈迈步位并放置在枕头上（图 8－2－36）。

图 8－2－36

（2）健侧卧位

健侧在下，头枕枕头；患侧上肢用枕头垫起，上举 100°；患侧下肢、屈膝，并用枕头垫起；健侧肢体自由位（图 8－2－37）。

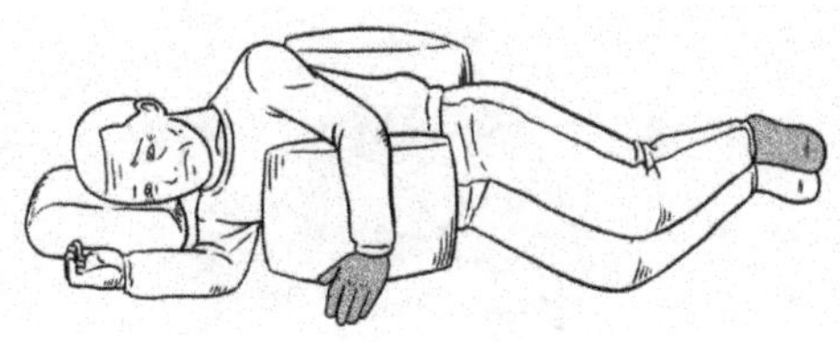

图 8-2-37

（3）仰卧位

头枕枕头，枕头勿太高。在患侧肩部、臀部下面放置薄枕或软垫，将其稍稍垫高。患侧上肢放于体侧，一定要处于伸肘、伸腕的体位，并避免前臂处于旋前位（即手心向床面）。避免肘关节屈曲。手指可以自然放置。患侧膝关节下可以用直径数厘米的软物支持，也可不支持。可在患侧下肢外侧放置软垫以纠正患腿外旋，以足尖外旋得到改善为度。要注意，如果被子太重也会压迫患足，造成足尖外旋，可使用支撑物将被子撑起（图 8-2-38）。

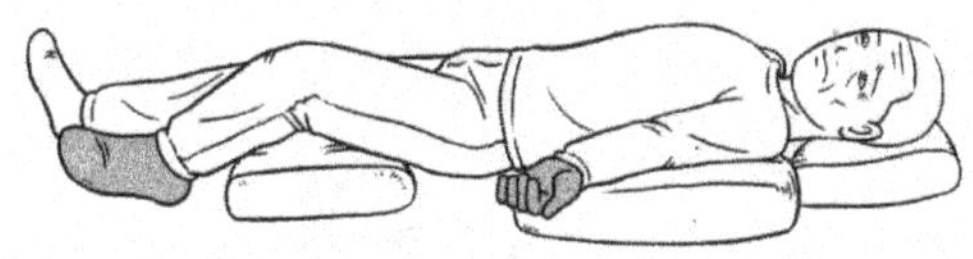

图 8-2-38

（4）半卧位

患者后背、肩部、手臂、下肢用枕头支撑，患侧上肢伸展，下肢微曲（图 8-2-39）。

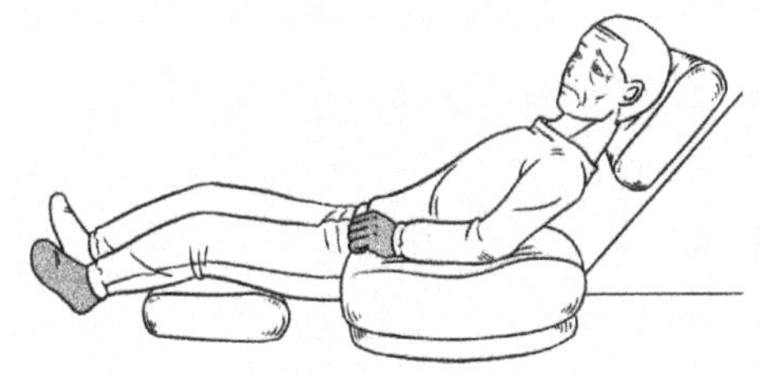

图 8-2-39

2. 站立训练

（1）站起的训练

①辅助站立：患者坐位，双足平放在地上，双手叉握并伸向面前的小桌上（双上肢尽量伸直）；训练者站在患侧，一手扶持患膝，另一手放在患者臀部；嘱患者上身前倾，抬臂站起（图 8-2-40）。

图 8-2-40

②自己站立：患者坐位，双足着地，双手交叉，双上肢向前充分伸展，身体前倾（图 8-2-41）。

图 8-2-41

当双肩向前超过双膝时，立即抬起臀部，伸展膝关节站起(图 8-2-42)。

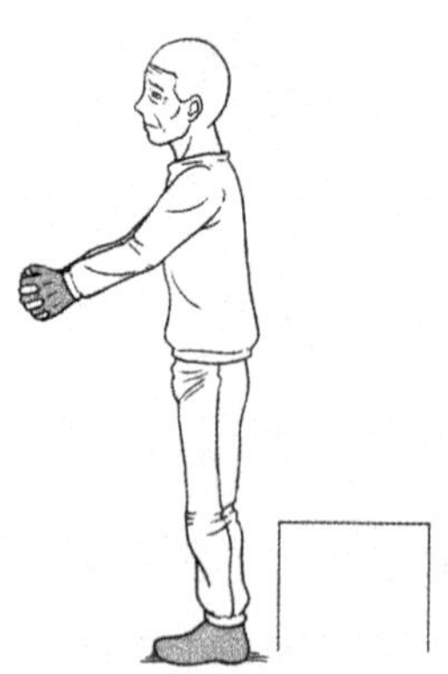

图 8-2-42

(2) 患侧下肢负重训练

训练者双手扶住患者髋部，让患者尽量站直，并用患腿负重(图8－2－43)。

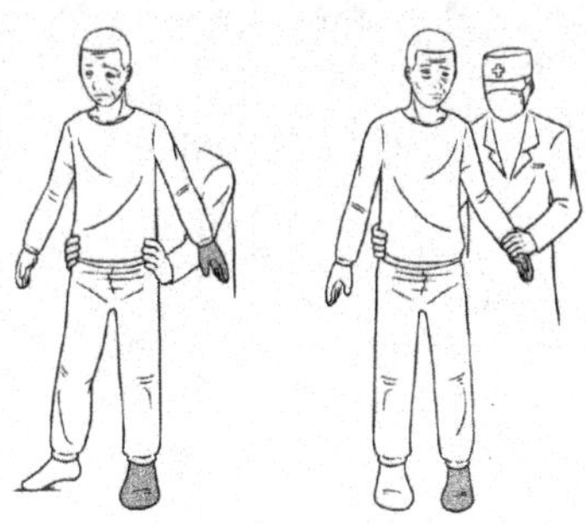

图8－2－43

健腿向前跨出半步或踏在前方的矮凳上（图8－2－44）。

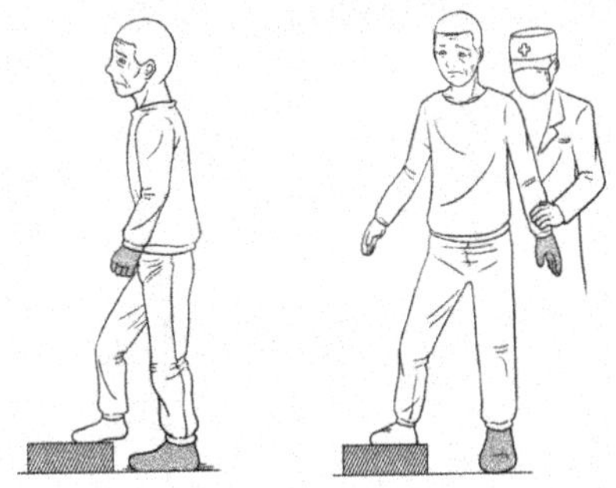

图8－2－44

(3) 健侧下肢负重站立健腿站立，屈曲患侧髋、膝和踝关节（图8－2－45）。

图8－2－45

（4）站立平衡

训练者一手扶住患者的腋部，另外一手托住患手。向一个方向推拉（使患者侧倾到将倒未倒为止），再向相反方向推拉（图 8－2－46）。

图 8－2－46

患者可以借助椅子进行相同的练习（图 8－2－47）。

图 8－2－47

患者也可以进行左右倾倒的训练（图 8－2－48）。

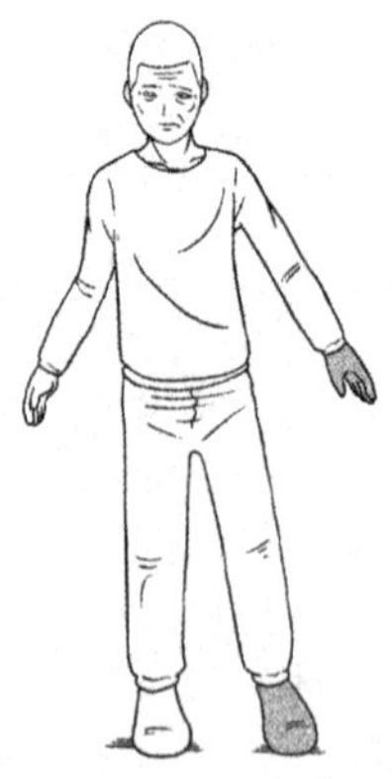

图 8－2－48

（5）利用手杖的站立平衡双脚分开，双脚同时负重，健手扶手杖，手杖支点在足外侧前方 10 厘米，手杖的扶手与髋关节同高，让患者左右移动重心（图 8－2－49）。

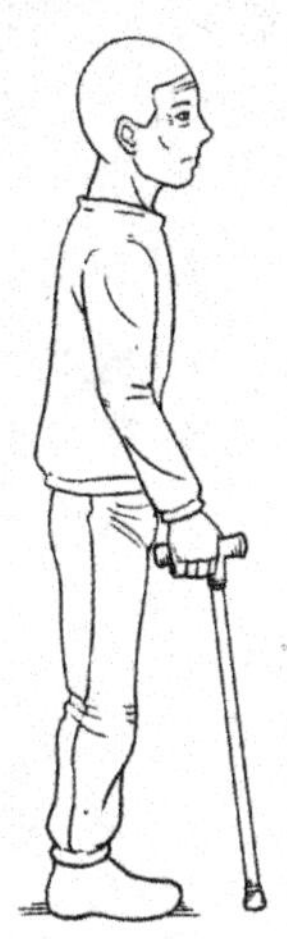

图 8－2－49

躯干前屈，将手杖向前上方举起，维持片刻，保持平衡并逐渐延长时间（图 8－2－50）。

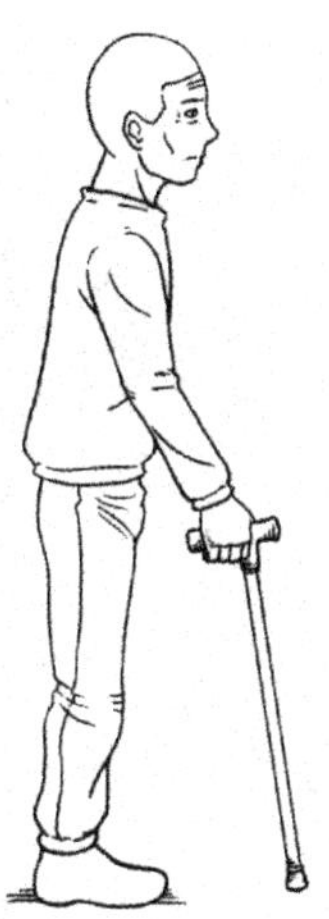

图 8－2－50

（二）坐起与坐稳训练

适用对象为从仰卧位坐起来有一定困难及不稳的偏瘫患者。目的是为了：①通过训练使患者容易坐起来，且能坐稳；②提高日常生活自理能力；③为步行等下一步训练打好基础。具体方法包括患者在帮助下坐起、己坐起和坐稳训练三种。

（1）患者在帮助下坐起（注意：图示为左侧瘫痪）

患者仰卧；让患者在床上移动，使患侧靠近床沿并侧卧（图 8 - 2 - 51）；将患侧下肢放置于床沿外，膝关节屈曲（即小腿下垂）；患者将健手伸到患侧，并推床而起（图 8 - 2 - 52）。

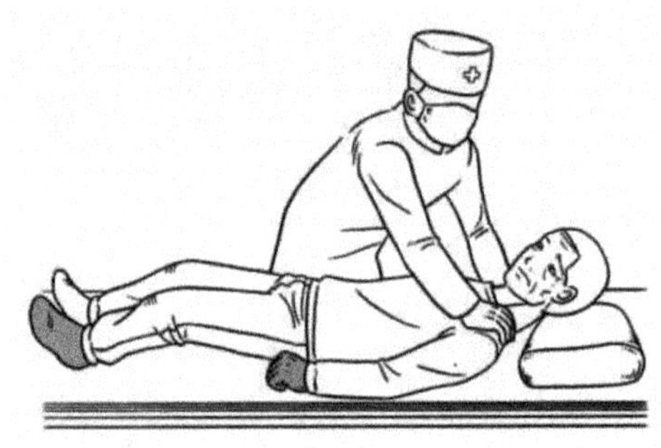

图 8 - 2 - 51

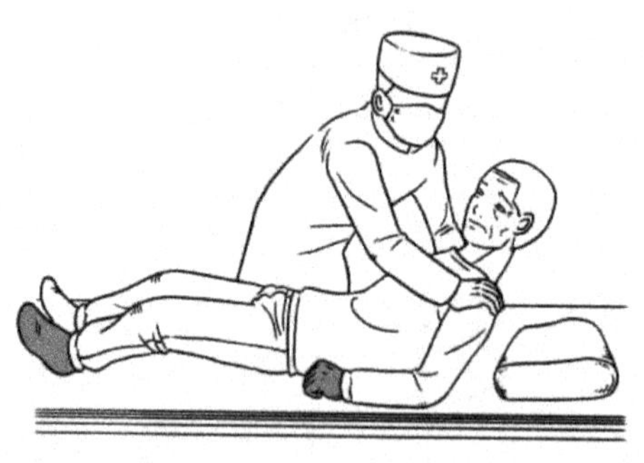

图 8 - 2 - 52

（2）自己坐起（注意：图示为左侧瘫痪）患者仰卧；患者自己挪到

床边，将健侧下肢插到患侧下肢下面；用健侧下肢将患侧下肢抬起并移到床外，患侧膝自然屈曲（图 8－2－53）；

图 8－2－53

转头，躯干向患侧翻转，健手伸向患侧并用力推床直至坐直；同时移动健腿到床下（图 8－2－54）。

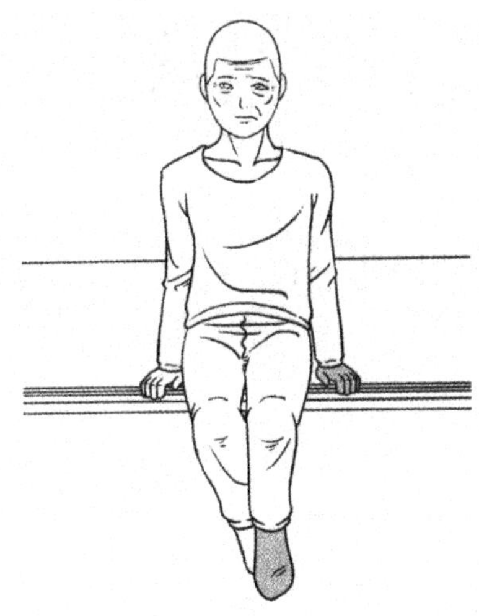

图 8－2－54

（3）床上坐位（注意：图示为左侧瘫痪）患者后背加垫棉被，下肢自然伸直，上肢双手相握，食指交叉，健指在病指下方，自然伸肘将前臂和手放在胸前（图 8－2－55）。

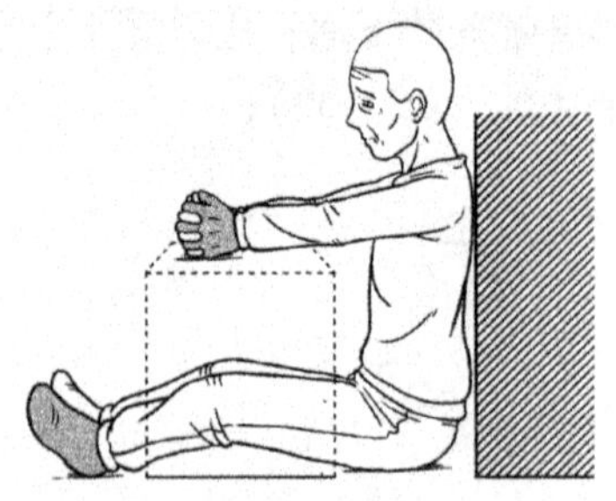

图 8 -2 -55

（4）椅子坐位（注意：图示为左侧瘫痪）健肘放在扶手上，患侧肘伸手抱软垫（图 8 -2 -56）。

图 8 -2 -56

如进行活动时，双手相握，食指交叉，健指在病指下方，自然伸肘，躯干前倾（图 8 -2 -57）。

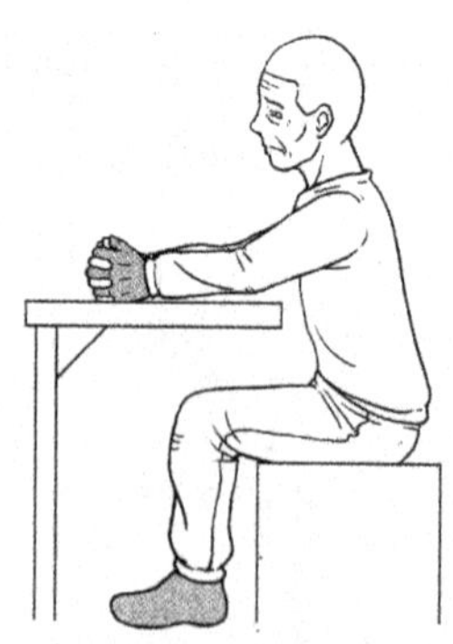

图 8 -2 -57

（5）坐稳训练（又称平衡训练）

①辅助坐位平衡训练（注意：图示为左侧瘫痪）

患者坐位。训练者坐在其患侧，一手放在患侧腋下，另一手放在健侧腰部，将患者身体重心拉向训练者（图 8－2－58）。

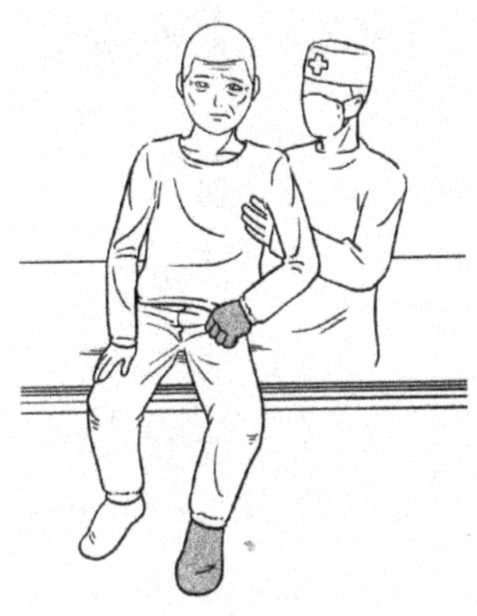

图 8－2－58

训练者一手抵住患侧腰部，另一手压住患侧肩部，嘱患者将身体重心尽量移向健侧（图 8－2－59）。

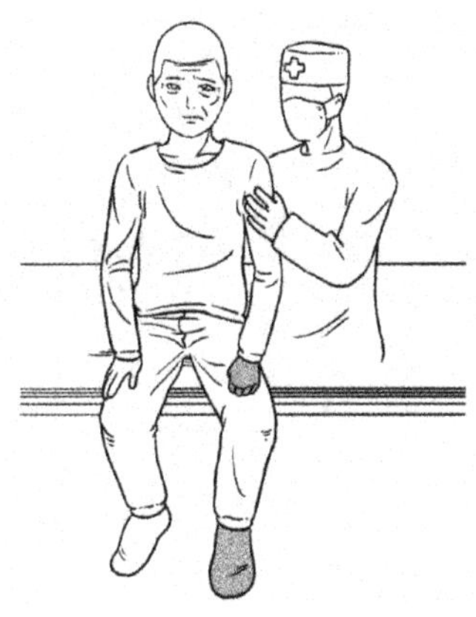

图 8－2－59

患者叉握双手，弯腰并用手触足趾（图 8－2－60）。

图 8－2－60

②端坐位平衡训练

患者健侧手握着床栏杆，治疗者扶住其肩部，不时把手放开，若患者要倒时，再将其扶住（图 8－2－61）。

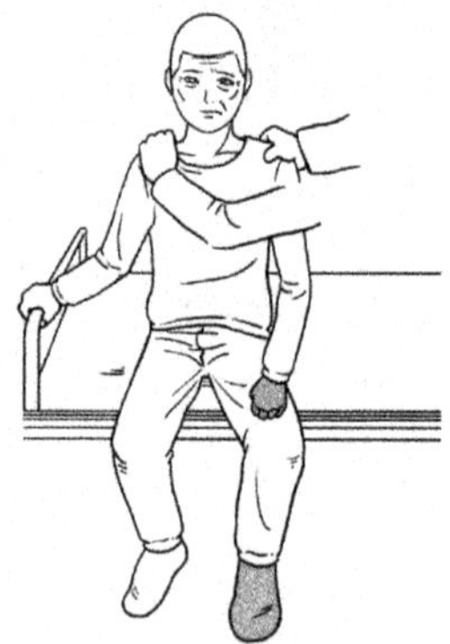

图 8－2－61

患者抓住床栏杆自己保持平衡（图 8－2－62）。

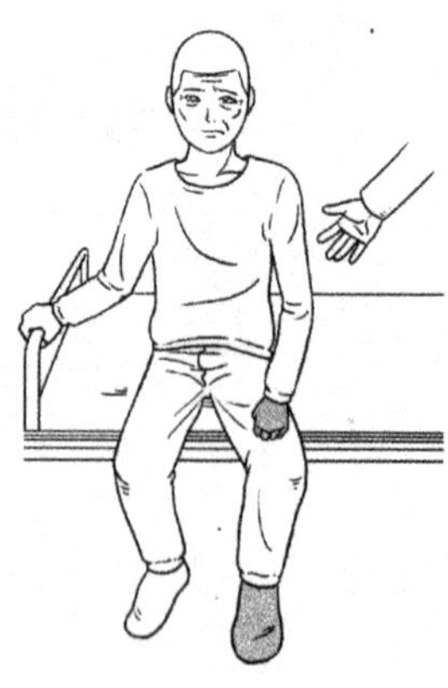

图 8－2－62

患者健侧手支撑床上保持平衡（图 8－2－63）。

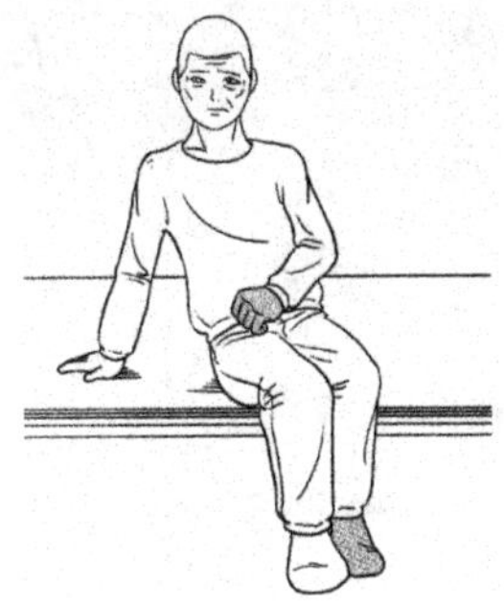

图 8－2－63

患者把手放在大腿上保持平衡，不时放开，若要倒时，再抓住大腿（图 8－2－64）。

图 8－2－64

③坐位左右平衡训练

扶住患者坐在靠背椅上，患者双侧前臂互抱于胸前。健侧手托在患侧手之下（图 8－2－65）。

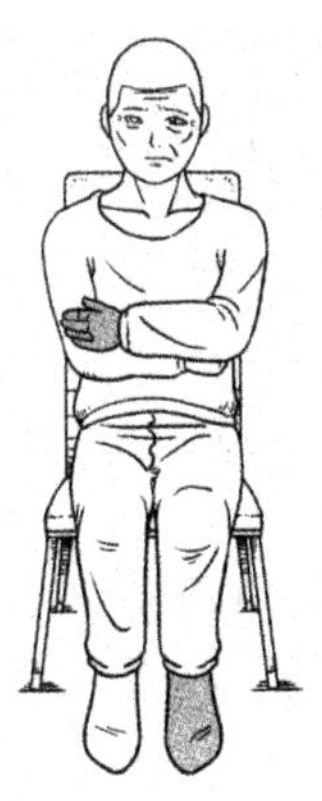

图 8－2－65

让患者慢慢向一侧倾，直到将倒不倒为止，将患者恢复到坐位，再训练另外一侧（图 8－2－66）。

图 8－2－66

④坐位前后平衡训练

扶住患者坐在靠背椅上，患者双侧前臂互抱于胸前（图 8－2－67）。

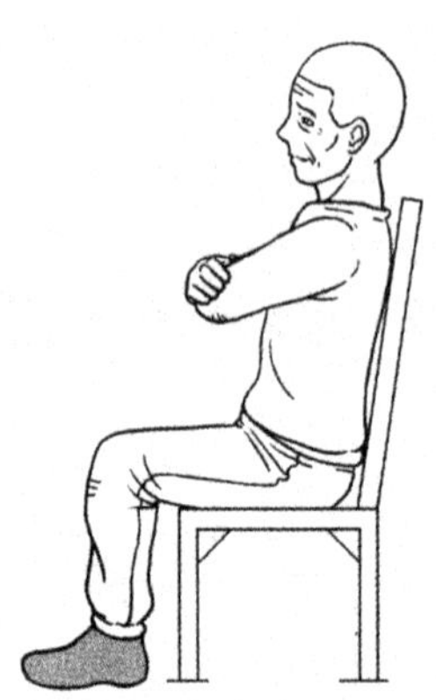

图 8－2－67

让患者慢慢前倾，直到将倒不倒为止，将患者恢复到坐位，反复训练，直到把患者向前后推都不倒为止（图 8－2－68）。

图 8－2－68

⑤坐位动态平衡训练

躯干左右侧屈（图 8－2－69）。

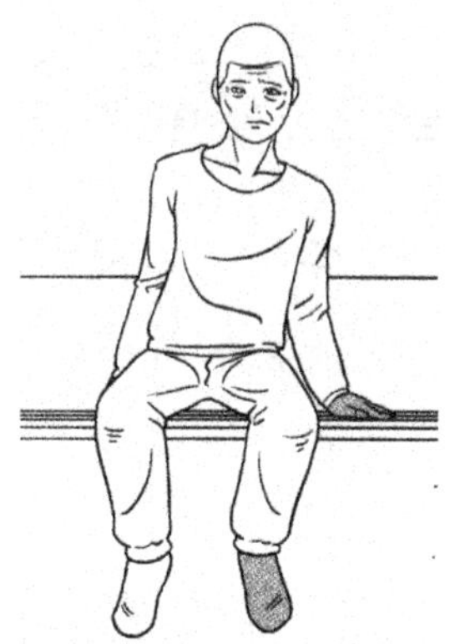

图 8－2－69

躯干左右旋转（图 8－2－70）。

图 8－2－70

躯干前屈两手抵大腿之间（图 8－2－71）。

图 8－2－71

躯干斜向深度前屈，反复交替（图 8－2－72）。

图 8－2－72

（三）行走训练

（1）患侧下肢原地迈步行走（注意：图示为左侧瘫痪）

患者健足负重站立。训练人员一手扶稳患者患侧的髋部，防止患侧臀部向后、向上抬起，另一手帮助患足先向后退一小步（图 8－2－73）。

图 8－2－73

帮助患者将患足再向前迈一小步，尽量足跟着地，完成迈步(图8－2－74)。

图8－2－74

（2）侧方辅助行走（注意：图示为左侧瘫痪）

训练人员站在患者的患侧，一手握住患者患手腕关节尽量背屈，使其掌心向前，另一手放在患者的胸前，并托住其患肢。训练人员帮助患者缓慢行走，并注意纠正异常姿势（图8－2－75）。

图8－2－75

（3）后方辅助行走（注意：图示为左侧瘫痪）

训练者站在患者的身后，扶稳患者髋部，帮助患者平稳行走。在患者向前迈步时，辅助患髋向前，但要防止髋关节过度前倾、前屈（图8－2－76）。

图 8－2－76

（4）帮助下行走（注意：图示为左侧瘫痪）

在患者尚不能独立行走时，可根据患者情况，选用一些扶助方法帮助患者练习行走。初练时，尽量采用面对面扶助的方式，较为安全（图 8－2－77）。

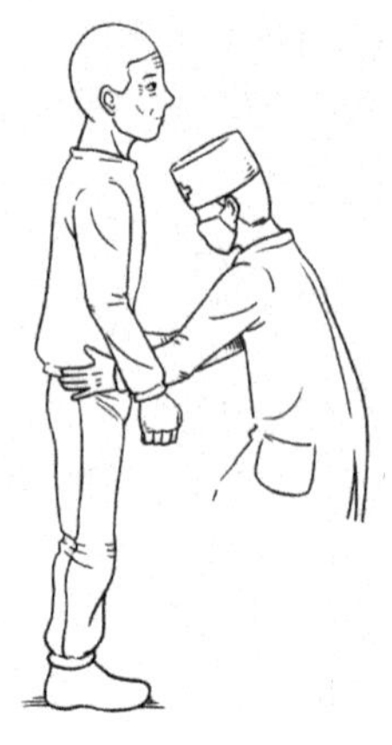

图 8－2－77

如果患者功能较好，可在患者患侧扶持练习行走，既安全又能增加患者的独立感。具体做法是训练人员用一手握住患者的患手使患手掌心向前，另外一手放在患者腋下和胸前处，手背靠在患者胸前，训练者与患者慢慢地起行走。

（5）使用四足、三足和单足手杖行走

四足手杖有四只脚，很稳定，常用于行走训练初期。三足手杖有“品”字形排列的三只脚，也较稳定。单足手杖只有一只脚，轻便灵活，可在使用多足手杖行走稳定后应用。以下简介四足手杖自制办法。

①选用一只大小适宜的小方凳，和一根单足手杖。

②在凳面中央打一个孔，向孔内插入单足手杖。

③用铁丝将穿出的立棍和四条凳腿绞拧在一起固定（图 8－2－78）。

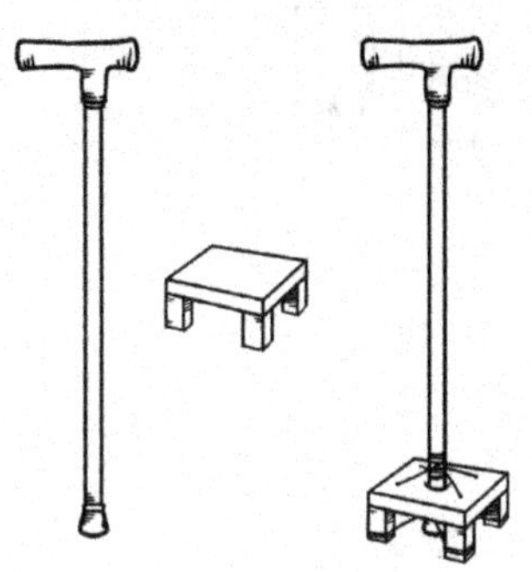

图 8－2－78

（6）患肢足尖下垂的处理（注意：图示为左侧瘫痪）

有时经过训练后，偏瘫患者的足仍不能背屈，走路时足尖下垂蹭地，影响行走，需加以矫纠正。常用办法有：

①在足底托以托板（如小木板或厚纸板），用绷带固定在脚上，将绷带两头向上提交叉，并环形包扎在小腿上方，纠正垂足，把足提起到与小腿垂直的位置（图 8－2－79）。

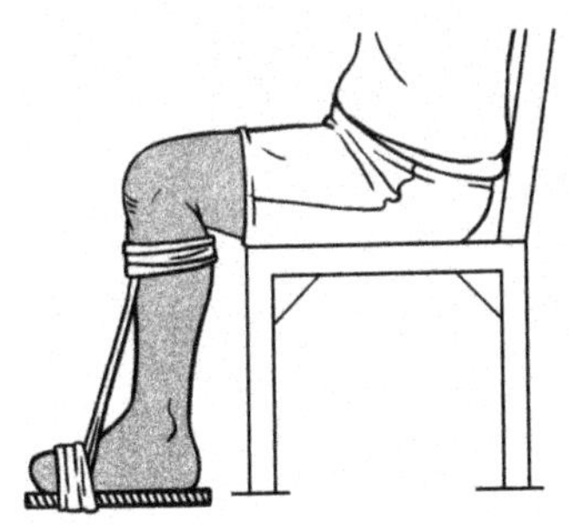

图 8－2－79

②取两条旧背包带剪断，有扣的一端环绕于大腿下方或小腿上方。在鞋上缝一钥匙环，将另一带子穿过环系好，此带子尾端拉起与上方的背

包带扣相扣，将下垂之足尖拉起，保持足与小腿相垂直（图 8－2－80）。

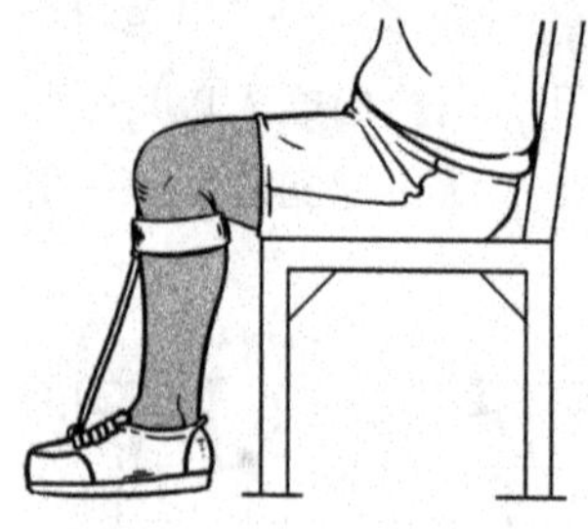

图 8－2－80

第九章　糖尿病的预防与患者调养

随着社会的不断发展和人民生活水平的不断提高，糖尿病患者的人数正在逐年增加，现已成为世界三大顽症之一，糖尿病的死亡率仅次于心脑血管疾病和癌症，而糖尿病的发病率已经位居三大顽疾之首。生活中患有糖尿病的人，给自己的生活和工作都带来了极大的不便和困扰。本章就糖尿病的预防与调养进行深入分析，旨在加强有糖尿病遗传史人群的预防意识和已患糖尿病病人的身体调养。

第一节　糖尿病的预防

一、糖尿病的自我检测

（一）血糖监测的时间及意义

理想的血糖监测应当是全天候实时监测。我们可以选择一天中具有特定意义及代表性的若干时间点，通过测定其血糖值来反映全天血糖的变化情况。

1. 空腹血糖

严格地讲，空腹血糖是指隔夜禁食8～12小时之后，于次日早餐前所测的血糖（通常不超过早晨8点），午餐和晚餐前的血糖不在此列。需要注意的是，测空腹血糖最好在清晨6:00～8:00取血，采血前不服降糖药、不吃早餐、不运动。如果空腹抽血的时间太晚，所测的血糖值很难真实反映患者的治疗效果。

2. 餐前血糖

餐前血糖是指午餐和晚餐前的血糖，反映胰岛β细胞分泌功能的持续性。餐前血糖可指导患者调整将要吃入食物的量和餐前注射胰岛素或口服药的量。

3. 餐后两小时血糖

餐后2小时血糖是指早、中、晚餐后两小时测定的血糖，主要反映进餐后胰岛β细胞的分泌能力及饮食治疗和药物治疗的综合治疗效果。另外，测定餐后2小时血糖还有助于早期发现2型糖尿病。

4. 睡前血糖

睡前血糖主要反映胰岛β细胞对晚餐后高血糖的控制能力。监测睡前血糖主要是为了指导患者夜间用药或注射胰岛素剂量，避免夜间发生低血糖。

5. 凌晨三点血糖

监测凌晨3点血糖有助于鉴别空腹高血糖的原因，究竟是黎明现象还是苏木杰现象，因为这两种情况的临床处理方法截然不同。

（二）血糖监测的次数

血糖监测是确保血糖控制安全达标的必要手段，血糖监测的次数取决于多种因素，包括治疗的类型、血糖控制的程度、短期内治疗是否需要调整、是否有其他突发疾病或特殊情形（如妊娠、手术）等。血糖的检测还有很多规律和技巧，过多监测血糖对血糖控制几乎无任何附加益处，血糖监测太稀疏又达不到效果。因此，血糖监测的次数安排要根据糖尿病患者的具体病情而定。一般来讲，对血糖控制要求越高、血糖越不稳定，越是需要加强血糖监测。血糖监测的次数十分灵活，患者可以根据自身的病情，结合自己的生活方式安排。如果患者出现血糖过高或过低的症状时，应随时测定。

二、糖尿病的日常预防措施

（一）合理安排作息时间

对于糖尿病患者来说，养成良好的作息习惯是非常重要的。生活作息规律，不仅能够稳定病情，预防并延缓并发症的出现，还有助于情绪的稳定，从而对病情的稳定也有很大的帮助。临床调查显示，许多糖尿病患者出现血糖较大波动或突发糖尿病危症等情况，都与熬夜、突击工作、过度疲劳或生物钟紊乱有密切的关系。因此，合理地安排生活、合理地安排作息时间对防治糖尿病是极其重要的。

（二）科学睡眠

中医认为，睡眠是人体一种规律性的自我保护机制，对人体糖代谢等多种生理机制有着举足轻重的作用。所以，科学的睡眠对于糖尿病患者来说有着极为重要的意义。

（三）戒烟限酒

中医学典籍特别指出，“饮酒甘肥过度”是导致糖尿病发生的主要原因。现代科学研究证明，吸烟是造成高血压、动脉硬化的危险因素之一，尤其是烟和酒的结合，对心、肝、脑、肺等器官伤害极大，于健康非常不利。因此，糖尿病患者在治疗期间必须戒烟限酒。

（四）控制体重

体重的增加会加重糖尿病的病情，导致患者的血糖水平不易降低。这是由于人体在体重的增长过程中，所需要的胰岛素量也会相应地增多，这不仅会加重胰岛细胞的负担，而且严重时会导致胰岛细胞功能衰竭，导致病情恶化。所以，控制体重对糖尿病患者来说是极为必要的。

（五）严格遵守“七戒”

糖尿病患者要想有效地预防各种糖尿病急、慢性并发症，改善生活质量，就应该对自身疾病高度重视、积极治疗。但对糖尿病的治疗应该把握好一个度，不能矫枉过正，否则将会引发新的问题。因此，糖尿病患者应遵守以下“七戒”“七戒”为戒运动过度、戒节食过度、戒降糖过度、戒思虑过度、戒依赖过度、戒瘦身过度、戒大意过度。

（六）外出活动做到“五个携带”

糖尿病患者在血糖控制稳定的情况下可以旅行或郊游，但是患者在外出活动时，应注意以下“五个携带”。

（1）随身携带一张自制的糖尿病卡

（2）随身携带糖果或其他易于消化吸收的食物，如饼干、面包、果汁等，当不能按时吃饭时，或过度运动后出现头晕、手颤、出冷汗、四肢发软、心跳加快等低血糖反应时，可及时食用。

(3) 随身携带水壶，尤其是远离城区时要带足饮水，口渴时要及时饮水，以免发生高渗性昏迷等危急情况。

(4) 长时间外出时，一定要携带平日自测血糖或尿糖的试纸和仪器，不要因为外出而中断血糖和尿糖的监测。

(5) 凡使用降糖药物治疗的患者，应随身携带正在使用的药物，不要因为外出而随意中断治疗。

第二节 糖尿病患者的调养

一、糖尿病的饮食调养

（一）饮食调养的原则

所谓的饮食调养的原则就是在遵循一定规律的基础上，有节奏、有规律地血糖尿病患者进行饮食的调养，在进行调养的过程中切实遵循平衡膳食原则，少量多餐、定时、定量、定餐原则，高膳食纤维原则，限制脂肪的摄入量原则，适量选择优质蛋白质原则，减少或禁忌单糖及双糖食物原则。

（二）饮食调养的常识

1. 均衡摄取各种营养素

糖尿病患者的饮食主要是在均衡营养的基础之上，再配合热量的控制，以维持血糖、血脂及血压的稳定，促进糖分代谢正常化。人体所需的营养素达40多种，除水之外，主要分为6大类，即蛋白质、脂类、碳水化合物（糖类）、矿物质（包括常量元素和微量元素）、维生素以及膳食纤维。以往多认为糖尿病患者应该多吃高蛋白及低糖食物，其实这种观点是错误的，糖尿病患者6大营养素缺一不可，要想使饮食调养取得预期的效果，糖尿病患者就必须均衡摄取各种营养素。

2. 三餐定时定量

糖尿病患者在保证摄取适合自己的总热量及均衡各种营养素之外，还应该做到进餐定时和定量。要根据患者的体型、体力劳动强度、病情轻重程度来安排主食的摄入量，以确保血糖的相对稳定。

(1) 定时进餐

糖尿病患者三餐必须按时，这样才有利于建立生物钟，使体内定时释放出以胰岛素为主的相关激素，便于患者控制血糖水平，防止出现低血糖等状况。

(2) 主食定量

计算出自己一天所需的总热量，然后可把总热量按比例分成几份，每次进食只摄取定量的主食，避免摄入过多热量。如可分成3份，早、中、晚餐各占1/3；或者分成5份，早、中、晚分别占1/5、2/5、2/5。

(3) 少量多餐一方面可以预防低血糖的发生，同时又可以使胰岛β细胞的负担减轻，更好地控制血糖。少量是指每餐少吃点儿，这样就不至于使餐后胰岛负担过重，血糖也不至于升得太高，即避免了餐后高血糖。多餐是指增加进餐的次数，在正餐之间进行一个缓冲，这样既可以防止药物作用高峰时出现低血糖，也可避免一天饮食总量过少，影响人的体力及体质。少食多餐能保证营养的吸收和利用，特别对有胃肠疾患的糖尿病患者而言，还能减少其并发症的发生。

进食主食时，如每天进食主食量在500克以上，最好每餐不大于100克主食，并采用每日4、5餐甚至6餐的方法。加餐也可以用水果、鸡蛋以及豆制品等对血糖影响较小的副食来代替主食。

对于许多血糖波动大、易出现低血糖、血糖控制差的患者，特别是对于加少量胰岛素就出现低血糖或稍微减量一点胰岛素就导致血糖增高的患者，就更应当少食多餐。注射胰岛素的患者由于胰岛功能很差，血糖的控制主要借助注射胰岛素，皮下注射胰岛素是要慢慢吸收的。若在饭前注射胰岛素是要把餐后血糖降下来，到了餐后2小时，血糖降下来时，而胰岛素还在慢慢吸收，它的作用还没有完全消失，在胰岛素后劲的作用下，血糖还在继续下降，会导致低血糖，这就需要餐后两小时必须加餐。

对于糖尿病肥胖患者来讲，少量多餐比少餐多食更有利于减肥。如果一次进食量过多，势必刺激大量胰岛素分泌，增加血糖吸收，使其利用率增大，合成脂肪也就相应增多。而少食多餐则可以减少胰岛素的分泌，减少以上弊端的出现。

3. 进食多样化

每一种食物所含的营养素不同，食物越多样，营养素越能更好地进行互补。因此，糖尿病患者的饮食在控制总热量的基础上，越复杂、越多样，营养素的摄取也就越全面，这样就越不容易发生营养不良或者营养失衡。

4. 科学安排主食、副食

很多糖尿病患者采取少吃主食甚至不吃主食、多吃副食的办法控制热量，以实现控制血糖的目的。有专家指出，主食吃得少，热量不够，机体就会分解自身的蛋白质及脂肪来提供能量，反而可能加重病情。主食是人体所需能量的主要来源，若摄入不足，机体就会分解自身的蛋白质和脂肪来满足机体的能量需要，从而导致代谢紊乱，加重病情。健康的人一天应吃200～250克主食，糖尿病患者一天也要吃200克主食，运动量大的话可以适当增加主食量。

糖尿病患者要科学安排主食和副食，不可只注重主食而轻视副食。不过，副食也不能摄取过多，若摄取的副食过多，也可使体重增加，对病情不利。所以，除合理控制主食外，副食也应合理搭配，否则也不能取得良好的预期效果。

5. 经常补水充分

经常补充水分对于糖尿病患者来说是非常重要的。糖尿病患者体内高血糖有高渗利尿的作用，可导致糖尿病患者多尿。由于尿量过多，体内脱水，如果不及时补充水分，就会加重脱水状态。脱水会导致血液浓缩，血糖值更高，从而形成恶性循环，使糖尿病患者病情越来越严重，造成各种并发症的发生。糖尿病患者经常补充水分，是对其机体失水的一种保护陛措施，可以起到稀释血糖、改善血液循环、促进代谢废物的清除以及消除酮体等诸多作用。

糖尿病患者除平时摄入的食物中含有水分外，每天还应该补充1600～2000毫升的水。在摄入蛋白质食物多、锻炼强度大、出汗多以及沐浴等水分流失大的情况下，还应适当补充水分。老年糖尿病患者要格外注意水分的补充。

除了白开水外，牛奶及豆浆等也是很好的补充水分的饮料。但糖尿病患者要注意，不能喝甜饮料来补充水分，这样可能会适得其反。由于甜饮料含糖多，会使糖尿病患者的血糖及血渗透压升高，导致渗透性利尿，会加重脱水状态。

6. 将球烹调事物的方法

（1）食物的保存及加工

蔬菜应该存放在干燥、通风以及避光之处，可有效减少营养素的丢失。绿叶蔬菜的存放时间通常不超过2天，水果不超过1周，尽量做到吃多少买多少，以保持蔬菜新鲜。米与蔬菜也不适宜长时间浸泡，淘米时尽量不用手搓，冲洗两三遍就可以了。

（2）食物的预处理

将一些食物中含有的脂肪或油脂预先处理掉，使其更符合糖尿病患者的饮食需求，比如在烹调之前可以将禽畜肉上的脂肪剔除，或者把瘦肉放入沸水中煮一段时间，将其中的不可见脂肪溶解掉等。

（3）少用糖

以糖来增加食物甜度的患者来说，可以考虑用天然高汤来增加味道，只要反复捞去残渣浮油并熬煮第二次，就可降低高汤的热量及油脂含量。自制甜点或者想喝饮料时，可考虑用代糖，或者多吃点水果。需要注意的是，代糖一经加热就丧失甜味了，而且食用过多对人体也不利。

（4）少用盐

少用腌渍或加工的食品入菜，如酱菜、火腿以及香肠，多用醋及辛香料、香草植物或葱、紫苏等，替代盐和酱油来为菜提味，多用海带、香菇等熬天然高汤，少用市售的高汤调料或罐头。

（5）增加配料

在确保主料营养素的同时，还需要考虑一些微量的喜养素，这样才能做到营养搭配更合理。适当加入醋、花椒、葱、姜以及蒜等调料可以补充一些营养素，并改善食物的口味。此外，一些配料还有助于使肉制品中的血糖生成指数降低，有利于抑制血糖。

（6）增加饱足感但不增加热量

避免把食物煮得过于烂熟，否则太易入口，有些嚼头的食物可以在口中停留时间长些，让人易有吃饭的感觉。在饭菜中加入一些香菇等菌类，可以增加食物的量，但不会增加很多热量。海带及裙带菜热量较低，又有嚼头，是填饱肚子的好东西。饭后若想吃甜点，可用洋菜粉做成茶冻、咖啡冻以及牛奶冻等，饮用时加入代糖，热量低又可口。

（三）糖尿病患者的饮食宜忌

1. 不宜进食的食物

（1）易使血脂升高的食物猪油、牛油、奶油等油脂类食物，肥肉、猪肠、皮脂、猪蹄等高油脂食物，或使用棕榈油、椰子油制成的点心，以及炸鸡、鸡块、薯条等油炸、油煎类食物，都含有过多脂肪，糖尿病患者不宜食用。

（2）易使血糖迅速升高的食物奶昔、苹果派、圣代、布丁、蛋糕、芋泥、果冻、油酥类点心和甜汤等食物含糖量过高，不宜食用；果汁、汽水以及含糖高的酒类，如乌梅酒、竹叶青、玫瑰红、参茸酒等不可饮用。

（3）高盐的食物酱菜、泡菜等腌渍类食物含盐过高，不宜食用；沙拉酱、沙茶酱、豆瓣酱、芝麻酱、麻油、辣油等，也含高油高盐，最好也不要食用。

2. 需要少吃的食物

（1）高油脂的食物如瓜子、花生、腰果、松子、核桃等坚果类。

（2）高胆固醇的食物如猪肝、腰花、蟹黄、鱼卵等。

（3）成分或制作过程不明的食物碎肉制品如肉丸、狮子头、火腿、虾球等，加工食品如火腿、香肠等皆不宜食用过多。

（4）稀饭、各式浓汤及炒烩菜式此类食物 GI 值高，也需要限制。

3. 安全食物

（1）主食类

主食包括米、面以及玉米、马铃薯、地瓜以及芋头等，粗杂粮如莜麦面、荞麦面、燕麦片等含有 B 族维生素及食物纤维，具有延缓血糖升高的作用。

（2）蛋类

蛋类主要含优质蛋白质，通常含量为 13%，而且含碳水化合物很少，多在 3% 以下，很适合糖尿病患者食用。值得注意的是，蛋黄中含有高量的胆固醇，所以应少吃蛋黄。

（3）大豆及其制品类

大豆及其制品中含有十分丰富的蛋白质、无机盐和维生素，豆油中还有较多的不饱和脂肪酸，有降低胆固醇以及血清甘油三酯的功效。但值得注意的是，糖尿病并发肾病患者不宜食用豆制品。

（4）畜禽鱼类

肉类通常都含有丰富的蛋白质，而且含碳水化合物比较少。深海鱼富含 DHA 及 EPA，可与瘦肉搭配食用。不过，一些畜类的精肉部分含有较多的脂肪，所以应少吃。

（5）乳类

乳类以含脂低的低脂或者脱脂牛奶最好。牛奶中所含蛋白质的量比较高，并含有丰富的维生素和微量元素及钙，对糖尿病的治疗非常有利。所以，糖尿病患者可适当饮用，通常每天以 250 ~ 500 毫升为宜。

(6) 蔬菜类

蔬菜通常含热量比较低，主要提供维生素、矿物质、微量元素和食物纤维等。瓜类与花叶类蔬菜含蛋白质、脂肪和碳水化合初均比较少，尤其是苦瓜、南瓜等对糖尿病有一定益处。

(7) 水果类

水果含有丰富的维生素 C、矿物质、水分、纤维素以及果糖，对糖尿病的治疗有益处。尤其是果胶，有延缓葡萄糖吸收的作用。但是有些水果含糖量高，如果食用过多，容易造成血糖上升。因此，应该选择一些含糖量较低的水果，并配合饮食计划专吃。

二、糖尿病的运动调养

(一) 运动调养的原则

1. 准备活动必不可少

采用运动调养的糖尿病患者在进行体育运动前，首先要做的一件事便是准备活动。先做 15 分钟左右的热身运动，使全身肌肉活动起来，避免运动时肌肉拉伤。例如，在跑步或快走前可以先做一些伸腰、踢腿动作，再慢走 10 分钟，使身体活动起来，心率达到运动要求的频率。还要注意的是，在运动快结束时不要骤停，也要做一些整理运动，最好是做 10 分钟左右的恢复运动。如慢跑半个小时后，可以逐渐变为快走、慢走、逐渐放慢脚步，然后伸伸腰、压压腿、再坐下休息。突然开始运动或骤然结束运动都容易导致事故的发生。

2. 循序渐进，量力而行

糖尿病患者在进行体育锻炼时应遵守循序渐进的原则，运动量要由小到大，运动时间要由短到长，动作要由易到难，这样才可以保证机体逐步适应。在开始时，可以先保持小量运动 5 ~ 10 分钟，然后再逐渐加量，持续 20 ~ 30 分钟，一般在 1 ~ 2 个月内逐渐将运动时间从 5 ~ 10 分钟延长到 20 ~ 30 分钟。

3. 坚持锻炼，持之以恒

糖尿病患者在身体不适或天气不好时可灵活地选择休息或进行其他活

动，但这并不意味着在采用运动调养时可以随时中断。运动调养要想取得一定的效果，必须遵守长期坚持、持之以恒的原则，决不能三天打鱼、两天晒网。只有坚持锻炼才能达到降糖、降脂、降血压、降低血液黏度等的效果，达到调养糖尿病的目的。

4. 配合治疗，效果更好

长期坚持运动调养能起到治疗糖尿病的功效，但也不能过分依赖运动调养，它并不是万能的，必须与饮食或药物调养等有机结合，才能起到相应的效果。比如，糖尿病患者在进行体育运动后，血糖有所下降，就以为达到治疗的效果了，而放松了饮食控制，随意增加食量，或者随意减少药物用量甚至停药，这样会导致运动调养前功尽弃，病情也可能讲一步恶化。

（二）糖尿病患者的常用运动方法

1. 步行锻炼法

（1）普通散步法

用慢速（60 ~ 70 步/分钟）或者中速（80 ~ 90 步/分钟）散步，每次30 ~ 60 分钟，可用于一般的保健。

（2）快速散步法

每小时步行 5000 ~ 7000 米，每次锻炼 30 ~ 60 分钟，用于普通中老年人增强心力及减轻体重的运动，最高心率应控制在 120 次/分钟以下。

（3）摆臂散步法

步行时两臂用力向前后摆动，可增进肩部及胸廓的活动，适用于呼吸系统慢性病的患者。

（4）摩腹散步法

一边散步，一边按摩腹部，适用于预防和调养消化不良及胃肠道慢性疾病的患者。

2. 慢跑锻炼法

（1）跑步与健身

慢跑锻炼法对糖尿病患者有以下几方面作用。

①锻炼心脏，保护心脏。坚持跑步可以增加机体的摄氧量，增强心肌

舒缩力，增加冠状动脉血流量，防止冠状动脉硬化。

②活血化瘀，改善循环。跑步时下肢肌群会交替收缩放松，有力地驱使静脉血回流，可以减少下肢静脉和盆腔瘀血，预防静脉内血栓形成。大运动量的跑步锻炼，还能提高血液纤维蛋白溶解酶活性，防止血栓形成。

（2）慢跑健身法

①慢速长跑为一种典型的健身跑，距离从 1000 米开始。适应后可每周或每 2 周增加 1000 米，通常可增至 3000 ~ 6000 米，速度可掌握在 6 ~ 8 分钟跑 1000 米。

②跑行锻炼即跑 30 秒、步行 60 秒，以使心脏负担减轻，这样反复跑行 20 ~ 30 次，总时间为 30 ~ 45 分钟。这种跑行锻炼适用于心肺功能比较差者。

3. 游泳锻炼法

游泳是一种集阳光浴、空气浴、冷水浴为一体的水中运动项目。游泳对身体的各个部位均可起到锻炼的作用，它对疾病的预防与调养是综合性、全身性的。游泳可增强人体神经系统的功能，改善血液循环，增强体质，对多种慢性疾病有一定的预防与调养作用。另外，游泳还可以陶冶情操、磨炼意志、树立战胜疾病的信心，有利于患者的康复。

进行游泳锻炼时，要注意量力而行、适可而止，选择合适的运动量。

（1）游泳锻炼的价值

①游泳是在良好的自然环境中进行的体育运动项目，从而集中了阳光浴、空气浴和冷水浴对人体的所有功效。

②游泳锻炼是一种全身性锻炼，因而它对疾病的预防与调养也是综合性、全身性的。

（2）游泳的时间

糖尿病患者最好在餐后半小时或者是一小时之后再进行游泳，切忌空腹或者在睡前游泳。

4. 登山锻炼法

（1）登山的作用

①登山可增强身体素质，促使免疫能力提高，减轻或避免并发症的发生。

②登山可促进身体组织对糖的利用，尤其是骨骼、肌肉对葡萄糖的摄取利用能力，恢复细胞对糖的吸收，使血糖及血脂水平下降。

③登山运动能够明显地提高腰、腿部的力量以及身体的协调平衡能力

等身体素质，加强心、肺功能，增强抗病能力。

（2）登山时的注意事项

登山对糖尿病患者的康复有促进作用，但是也要注意一些问题。

①要注意循序渐进，切不可突然加大运动量和运动强度。

②要适可而止，不要过度疲劳。

③最好在登山前少吃一些食物或在饭后1小时再开始登山，以防止低血糖。微血管病变者、大动脉硬化病变者、血糖波动太大不稳定者、身体较虚弱且并发症较重者以及胰岛素药物正发挥作用时的患者，应在医生指导下进行轻微的运动。

5. 运动调养的注意事项

（1）运动前的注意事项

在进行运动训练之前一定要对自己的身体状况有一个清晰的认知，以决定是否适宜进行体育锻炼，从事什么运动项目合适，多大的运动量为宜等。需要了解的健康情况包括心肺功能、肝肾功能、血压高低及血糖控制情况，以及糖尿病慢性合并症的情况，有急性合并症者绝对不能运动。

（2）运动中的注意事项

①先做热身运动15分钟。

②运动过程中应注意心率的变化。运动中的心率以170减去患者年龄为宜，开始持续时间以5～10分钟为宜，以后若患者自我感觉良好再逐渐增加，一般中等强度的运动以20～30分钟为宜。

③若出现乏力、头晕、心慌、胸闷、憋气、出虚汗、胸痛等不适，应立即停止运动。

④运动中要注意饮一些白开水，以补充水分。

⑤运动即将结束时，再做10分钟左右的恢复整理活动。

⑥防止意外伤害。

（3）其他注意事项

①注意防护最好与其他人一起运动，并告知糖尿病病情，若出现意外可及时给予相应处理。选择空气新鲜、路面平整的场地进行锻炼，运动时应穿着舒适的鞋袜，每次运动后应检查足部是否有破损。

②运动强度每周至少运动4次以上，每次30分钟至60分钟。以轻、中度的有氧运动为宜，运动后稍微出汗为好。一般情况下，以运动时的心率达最大安全运动心率的60%～70%为宜，开始阶段不超过50%，若情况良好可逐渐增加运动强度，以身体能耐受、无不良反应为准。

（三）糖尿病的生活调养

1. 心理调节法

（1）心理调养法的重要性

现代医学及心理学研究证明，许多疾病的发生与不良心理因素有着密切关系。糖尿病是一种多因素导致的身心疾病，其中心理状态对病情有着重要的影响。因为不良的心理与情绪会使人体内产生各种应激性激素，从而导致神经系统、骨骼肌肉系统、内分泌系统、生殖系统等功能出现相应的生理变化，造成疾病的产生。诱发糖尿病的心理因素主要有不良情绪及心理应激两方面。

①不良情绪

糖尿病的发生及发展同不良情绪有着密切的联系。生活中的不良情绪会影响人体的糖代谢水平，当情绪波动过大时，会出现不同程度的血糖升高。血糖升高又使人烦躁不安、情绪不稳定，人体对血糖更加难以控制。比如愤怒会导致肝脏的疏泄功能失调，肝糖原储备能力下降，从而导致血糖升高；而过于忧虑会使脾胃运化失健，致使胃肠蠕动和消化腺分泌受抑制，甚至还会造成神经系统功能的失常，导致内分泌系统紊乱，这些都不利于血糖的控制。

②心理应激

心理应激是指人体在特殊情况下所出现的不良心理表现。造成糖尿病产生与发展的另一方面的因素就是心理应激。研究表明，心理应激为糖尿病致病的一种主要应激原，反过来，当糖尿病患者处于长期治疗过程中时，又会容易使其处于心理应激状态，非常不利于疾病的治疗。有些糖尿病患者在治疗过程中，需要改变自身长期已经形成的饮食及生活习惯等，也容易导致患者心理状态的变化，出现各种不良心理，这对糖尿病的治疗非常不利。

从上述可以看出，不良的心理状态与糖尿病的发生、发展有着密切的关系。因此，心理调养对糖尿病的预防与调养就显得十分必要。但是，在过去对糖尿病的研究和治疗当中，只是单纯认为糖尿病的产生是由于遗传基因的障碍、免疫功能低下以及胰岛素抵抗等原因导致的，往往忽视了社会环境对患者心理所造成的影响这一方面的原因。所以，单纯地进行药物治疗效果并不十分理想。

对糖尿病的研究越深入，就越能证实心理调养是糖尿病治疗过程中一个不可或缺的重要环节。恰当的心理调养能够改善糖尿病患者在发病过程中的紧张、压抑以及烦躁等不良情绪，使患者能够在积极、乐观的心态下接受治疗，达到事半功倍的疗效。

（2）糖尿病的心理调养法

对糖尿病患者进行心理调养包括以下几个方面。

①闲聊谈心法

医护人员可通过闲谈聊天的方式，了解糖尿病患者的所思所想、摸透其心理活动的特点，做到心中有数，进而有针对性地引导消除患者的各种消极思想，帮助患者建立良好的心理状态，为治疗糖尿病做好心理上的准备。

②支持性心理疗法

医护人员要根据糖尿病患者的疑惑，进行针对性的开导，把相关的医学知识传达给患者，使其明白疾病的相关原理，甩掉思想包袱，增强信心。同时应注意多给患者一些鼓励与安慰，可适当向患者作一些保证等，加强与患者的沟通与交流。

③说理开导法

把一些不良情绪不利于糖尿病治疗的危害，通过说理的方式让患者认知，使其清楚地认识到其中的利害关系，从而引导和帮助患者自觉地培养良好的心态，戒除一些不良的习惯和情绪，使其心情得以平静，保持愉快。

④认知疗法

治疗糖尿病首先得让患者知道糖尿病是怎么回事，所以先得进行相关知识的教育。医护人员或家属应向患者介绍糖尿病的性质及治疗方法，使其明白如何防治、如何自我调整，提高患者自控能力，配合医护人员以提高治疗的效果。

2. 音乐调节法

（1）音乐调养法调养糖尿病的机理

音乐调养法就是通过欣赏音乐或参与音乐的学习、排练和表达，进而调节情志，使人心情舒畅，促使病体顺利康复的一种调养方法。

音乐调养法是通过生理和心理两个方面来治疗疾病。一方面，音乐的频率、节奏和有规律的声波振动，可影响人的脑电波、心率、呼吸节奏等生理上的反应，促使人体分泌一种有利于身体健康的活性物质，可以调节体内血管的舒缩和神经传导；另一方面，音乐能改善人们的情绪，激发人们的感情，振奋人们的精神，消除紧张、焦虑、忧郁、恐怖等不良心理状态。

音乐调养对糖尿病的调养机理具体如下。

①调节心神，改善功能

音乐对人的大脑边缘系统和脑干网状结构等部位有直接影响，而人脑的这些部位有调节内脏和身体的功能。音乐通过影响人脑的这些部位可以改善人的神经系统、心血管系统、内分泌系统和消化系统的功能。另外，音乐能够有效调整人的心理状态，如当糖尿病患者精神不振或闷闷不乐时，节奏明快的、富有生气的音乐就能振奋其情绪，使患者从压抑的情绪中解脱出来；疲劳时，如果放一些节奏鲜明、情绪奔放的音乐，能帮助大脑休息，使人迅速恢复清新的感觉。

②调整血脉，促进循环

音乐的活动中枢在大脑皮质右侧颞叶，轻松、欢快的音乐能促使人体分泌一些有益于健康的激素、酶、乙酰胆碱等活性物质，从而调节血流量和兴奋神经细胞，促使血脉运行畅通，达到调养疾病的目的。曾有专家让糖尿病患者每天听半小时瑜伽音乐、五行音乐，并将音乐的脉冲转换成弱电频刺激患者的足三里、三阴交、胰俞等穴位。一段时间后，专家发现患者的血糖水平、胰岛素用量、情绪障碍的改善明显优于单纯使用药物治疗的患者。可见，音乐能够有效调节糖尿病患者的内分泌机制，使血糖下降。

③安神催眠，改善睡眠

音乐的安神催眠作用极为明显，许多伴有失眠或抑郁、焦虑的糖尿病患者都可采用音乐疗法达到促进睡眠的效果。在入睡前，聆听一些节奏舒缓、安静的音乐，可以有效改善糖尿病患者的睡眠质量。

④消耗体能，瘦身减肥

音乐调养法能够使糖尿病患者体重下降，有效降低糖尿病及其并发症所导致的风险。有实验证明，进行了某种“音乐疗法”的人，体重每个星期可以下降 0.91 千克。

（2）糖尿病的音乐调养法

音乐调养法主要有 3 种，它们分别是主动性音乐调养法、被动性音乐调养法和综合性音乐调养法。音乐调养法一般以 30 天为 1 个调养周期，每天进行 2～3 次，每次 1 小时左右。

①主动性音乐调养法

主动性音乐调养也可称参与式音乐调养，是指患者不仅仅是被动地听，而且要亲自参与各种音乐活动。有条件的患者可参与演唱、演奏、作词、编曲等音乐过程，以此来宣泄由疾病带来的忧郁情绪，调节情绪，激发身体中的抗病潜能，保持良好的精神状态，增强战胜疾病的信心，从而促进疾病的康复。

②被动性音乐调养法

被动性音乐调养又称作接受式音乐调养，是指让患者静心听一些与病情相应的音乐，在欣赏音乐的过程中，通过音乐的旋律、节奏和音色等因素影响其神经系统，使其调和平衡，摆脱焦虑、紧张等情绪，从而达到调养作用。

③综合性音乐调养法

综合性音乐调养是指将音乐与其他调养方法相结合，如国内的音乐导引气功疗法、音乐电疗法，国外的音乐心理理疗法等。有一些方法必须借助音乐治疗仪才能实施，如音乐电疗法就是通过仪器将音乐信号转换成电流作用于人体。

3. 起居调养法

(1) 日常生活起居

①居住环境

居室环境包括以下两方面的内容。

A. 居室空间居室应尽量宽敞舒适，即使条件有限、居室狭小，也应做到整洁宁静、光线充足、通风良好。

B. 居室四周墙壁色彩有学者研究认为，糖尿病患者工作、生活、治疗的周围环境色彩以淡绿色为宜，以淡米色为最理想颜色，因此类颜色可使患者心情安定，感到亲切温暖。但不宜用红色、黄色，这些色彩可使患者产生急躁心理。

此外，家庭成员之间要互相体贴、关照，努力营造一个充满亲情与关爱的居住生活环境，有利于患者康复。

②情绪

避免劳累和情感应激反应。中、老年人的Ⅱ型糖尿病是一种虚损性疾病，患者体质下降，因此，患者在日常生活工作中要注意避免劳累，避免晚上开夜车、加班加点熬夜工作。

Ⅱ型糖尿病也是一种与应激相关的躯体疾病，其发生、发展及转归与情感应激反应有密切关系。糖尿病患者在日常生活中要力戒不良情感应激反应，忌大悲、大喜，更不能恼怒、发脾气。生活中遇到不顺心的事，要克制自己，可采取听音乐、读书、吟诗、到郊外散步、外出旅游、与朋友谈心等方式加以排忧去烦，使心情平静，善待一切。以慈悲之心，容难容之事；以宰相之量，容天下万物。

(2) 四季养生起居

①春季

在春光明媚的日子里，糖尿病患者可以多出去散步、郊游、登山或者慢跑，多进行室外运动，去拥抱春天、拥抱大自然，充分享受阳光和新鲜空气。要确保充足的睡眠和休息，避免情绪压力，保证饮水充足，和大自然融为一体，去吸取大自然的活力，到大自然中去得到快乐、获得自信、恢复健康。

②夏季

夏季为四季中阳光最强、万物繁荣，且生机勃勃的季节，也是人体新陈代谢最旺盛的季节。此时，人体存在着阴精伏于内，阳气发于外的特点。夏日里烈日炎炎，动则汗出，中医理论认为，多汗会导致心气耗伤、津液亏损。

③秋季

秋季是收获的季节，秋高气爽，天高云淡，田野里果实累累，五谷丰登。在这样的季节，糖尿病患者如果能走向田野、走向大自然，登高远望，定有心旷神怡之感，定有丰收喜悦之欢。患者也可以赏月、赏菊、观花、钓鱼，对生活充满乐观及自信，对人生充满幸福和自豪，这样也有利于调动体内一切有利于抗病的积极因素，十分有利于患者的康复。

④冬季

冬季是四季中最冷的季节，此时阳气衰微、阴气极盛。糖尿病患者在此季节应保养精神、安定情绪，可以坚持室内锻炼、欣赏音乐或与亲朋好友闲谈聊天，使日常生活充实丰富而又充满乐趣。

第十章　过度肥胖病人的治疗与康复训练

随着人们生活水平的不断提高，生活压力的增大，人们生活起居的不规律，体力活动的越来越少，少动多食以及无规律的生活方式使过度肥胖群体出现明显增多的趋势。过度肥胖一方面可引起患者身心障碍、使患者失去苗条的身材和使中度以上肥胖者在生活上感到诸多的不便，另一方面也会引起诸多危及健康的疾病，如高血压、冠心病、糖尿病、脂肪肝等，使患者生活质量降低，预期寿命缩短。

在一定程度上来讲，过度肥胖是可以预防和治疗了，和其他一些身体疾病想对比而言，过度肥胖的治疗与康复手段更加丰富化和多样化，本章就过度肥胖人群的治疗和康复训练进行全面阐述，以期为过度肥胖人群提供更多的治疗手段。

第一节　过度肥胖病人的治疗

一、过度肥胖人群的临床表现

（1）肥胖的发生、发展可引起一系列的问题，并通过自身表现出来，如儿童性早熟，女性内分泌紊乱、停经、多囊卵巢综合征、不孕，多毛、黑棘皮病、紫纹，男性乳房发育、精子质量差、不育等。

（2）有的肥胖症患者在腹部两侧、大腿内侧有时可见呈梭形、淡紫红色的条纹，有的还会伴随“满月脸”“水牛背”“将军肚”等的出现，这些症状和体征的出现说明患者已有皮质醇的增多。

（3）中国人男性腰围 >90cm、女性腰围 >80cm 就可考虑为肥胖。

（4）肥胖症患者，若感觉天天吃不饱，刚吃过饭就饿，或越吃越饿，应引起重视。

（5）肥胖症患者的胰岛素抵抗状态可以通过减轻体重而得到改善。

（6）肥胖引起的代谢疾病开始于儿童期，也可能导致成年人的心血管疾病。

(7) 流行病学调查显示，非酒精性脂肪性肝病（NAFLD）是欧美等西方发达国家肝功能酶学异常和慢性肝病最常见的原因。

(8) 肥胖可通过增加食管反流性疾病及 Barrett 食管的发生，从而增加食管腺癌的发生率。

(9) 肥胖对于绝经后妇女乳腺癌的发生、发展的促进作用已得到公认。

(10) 肥胖症或成年体重增加均与子宫内膜癌发生率显著增加有关。

(11) 在女性中，肥胖可引起肾细胞癌发病率增高。

(12) 肥胖可增加贲门癌的发病率，最可能与肥胖引起的 Barrett 食管有关。

(13) 肥胖与肺癌呈正相关。

(14) 颈围大的人容易发生阻塞性睡眠呼吸暂停综合征、心血管疾病等肥胖症的并发症。

(15) 正常颈围：男性不超过 40cm，女性不超过 38cm。

(16) 男性单纯性肥胖患者的脂肪分布以颈部、躯干和头部为主。

(17) 女性单纯性肥胖患者的脂肪主要分布在腹部、乳房和臀部。

(18) 水、钠潴留性肥胖属于继发性肥胖。

二、过度肥胖人群的治疗

对于过度肥胖人群的治疗，我们可以从以下两个方面进行，即饮食治疗和运动治疗。

（一）饮食治疗

相对来讲，饮食治疗是所有治疗手段中最为“舒适”的治疗手段之一，在没有运动量的前提下，过度肥胖患者只需要通过调整自己的饮食规律和饮食搭配就可以了，为了能更加直观地表现出饮食治疗的一些手段和方法，我们将以表格的形式为大家呈现，具体如下。

(1) 饮食治疗首先要掌握的原则为：饮食和运动相结合，并持之以恒不间断，营养搭配合理。

(2) 目前常用的饮食治疗方法包括：改变热量吸收状态，不平衡的低热量饮食，全部禁食及调节性禁食法，均衡低热量饮食法，超低热量饮食，改变摄食行为等方法。

(3) 饮食治疗中要合理控制热量摄入，每日的热量摄入要达到负平衡。

（4）饮食治疗中要保证饮食有足够的维生素和矿物质的供应。

（5）对于成年中度以上的肥胖症患者，可以每月逐步减肥0.5～1.0kg为目标，即与正常供给量相比，每天少供给热523～1046kJ（125～250kcal）的标准来确定其每日三餐饮食的供热量。

（6）肥胖者饮食胆固醇的量，通常以每人每天少于300mg为宜

（7）肥胖者饮食中的食物纤维可不加限制，以每人每天食物纤维供给量不低于12g为宜。

（8）三餐要按照“早饭宜好，午饭宜饱，晚饭要少”的原则进行。

（9）减肥时应采用低碳水化合物膳食，碳水化合物每日供给量以100～500g为宜，但不宜少于50g

（10）具有利尿作用，故具有良好的减肥作用的蔬菜主要包括：黄瓜、冬瓜、南瓜、丝瓜、葫芦、萝卜、大白菜、小白菜、芹菜、菠菜、苋菜、莴苣、竹笋、扁豆、豆芽、茭白、番茄。其他有减肥作用的食物如绿豆、玉米、豆腐等。

（11）定量、定时是保护、调养消化功能的方法，也是饮食养生的一个重要原则。

（12）肥胖症患者控制体重时，可自由饮用白开水、茶、不加糖的柠檬汁及黑咖啡。

（二）运动治疗

运动治疗是一种见效快、效果好并且有益于人体健康和其他疾病的治疗手段，在利用运动疗法进行减肥治疗的时候，需要注意的是要选择恰当的运动方式，对于不同年龄阶段、不同身体素质、不同肥胖部位的人群区别对待，下面我们简单列举几种运动治疗的方法。

（1）对于肥胖者来说，应该选择以无氧代谢为特征的运动。

（2）慢跑、中速以上的步行、游泳、体操、爬山、跳高、球类运动和太极拳等属于有氧代谢的动力性运动。

（3）跳舞对于臀部、大腿部位肥胖者的减肥尤为适宜。

（4）理想的有氧运动能把心率提高到有效心率范围，并保持20分钟以上。

（5）运动疗法中，跑步以慢跑为宜，持续时间应在20分钟以上。

（6）局部肥胖症患者，如腹部肥胖宜选立泳、趴泳；背部肥胖宜选仰

泳、蛙泳；臀部肥胖宜选自由泳、蝶泳。

（7）老年人减肥节食时需要严格限制蛋类、谷物的摄取，同时补充蛋白质、维生素和矿物质。

（8）肥胖症患者常爬楼梯可以达到减肥的效果。

（9）大众健身操的运动量为中低强度，是最典型的有氧运动。

（10）小运动量的锻炼，最能高效率地减少体内脂肪。

（11）饭后运动是科学的减肥方法。

（12）球类运动中，足球和篮球运动量最大，年事已高者最好不要参与此类比赛。

（13）运动减肥时间一定要长，要超过半小时才有减肥效果。

（14）2 级、3 级高血压患者均应选择简单易行的运动项目。

（15）对于肥胖症患者，柔道、举重等运动不可取。

（16）控制老年人肥胖，不主张老年人食用极低能量的膳食或含蛋白质极少的膳食，不宜让老年人单纯吃素或远离鱼、肉、蛋类食物。

（17）健身减肥锻炼宜安排在晚餐前 2 小时进行，此时的效果是最佳的。

（18）快速爆发力运动对减肥不仅无益，反而有害。

（19）儿童理想爬楼梯速度是每分钟 30～50 个台阶，爬 10 分钟休息 5 分钟。运动后心率应在 140 次/分以下，以 110～130 次/分较适宜。

（20）减肥健美操每次运动时间需要逐渐增加到 30 分钟以上才能有效果，一般每次消耗 1255.2kJ（300kcal）热量的运动强度较为适宜。

（21）运动减肥时运动量要掌握在中等强度，运动后青年人脉搏以每分钟不超过 150 次为宜，老年人以每分钟不超过 110 次为宜。

（22）跑步所消耗的热量主要同速度的快慢有关。

（三）中医治疗

一般情况下，中医治疗减肥的原理都是通过调节人体的内分泌来达到减肥的目的，使用的有段有针灸、拔罐、按摩以及点穴等方式，以此来对肥胖患者的内分泌系统和神经系统进行有效调节。中医治疗肥胖症的方法与注意事项具体如下（表 10－1－1）。

表 10－1－1　中医治疗方法及注意事项

中医治疗方法及注意事项
传统中药中具有减肥作用的药物有麻黄、山楂、大黄等，另外，植物减肥药还有茶叶、可可等。
水肿型肥胖症患者可服用防风通圣散和胃苓汤以达到减肥的目的。
患有骨质增生的肥胖者，增生部位不能进行按摩。
从现代医学的角度看，针灸减肥的机制主要涉及调理胃肠功能、改善机体新陈代谢和改善内分泌系统功能几个方面。
植物减肥药中，麻黄、茶叶等通过兴奋中枢增加饱感或增加能量消耗等而达到减肥的目的。
使用电针疗法时，弱电流靠近中枢部位要使用大电流。
肥胖症中医治疗中常用的泻法有化湿、利水、祛痰、通腑，消导法，可祛除体内停聚的湿浊、痰热及多余膏脂，从而减轻体重。
血友病患者、凝血功能障碍的人及贫血者不适合做针灸减肥。
胃热型肥胖症患者以产后肥胖、轻体力工作者居多。
适宜贫血型肥胖症患者的药方为四物汤和小建中汤各半。
暴饮暴食肥胖症患者可服用防风通圣散以达到减肥的目的。
暴饮暴食肥胖症患者的通病就是有火，故通过服用中药，能起到消火、清肠之功效。
疲劳型肥胖主要症状为极易疲劳；一动就爱出汗、气喘；怕冷爱感冒；小便次数少；眼睑水肿等。
荷叶常用来治疗肥胖症，尤其适用于冬季减肥，或肥胖症患者脾虚湿阻化热证和胃热湿阻证。
拔罐减肥法通过人体的特定穴位，可调节人体整个内分泌功能和内环境稳定，以平衡脏腑阴阳。
饭后半小时再进行减肥按摩，效果最好。
压力型肥胖症患者可服用大柴胡汤以达到减肥的目的。

（四）西医治疗

随着医学水平的不断提高、医疗手段的不断丰富，一些合成性药物逐渐问世，对于肥胖人群来讲是一种福音，特别是一些生活中不爱运动的人，在一定程度上可以通过药物进行减肥，但是也不能完全依靠药物。

第二节　过度肥胖病人的康复训练

我们需要根据不同年龄层次的人群制定出不同的康复训练方法，随着人们生活水平的不断提高，肥胖症人群的数量急剧增加，本节将针对不同年龄段人群的减肥方法进行具体阐述。

一、青少年减肥训练

（一）头部运动

1. 第一节

本节动作反复交叉做4次。

（1）站立、双手叉腰，两脚分开与肩同宽（图10－2－1）。

（2）左脚前伸再收回，头同时前屈再收回（图10－2－2）。

（3）右脚前伸再收回，头同时前屈再收回。

（4）左脚前伸再收回，头同时后屈再收回（图10－2－3）。

（5）右脚前伸再收回，头同时后屈再收回。

图10－2－1

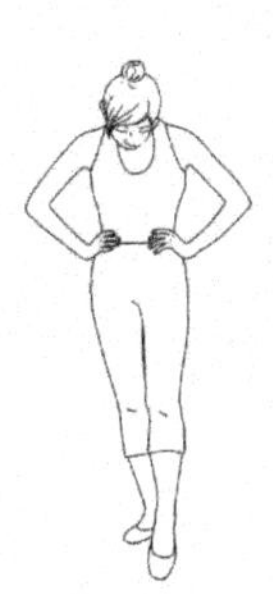

图10－2－2

图10－2－3

2. 第二节

本节动作反复交叉做4次。

（1）分脚直立，头正直，两手叉腰。

（2）左脚前伸再收回，头左侧屈再收回（图10－2－4）。

(3) 右脚前伸再收回，头右侧屈再收回。

(4) 左脚前伸再收回，头右侧屈再收回（图 10－2－5）。

(5) 右脚前伸再收回，头左侧屈再收回。

图 10－2－4

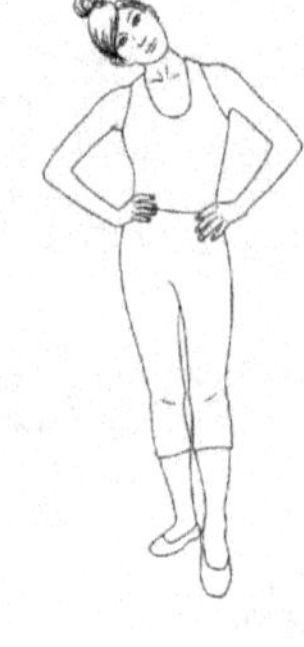

图 10－2－5

3. 第三节

本节动作反复交叉做 4 次。

(1) 直立，头正直，两手垂于体侧（图 10－2－6）。

(2) 左脚侧出，左臂侧平举，同时左转头 90°（图 10－2－7）。

(3) 左脚并于右脚，头还原，右臂胸前平屈，手指触右肩(图 10－2－8)。

(4) 右脚侧出，右臂侧平举，同时右转头 90°。

(5) 右脚并于左脚，头还原，左臂胸前平屈，手指触左肩。

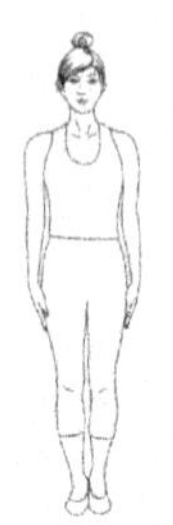

图 10－2－6

图 10－2－7

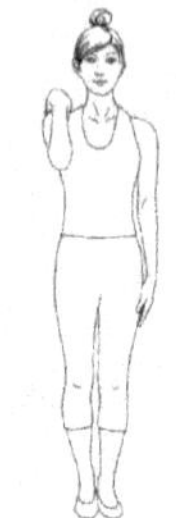

图 10－2－8

4. 第四节

本节动作反复交叉做 4 次。

(1) 直立，两臂胸前交叉（图 10－2－9）。

(2) 双臂平举（图 10－2－10）。

(3) 头部向左环绕 1 周（图 10－2－11）。

（4）恢复初始姿势。

（5）双臂平举。

（6）头部向右环绕 1 周。

（7）恢复初始姿势。

图 10－2－9

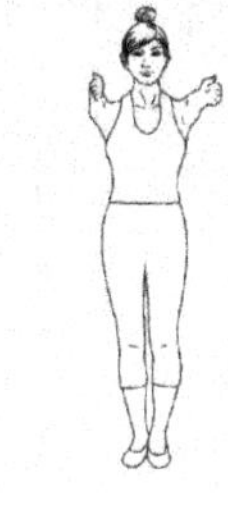

图 10－2－10

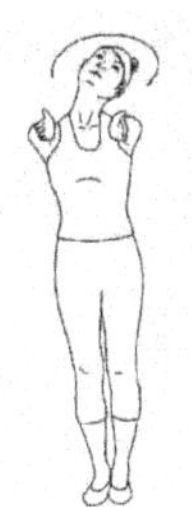

图 10－2－11

（二）肩部运动

1. 第一节

本节动作反复交叉做 4 次。

（1）直立，两手垂于体侧。

（2）右脚在左脚后交叉点地，两腿半蹲，同时右肩上提，头左转（图 10－2－12）。

（3）左脚侧出成开立，目视前方（图 10－2－13）。

（4）两肩同时上提 2 次（图 10－2－14）。

（5）恢复初始姿势。

（6）左脚在右脚后交叉点地，两腿半蹲，同时左肩上提，头右转。

（7）右脚侧出成开立，目视前方。

（8）两肩同时上提 2 次。

（9）恢复初始姿势。

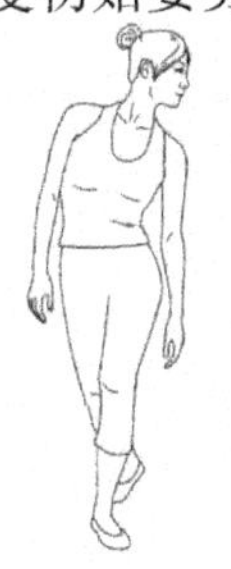

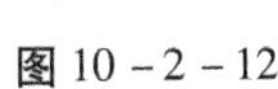

图 10－2－12

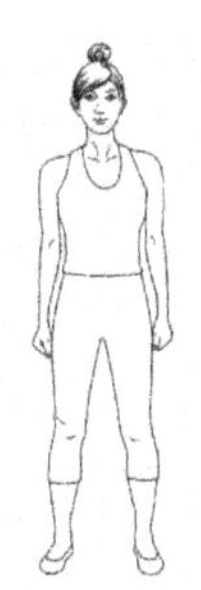

图 10－2－13

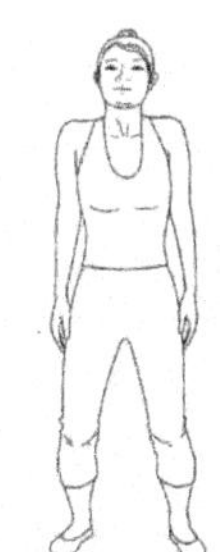

图 10－2－14

2. 第二节

本节动作反复交叉做4次。

(1) 直立，两腿分开，两手垂于体侧（图10－2－15）。

(2) 左手握拳，小臂经内侧绕至侧举旋转2周（图10－2－16、图10－2－17）。

(3) 右手握拳，小臂经内侧绕至侧举旋转2周。

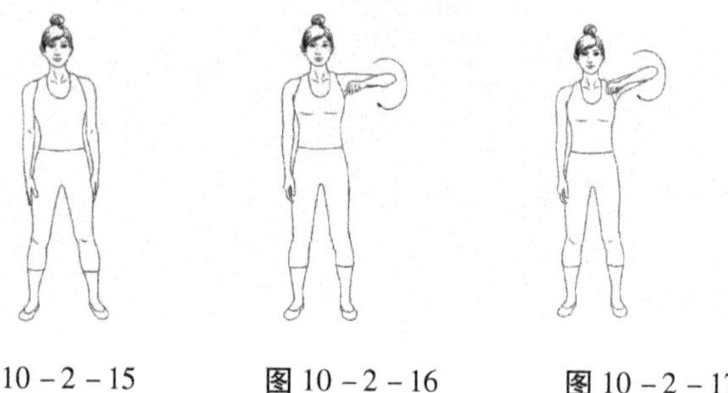

图10－2－15　　图10－2－16　　图10－2－17

3. 第三节

本节动作反复交叉做4次。

(1) 直立，两脚分开，两手握拳垂于体侧（图10－2－18）。

(2) 两臂经体前交叉向上绕至侧上举，同时屈膝半蹲，拳变掌，掌心相对（图10－2－19）。

(3) 两臂上举交叉向下绕至肩侧屈，站起，两脚开立，掌变拳（图10－2－20）。

图10－2－18　　图10－2－19　　图10－2－20

4. 第四节

本节动作反复交叉做4次。

(1) 直立，两脚分开，两手握拳垂于体侧。

(2) 上体左转，左脚上前一步，重心前移，右手握拳经肩上向前上方伸出，拳变掌，左臂下举（图 10－2－21）。

(3) 右脚上前点地，左腿屈膝成后弓步，两臂下举。双肩同时向后环绕 2 周（图 10－2－22、图 10－2－23）。

(4) 恢复初始姿势。

(5) 上体右转，右脚上前一步，重心前移，左手握拳经肩上向前上方伸出，拳变掌，右臂下举。

(6) 左脚上前点地，右腿屈膝成后弓步，两臂下举。双肩同时向后环绕 2 周。

(7) 恢复初始姿势。

图 10－2－21　　图 10－2－22　　图 10－2－23

(三) 扩胸运动

1. 第一节

本节动作反复交叉做 4 次。

(1) 直立，两手垂于体侧（图 10－2－24）。

图 10－2－24　　图 10－2－25　　图 10－2－26

(2) 右脚向左前迈一步，两膝微屈，右脚侧点地，两手握拳于胸前（图 10－2－25）。

（3）左臂摆至侧举，右臂摆至胸前平屈，同时向后抻胸 1 次（图10－2－26）。

（4）恢复初始姿势。

（5）左脚向右前迈一步，两膝微屈，左脚侧点地，两手握拳于胸前。

（6）右臂摆至侧举，左臂摆至胸前平屈，同时向后抻胸 1 次。

2. 第二节

本节动作反复交叉做 4 次。

（1）直立，两手垂于体侧。

（2）上体左转 45°，右脚向左侧前方迈一步（图 10－2－27）。

（3）提左膝，右臂经前向下，左臂经下向前上，同时向后抻胸 1 次（图 10－2－28）。

（4）恢复初始姿势。

（5）上体右转 45°，左脚向右侧前方迈一步。

（6）提右膝，左臂经前向下，右臂经下向前上，同时向后抻胸 1 次。

（7）恢复初始姿势。

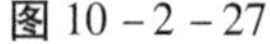

图 10－2－27

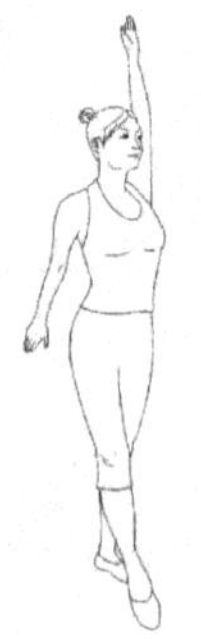

图 10－2－28

3. 第三节

本节动作反复交叉做 4 次。

（1）直立，两手垂于体侧（图 10－2－29）。

（2）左脚后伸成弓步，左臂上摆，右臂下摆，向后抻胸 1 次（图10－2－30）。

（3）恢复初始姿势。

（4）右脚后伸成弓步，右臂上摆，左臂下摆，向后抻胸 1 次。

图 10 - 2 - 29　　　　图 10 - 2 - 30

4. 第四节

本节动作反复交叉做 4 次。

（1）直立，两手垂于体侧。

（2）右脚向左后方退一步，两膝微屈，右脚侧点地，两手握拳经前下，左臂摆至侧下举，右臂胸前平屈向后抻胸 1 次（图 10 - 2 - 31）。

图 10 - 2 - 31

（3）恢复初始姿势。

（4）左脚向右后方退一步，两膝微屈，左脚侧点地，两手握拳经前下，右臂摆至侧下举，左臂胸前平屈向后抻胸 1 次。

5. 第五节

本节动作反复做 4 次。

（1）直立，两手垂于体侧。

（2）并腿屈膝，两腿分开，同时两臂胸前屈，低头含胸（图 10 - 2 - 32）。

（3）站起，两臂摆至肩侧屈，同时扩胸，抬头（图 10 - 2 - 33）。

(4) 恢复初始姿势。

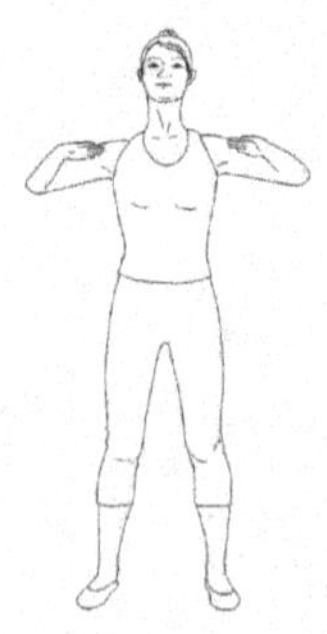

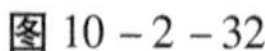

图 10－2－32　　图 10－2－33

(四) 体侧运动

1. 第一节

本节动作反复交叉做 4 次。

(1) 直立，两手垂于体侧。

(2) 左脚侧出一步，两手握拳前举（图 10－2－34）。

(3) 左脚收回，两臂下举（图 10－2－35）。

(4) 左脚侧出一步，两臂侧举（图 10－2－36）。

(5) 左脚收回，两臂下举。

(6) 恢复初始姿势。

(7) 右脚侧出一步，两手握拳前举。

(8) 右脚收回，两臂下举。

(9) 右脚侧出一步，两臂侧举。

(10) 右脚收回，两臂下举。

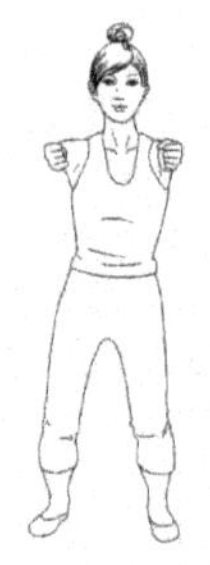

图 10－2－34　　图 10－2－35　　图 10－2－36

2. 第二节

本节动作反复交叉做4次。

(1) 直立，两手垂于体侧。

(2) 左脚前迈成弓步，左手扶左膝。右臂侧上举，五指并拢，同时上体向左侧屈1次（图10-2-37）。

图10-2-37

(3) 恢复初始姿势。

(4) 右脚前迈成弓步，右手扶右膝。左臂侧上举，五指并拢，同时上体向右侧屈1次。

3. 第三节

本节动作反复交叉做4次。

(1) 直立，两手握拳垂于体侧。

(2) 两腿半蹲，同时两臂在体前下方交叉，拳变掌（图10-2-38）。

(3) 重心移至左脚，上体向左侧屈，同时两臂向左上方伸出，五指张开，掌心向里（图10-2-39）。

(4) 恢复初始姿势。

(5) 两腿半蹲，同时两臂在体前下方交叉，拳变掌。

(6) 重心移至右脚，上体向右侧屈，同时两臂向右上方伸出，五指张开，掌心向里。

(7) 恢复初始姿势。

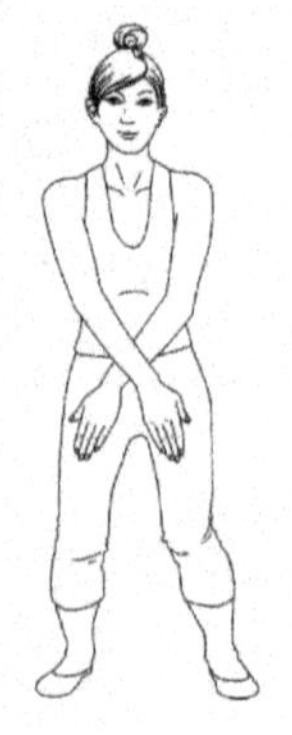

图 10-2-38

图 10-2-39

（五）体转运动

1. 第一节

本节动作反复交叉做 4 次。

（1）直立，两脚分开，两手垂于体侧。

（2）双手扶后脑，上体左转 90°（图 10-2-40）。

（3）恢复初始姿势。

（4）双手扶后脑，上体右转 90°。

（5）恢复初始姿势。

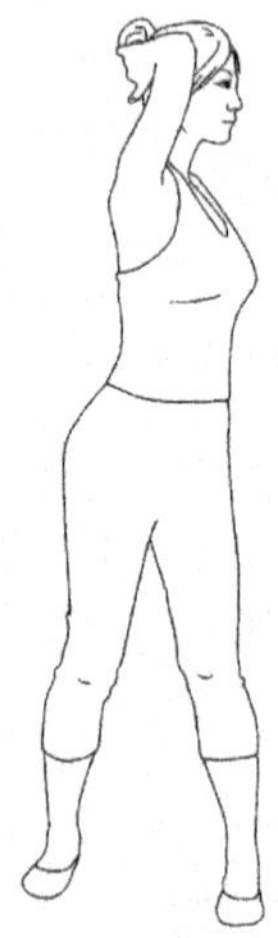

图 10-2-40

2. 第二节

本节动作反复交叉做4次。

（1）直立，两手垂于体侧。

（2）左脚侧出一步成马步，上体左转90°，两臂侧举，掌心向上（图10－2－41）。

（3）恢复初始姿势。

（4）右脚侧出一步成马步，上体右转90°，两臂侧举，掌心向上。

（5）恢复初始姿势。

图10－2－41

3. 第三节

本节动作反复交叉做4次。

（1）直立，两手垂于体侧。

（2）左脚向左迈出一步，脚尖向左，两臂胸前平屈，掌心向上，上体左转90°（图10－2－42）。

（3）上体右转180°（图10－2－43）。

（4）上体左转180°，同时左手腰间抱拳，右手向前冲拳（图10－2－44）。

（5）恢复初始姿势。

（6）右脚向右迈出一步，脚尖向右，两臂胸前平屈，掌心向上，上体右转90°。

（7）上体左转180°。

（8）上体右转 180°，同时右手腰间抱拳，左手向前冲拳。
（9）恢复初始姿势。

图 10－2－42

图 10－2－43

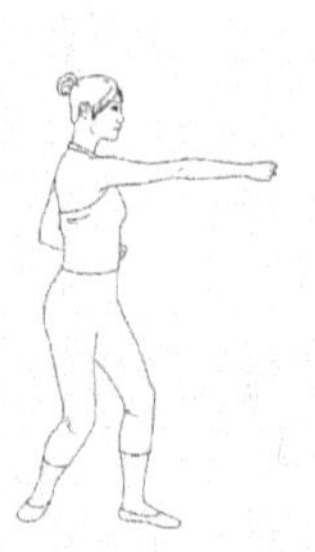
图 10－2－44

（六）踢腿运动

1. 第一节

本节动作反复交叉做 4 次。
（1）直立，两手垂于体侧。
（2）提左膝，两手握拳，胸前平屈（图 10－2－45）。
（3）恢复初始姿势。
（4）左腿前踢，两臂经侧上举击掌（图 10－2－46）。
（5）恢复初始姿势。
（6）提右膝，两手握拳，胸前平屈。
（7）恢复初始姿势。
（8）右腿前踢，两臂经体侧上举击掌。
（9）恢复初始姿势。

图 10－2－45

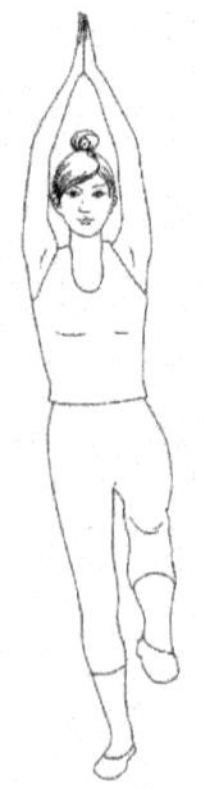
图 10－2－46

2. 第二节

本节动作反复交叉做 4 次。

（1）直立，两手垂于体侧。

（2）左脚后踢，同时左手经脑前平屈向左侧上方伸出，五指并拢伸直（图 10－2－47）。

（3）恢复初始姿势。

（4）右脚后踢，同时右手经脑前平屈向右侧上方伸出，五指并拢伸直。

（5）恢复初始姿势。

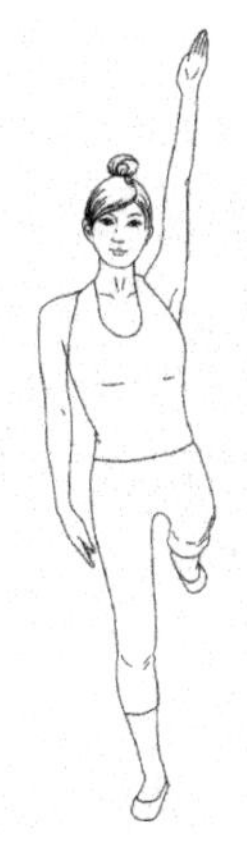

图 10－2－47

3. 第三节

本节动作反复交叉做 4 次。

（1）直立，双手叉腰，两脚分开。

（2）右脚向左前方迈出一步（图 10－2－48）。

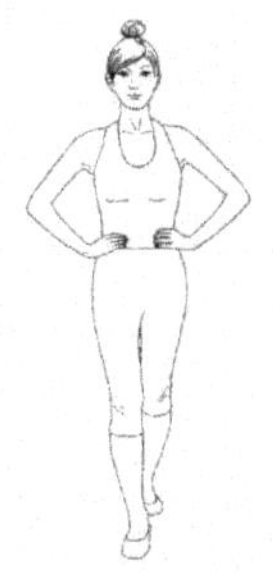

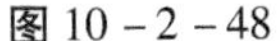

图 10－2－48

图 10－2－49

（3）左腿侧踢（图 10－2－49）。

（4）恢复初始姿势。

（5）左脚向右前方迈出一步。

（6）右腿侧踢。

（7）恢复初始姿势。

4. 第四节

本节动作反复交叉做 4 次。

（1）直立，两手垂于体侧。

（2）身体左转 90°，同时左脚向前一步，两手握掌向前冲出（图 10－2－50）。

（3）两臂收于腰间抱拳，右脚并于左脚，脚尖点地（图 10－2－51）。

（4）右脚前踢，两臂向前冲拳（图 10－2－52）。

（5）恢复初始姿势。

（6）身体右转 90°，同时右脚向前一步，两手握掌向前冲出。

（7）两臂收于腰间抱拳，左脚并于右脚，脚尖点地。

（8）左脚前踢，两臂向前冲拳。

（9）恢复初始姿势。

图 10－2－50

图 10－2－51

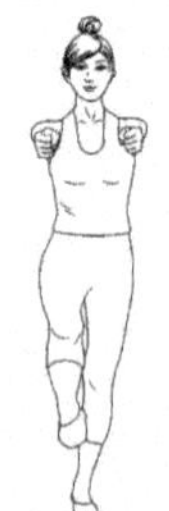

图 10－2－52

（七）髋部运动

1. 第一节

本节动作反复交叉做 4 次。

（1）直立，两手垂于体侧。

（2）向左扭髋 2 次，左手虎口触腹部左侧（图 10－2－53）。

（3）向右扭髋 2 次，右手虎口触腹部左侧。

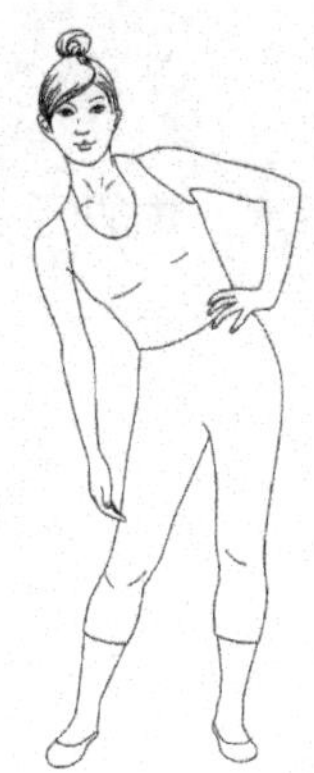

图 10-2-53

2. 第二节

本节动作反复交叉做 4 次。

(1) 直立，两手垂于体侧。

(2) 向左扭髋 2 次，左臂弯曲，手指触肩（图 10-2-54）。

(3) 向右扭髋 2 次，右臂弯曲，手指触肩。

(4) 向左扭髋 2 次，两臂上伸，五指并拢，掌心朝前（图 10-2-55）。

(5) 向右扭髋 2 次，两臂上伸，五指并拢，掌心朝前。

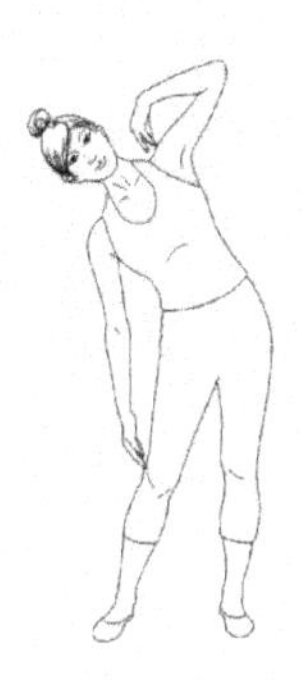

图 10-2-54

图 10-2-55

3. 第三节

本节动作反复交叉做 4 次。

(1) 直立，两手垂于体侧。

(2) 右脚向左后方做垫步，同时两手握拳，左臂胸前平屈，右臂侧举，上体朝前（图 10－2－56）。

（3）恢复初始姿势。

（4）左脚向右后方做垫步，同时两手握拳，右臂胸前平屈，左臂侧举，上体朝前。

（5）恢复初始姿势。

图 10－2－56

4. 第四节

本节动作反复交叉做 4 次。

（1）直立，两手垂于体侧握拳，两脚分开同肩宽。

（2）两脚并拢半蹲，髋左转，同时左臂摆至胸前平屈，右臂摆至侧举（图 10－2－57）。

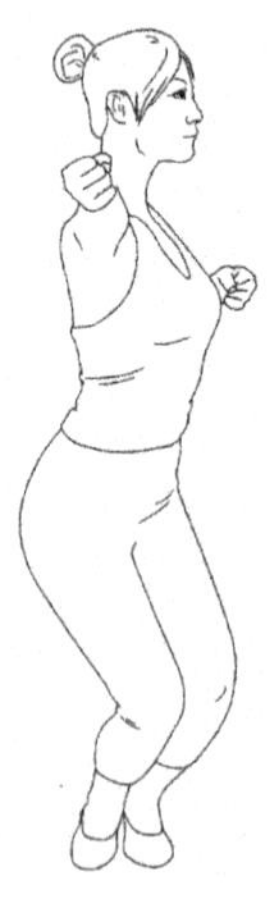

图 10－2－57

（3）恢复初始姿势。

（4）两脚并拢半蹲，髋右转，同时右臂摆至胸前平屈，左臂摆至侧举。

5. 第五节

本节动作反复交叉做4次。

（1）分脚直立，两手垂于体侧握拳。

（2）左腿前伸成弓步，抬头挺胸，同时两手掌向前推出（图10－2－58）。

（3）左腿收回，双腿半蹲，两手收至胸前平屈，低头（图10－2－59）。

（4）恢复初始姿势。

（5）右腿前伸成弓步，抬头挺胸，同时两手掌向前推出。

（6）右腿收回，双腿半蹲，两手收至胸前平屈，低头。

（7）恢复初始姿势。

图10－2－58

图10－2－59

6. 第六节

本节动作反复交叉做4次。

（1）直立，两手垂于体侧。

（2）左小腿后踢，两臂后摆（图10－2－60）。

（3）恢复初始姿势。

（4）右小腿后踢，两臂后摆。

（5）恢复初始姿势。

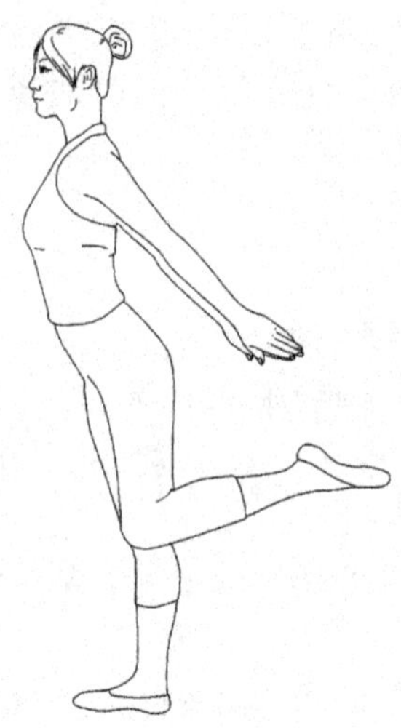

图 10－2－60

7. 第七节

本节动作反复交叉做4次。
（1）直立，两手垂于体侧。
（2）左脚侧出，向左顶髋，同时两臂屈肘上举（图10－2－61）。
（3）恢复初始姿势。
（4）右脚侧出，向右顶髋，同时两臂屈肘上举。
（5）恢复初始姿势。

图 10－2－61

（八）全身运动

1. 第一节

本节动作反复交叉做 4 次。

（1）分脚直立，两手垂于体侧握拳。

（2）左脚开始踏步 4 次，两臂自然摆动（图 10－2－62）。

（3）左脚向左侧出一步。

（4）右脚向左侧前方迈一步，脚跟点地，两臂上举（图 10－2－63）。

（5）恢复初始姿势。

（6）右脚开始踏步 4 次，两臂自然摆动。

（7）右脚向右侧出一步。

（8）左脚向右侧前方迈一步，脚跟点地，两臂上举。

（9）恢复初始姿势。

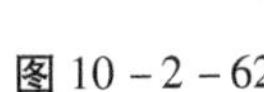

图 10－2－62

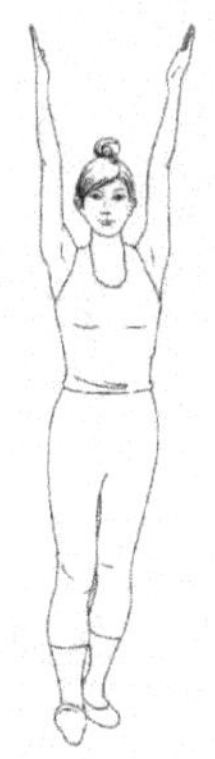

图 10－2－63

2. 第二节

本节动作反复交叉做 4 次。

（1）分脚直立，两手垂于体侧握拳。

（2）左脚向左斜前方迈一步，双手叉腰（图 10－2－64）。

（3）左腿站直，右腿屈膝抬起，上体朝左侧前方（图 10－2－65）。

（4）右腿向后伸出落地（图 10－2－66）。

（5）左腿后撤成右弓步，两臂上举（图 10－2－67）。

（6）恢复初始姿势。

（7）右脚向右斜前方迈一步，双手叉腰。

（8）右腿站直，左腿屈膝抬起，上体朝右侧前方。

（9）左腿向后伸出落地。

（10）右腿后撤成左弓步，两臂上举。

（11）恢复初始姿势。

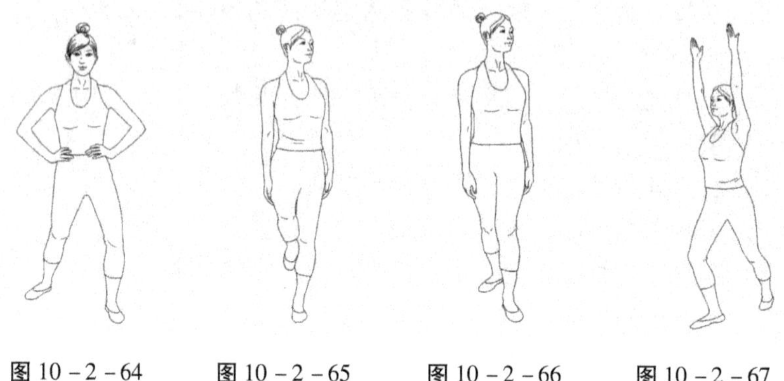

图 10－2－64　　图 10－2－65　　图 10－2－66　　图 10－2－67

3. 第三节

本节动作反复交叉做 4 次。

（1）直立，两手垂于体侧。

（2）左脚上前一步，右脚跟上，屈膝点地，两臂经体前交叉向外绕至侧上举，抬头（图 10－2－68）。

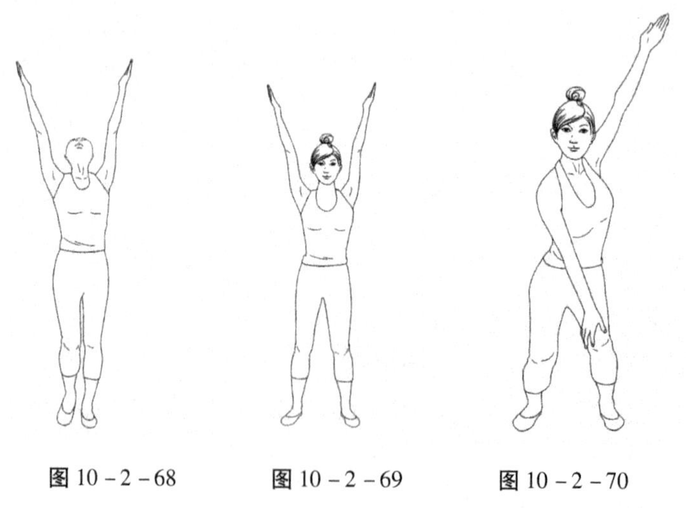

图 10－2－68　　图 10－2－69　　图 10－2－70

（3）右脚后伸落地，左脚跟上，两臂经体前交叉向外绕至侧上举

(图 10－2－69)。

(4) 左脚伸出成马步，左臂侧上举，右手扶左膝，目视前方(图10－2－70)。

(5) 恢复初始姿势。

(6) 右脚上前一步，左脚跟上，屈膝点地，两臂经体前交叉向外绕至侧上举，抬头。

(7) 左脚后伸落地，右脚跟上，两臂经体前交叉向外绕至侧上举。

(8) 右脚伸出成马步，右臂侧上举，左手扶右膝，目视前方。

(9) 恢复初始姿势。

4. 第四节

本节动作反复交叉做 4 次。

(1) 直立，两脚分开，两手垂于体侧。

(2) 两腿屈膝蹲下，两手扶膝 (图 10－2－71)。

(3) 两腿伸直站起，左脚迈出一步，脚尖向左，身体左转，两臂上扬(图 10－2－72)。

(4) 恢复初始姿势。

(5) 两腿屈膝蹲下，两手扶膝。

(6) 两腿伸直站起，右脚迈出一步，脚尖向右，身体右转，两臂上扬。

(7) 恢复初始姿势。

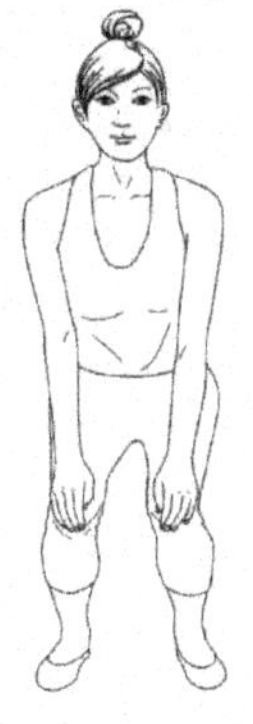

图 10－2－71

图 10－2－72

二、中老年人减肥训练

（一）弯腰伸展

本节动作重复做 5～10 次，能够健美腰、背、腿。

（1）坐在地毯上，两手垂于体侧（图 10－2－73）。

（2）绷脚尖，手臂缓慢顺着双腿向前滑动，腰部随之向前弯曲伸展，直至感到充分伸展，最好手指能触摸脚尖。保持此姿势，双手握住脚尖或脚踝，缓慢把头贴近双腿，放松。勾起脚尖，缓慢伸手触摸脚尖（图 10－2－74）。

（3）恢复初始姿势。

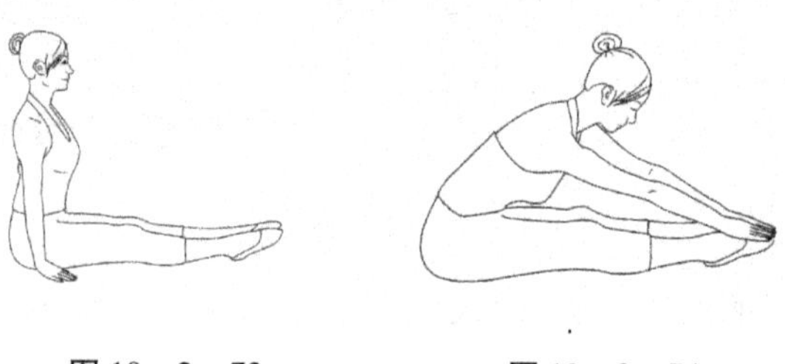

图 10－2－73　　图 10－2－74

（二）屈膝抬腿

本节动作可以健美腿、臀，每条腿练习 8～10 次。

（1）仰卧在地毯或垫子上（图 10－2－75）。

（2）双手抱左膝，抬至胸部，保持这个姿势 4 秒（图 10－2－76）。

（3）恢复初始姿势。

（4）换右腿，重复以上动作。

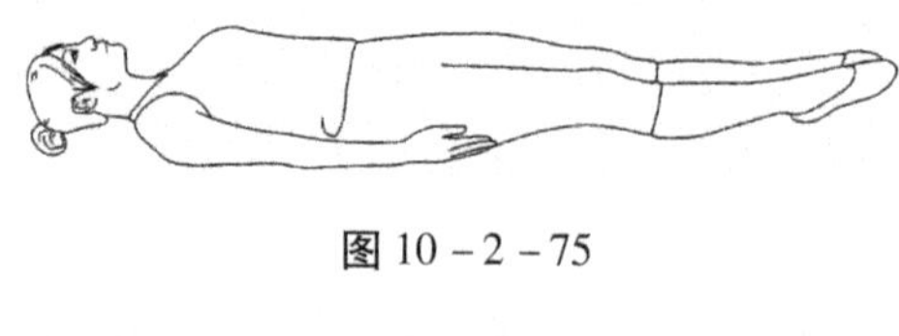

图 10－2－75

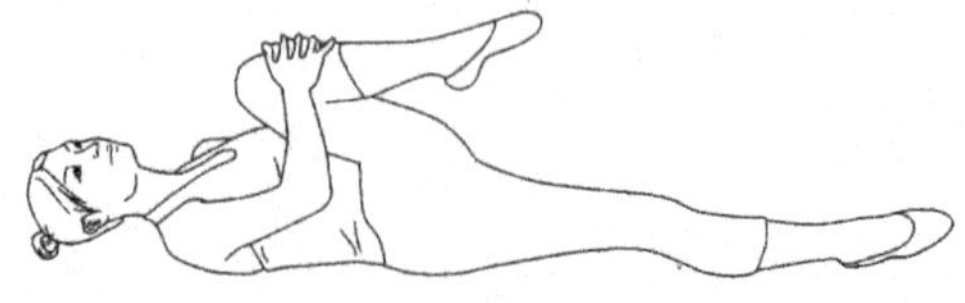

图 10－2－76

（三）收踝压腿

本节动作可以锻炼腹股沟和大腿内侧肌肉，反复练习10~20次，可健美腹、腿。

（1）盘腿坐在垫子上，双脚踝向内收（图10-2-77）。

（2）用双肘自下压腿，使之分开，或者使身体向前倾，试着用头触双脚或地面。

（3）恢复初始姿势。

图10-2-77

（四）跨步伸展

本节动作重复10-20次，可以健美腿部。

（1）蹲在垫子上（图10-2-78）。

（2）缓慢向后滑动一条腿成跨步姿势（图10-2-79）。前面的脚平放在地上，膝盖与脚踝成一条直线，后面脚的脚尖着地。双手放在地上保持平衡。保持这个姿势10秒钟。

（3）换另一条腿，重复以上动作。

图10-2-78

图10-2-79

（五）对墙伸展

本节动作重复 10～20 次，可以健美腿、腰。

（1）站在距离墙壁一臂远的地方，双脚开立。双手撑在墙上，脚跟着地（图 10－2－80）。

（2）身体缓慢向前倾，感觉小腿肌肉的伸展，直至下臂完全靠在墙上。保持此姿势 14～20 秒钟（图 10－2－81）。

（3）恢复初始姿势。

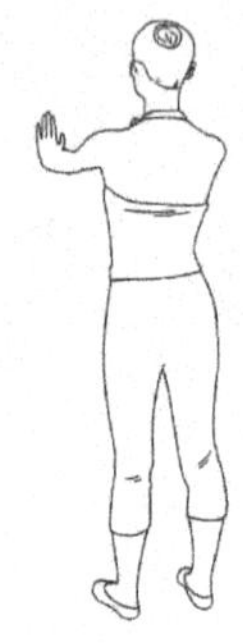

图 10－2－80

图 10－2－81

（六）屈体展背

本节动作重复做 10～20 次，可以健美背、腿、腰。

（1）身体直立，双脚分开，与肩同宽。

（2）膝盖略弯曲，缓慢地弯下腰，展背下屈，双手触及双脚，坚持 10 秒钟（图 10－2－82）。

（3）恢复初始姿势。

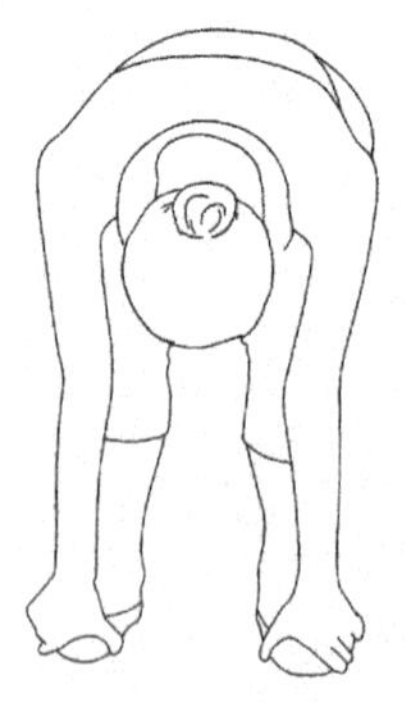

图 10－2－82

（七）伸臂侧屈

本节每一侧动作重复做 5～10 次，可以健美躯干和胳膊。

（1）身体直立，双脚分开同肩宽。

（2）左手臂举过头顶，右手叉在腰部，身体缓慢向叉腰一侧弯曲，柔和地摆动（图 10－2－83）。

（3）恢复初始姿势。

（4）右手臂举过头顶，左手叉在腰部，身体缓慢向叉腰一侧弯曲，柔和地摆动。

（5）恢复初始姿势。

（6）换另一侧，重复以上动作。

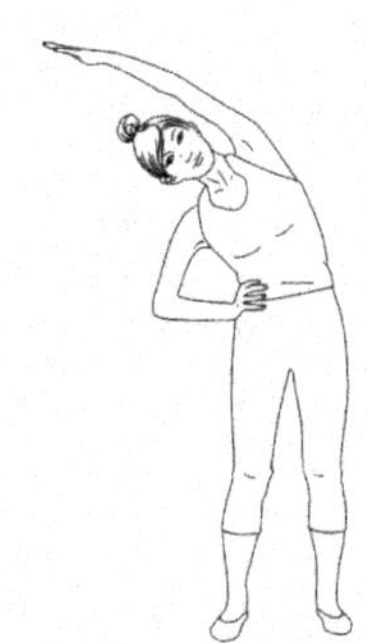

图 10－2－83

（八）左右转体

本节每一侧动作重复 10 次，可以健美腰和躯干。

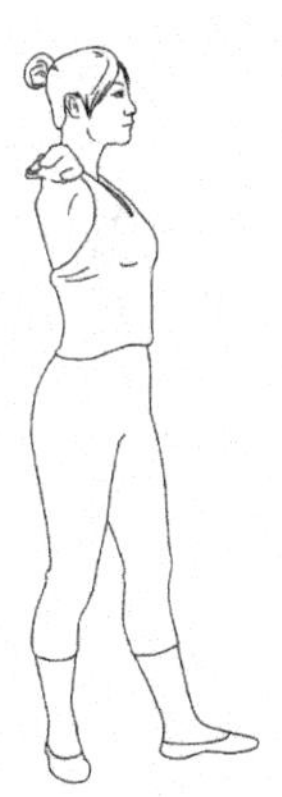

图 10－2－84

(1) 身体直立，双脚分开同肩宽。

(2) 掌心向下伸开双臂，身体尽量转向左侧（图 10－2－84）。

(3) 身体尽量转向右侧。

(九) 拉肘展肩

本节动作重复做 14 次，能够健美肩背和前胸。

(1) 直立，双脚分开，双臂弯曲，双手置于胸前（图 10－2－85）。

(2) 将肘部向两侧拉开，肩后展。不要弓背，有节奏地使双肘向后拉开（图 10－2－86）。

(3) 恢复初始姿势。

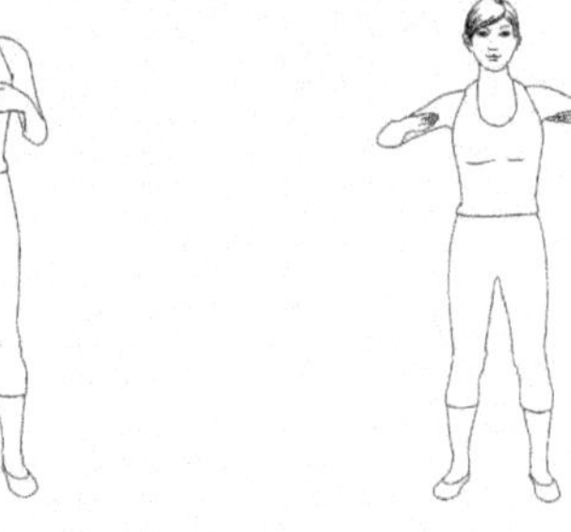

图 10－2－85　　图 10－2－86

(十) 伸臂跳跃

本节动作重复做 10～20 次，可以健美手臂、腿。做本节动作时要和缓有节奏。

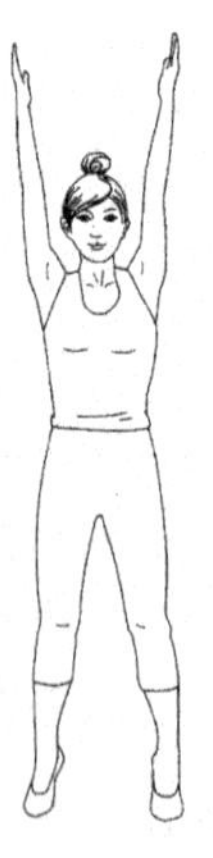

图 10－2－87

（1）直立，双臂置于体侧。

（2）数 1 时，跳起并分开双脚，同时将双臂展开，举过头顶（图 10－2－87）。

（3）数 2 时，回到开始姿势。

三、其他形式的减肥训练

（一）减肥哑铃操

（1）两手持铃，两肩不动，两臂交替屈肘 20～60 次（图 10－2－88）。

（2）两手持铃，两臂上举，肘关节朝上，向颈后曲肘 20～60 次（图 10－2－89）。

（3）两手持铃，两臂胸前绕环，肩背同时活动，做 20～60 次（图 10－2－90）。

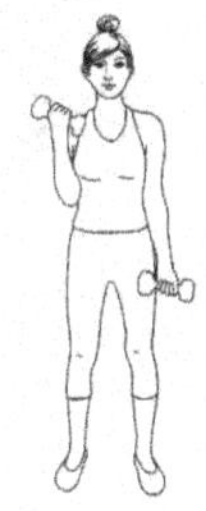

图10－2－88

图 10－2－89

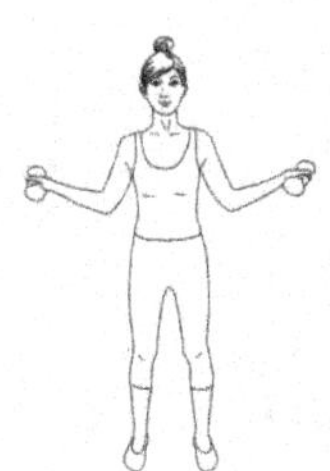

图 10－2－90

（4）两手持铃，两臂置于头后，屈体 20－60 次（图 10－2－91）。

（5）两手持铃，侧屈体，每侧做 40～70 次（图 10－2－92）。

（6）两手持铃，置于肩上做下蹲动作 30～50 次（图 10－2－93、图 10－2－94）。

（7）两手持铃，站立，抬脚后跟 25～75 次。

图 10－2－91

图 10－2－92

图 10－2－93

图 10－2－94

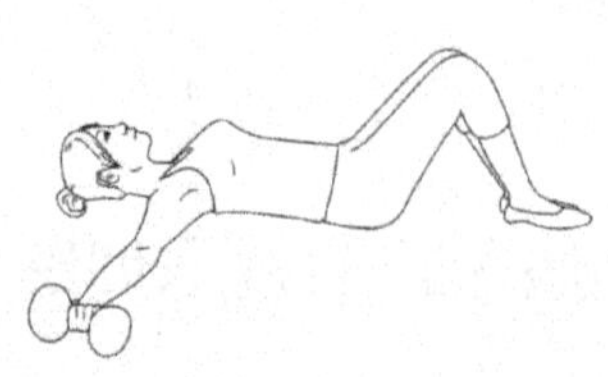

图 10－2－95　　图 10－2－96

（8）两手持铃，上体由左向右绕环，先顺时针、再逆时针做，每侧做 10～30 次（图 10－2－95）。

（9）两手持铃，仰卧，两臂做扩胸运动 30～70 次（图 10－2－96）。

（10）脸朝下，双脚搭在凳上，或由另一人按住两脚，两手置于颈后或腰后，上体抬起后仰 10～15 次。先徒手做，后持哑铃做（图 10－2－97）。

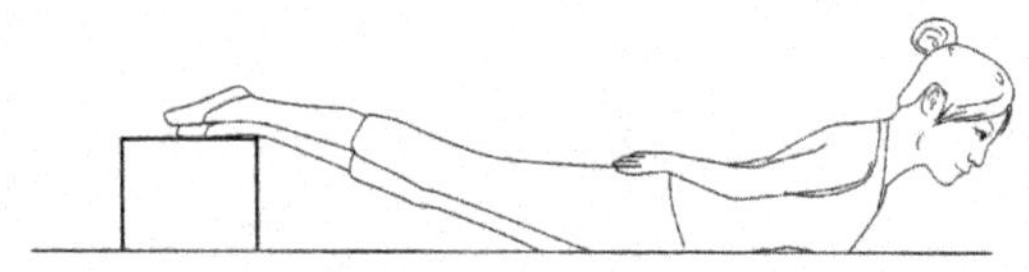

图 10－2－97

（11）双脚卡在凳子里，仰卧起坐 20 次。先徒手，后持哑铃做（图 10－2－98）。

（12）仰卧，举双腿至 45°、60°角，做 20～60 次，之后，双脚绑上哑铃做（图 10－2－99）。

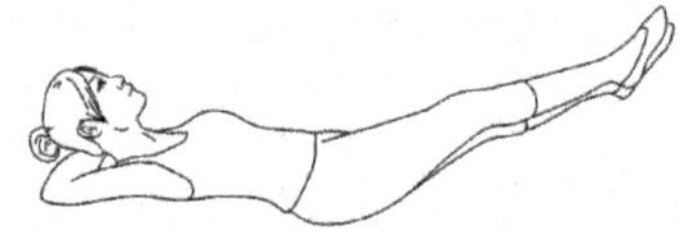

图 10－2－98　　图 10－2－99

（二）腰部减肥操

1. 转腰（4×8 拍）

练习本节动作可增强腰腹侧肌群的力量。转体时上体要保持正直，不要前倾后仰；两腿伸直，不要抬脚后跟；肩部放松。

（1）两脚左右分开站立。

（2）1～4拍，上体向左扭转，同时左臂侧摆，右臂前摆（图10－2－100）。

（3）5～8拍，同1～4拍，方向相反。

图10－2－100

2. 上体侧屈（4×12拍）

练习本节动作可以增强腰侧肌群力量。本节1～12拍为1组，做4组。

（1）1～4拍，左脚向左一步，上体左侧屈，右臂侧上举，左臂侧下举（图10－2－101），左手撑左小腿，尽量拉引上体右侧肌群。

（2）5～8拍，同1～4拍，方向相反。

（3）9～12拍，上体前屈，向左、后、右、前环绕1周（涮腰）（图10－2－102）。

（4）13～16拍，同9～12拍，方向相反。

图10－2－101

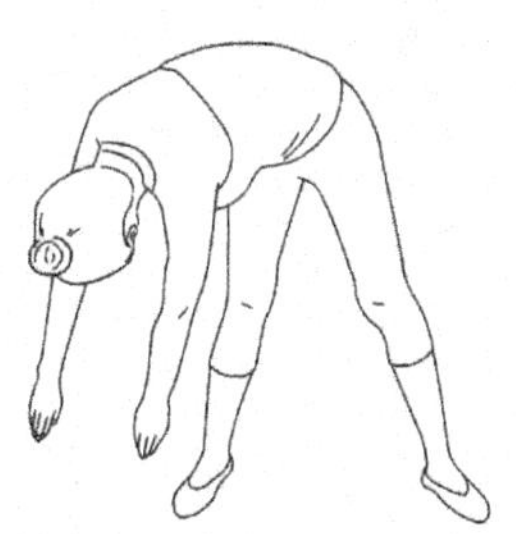

图10－2－102

3. 跪撑转体（4×8 拍）

本节动作可以增强腰背肌群力量。练习时要求腰勿下塌，尽量转腰。

（1）1~2 拍，右臂支撑，左臂由胸前向外侧摆，同时上体向左侧后转，吸气（图 10-2-103）。

（2）3~4 拍，还原至跪撑，呼气。

（3）5~8 同 1~4 拍，方向相反。

图 10-2-112

4. 上体侧起（4×16 拍）

本节动作可以增强腰侧肌群力量。

（1）两手体前屈肘撑地，两腿微屈，左侧卧（图 10-2-104）。

（2）1~4 拍，上体绷起至右侧坐，两臂撑直，吸气。

（3）5~8 拍，停止在坐的姿势上，使右侧腰肌群收缩，左侧腰肌群拉引，呼气。

（4）9~16 拍，慢慢还原至左侧卧位。

（5）1~16 拍为一组，左侧做 2 组后换右侧卧。

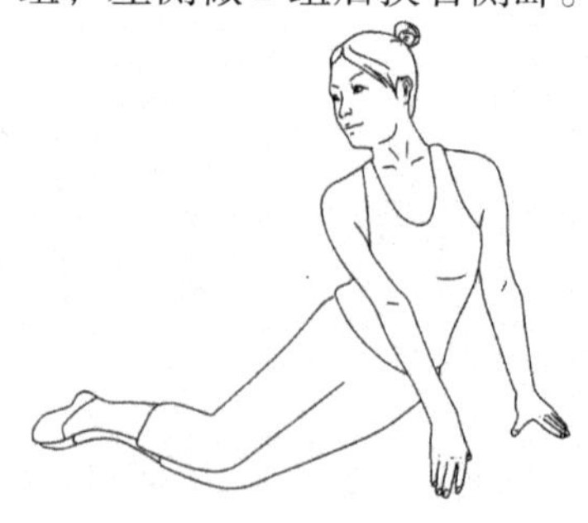

图 10-2-104

5. 屈膝扭腰

本节动作可以增强腰腹力量。1～24 拍为 1 组。连续做 8～10 组。也可双腿直上举向左右摆。练习时要求躯干上中部不离地，膝保持全屈。

（1）仰卧，两臂侧平举，掌心向下，双腿屈膝上举（图 10－2－105）。

图 10－2－105

（2）1～4 拍，双腿屈膝并拢上举向左侧下落，至左腿屈膝着地，上体不动，尽量扭转腰（图 10－2－106）。

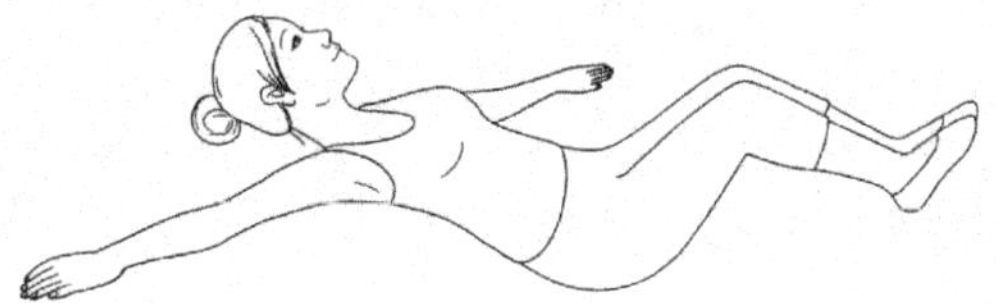

图 10－2－106

（3）5～8 拍，保持上体姿势，停 8 拍时间。

（4）17～24 拍，向另一侧摆动，扭转腰（图 10－2－107）。

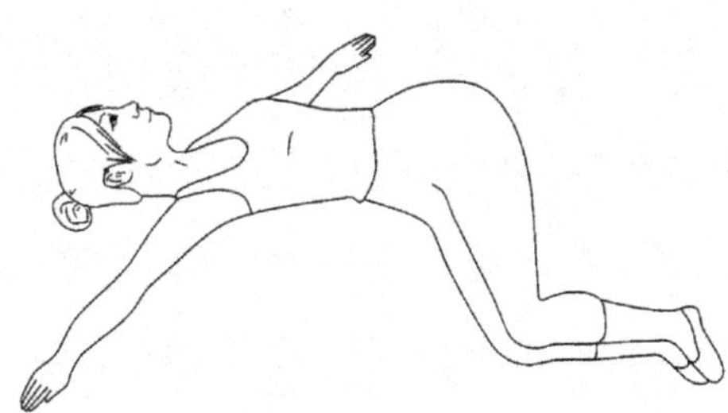

图 10－2－107

6. 转体踏跳（4×8 拍）

本节动作可以增强腹肌弹力和腰椎的灵活性。腰部加强锻炼，可以消耗多余的脂肪。

（1）第 1 拍，左脚向左侧踏一小步（图 10－2－108）。

（2）第 2 拍，右腿屈膝左侧举跳起，同时上体向左扭转，两臂自然向左侧摆（图 10－2－109）。

（3）3～4 拍，同 1～2 拍，方向相反。

（4）5～8 拍同 1～4 拍，最后一个 8 拍还原。

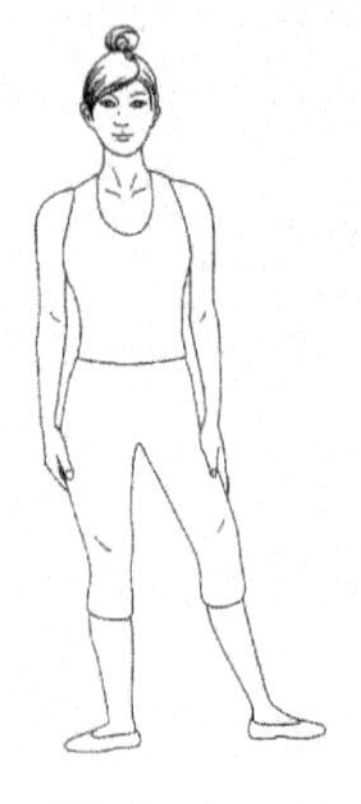

图 10－2－108

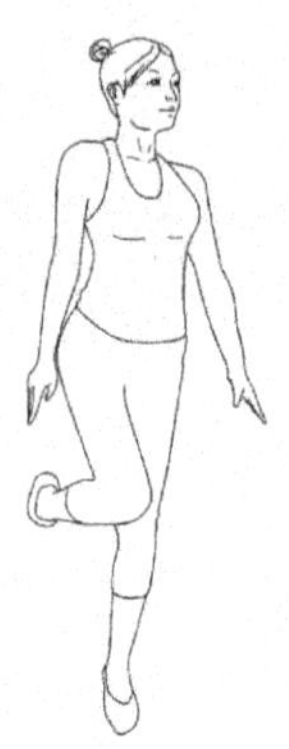

图 10－2－109

说明：扭转腰时上体要正，幅度要大；要连续跳，跳时左腿要蹬直，另一腿屈膝并举平；用前脚掌轻松落地；摆臂要放松。

7. 消除水桶腰保健操

本节动作反复交叉做 20 次。经常做可增强腰部的力量，增加四肢的协调性，同时还能促进腰腹部的脂肪代谢，达到瘦腰腹的目的。

（1）平躺于地面上，面朝上。双手放在头两边，以手指尖端轻轻扶在耳后 3cm 的位置。双腿屈膝，脚掌踩地，两脚分开同肩宽（图 10－2－110）。

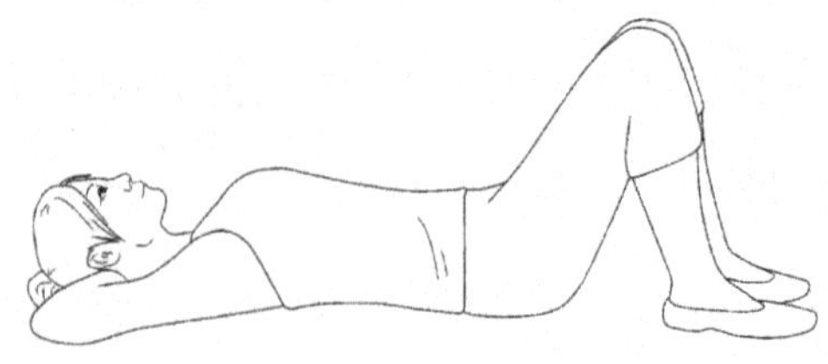

图 10－2－110

(2) 抬起上半身并抬高屈起的左膝，然后用右手手肘触碰左腿的膝盖，眼睛要看向左膝（图 10－2－111）。

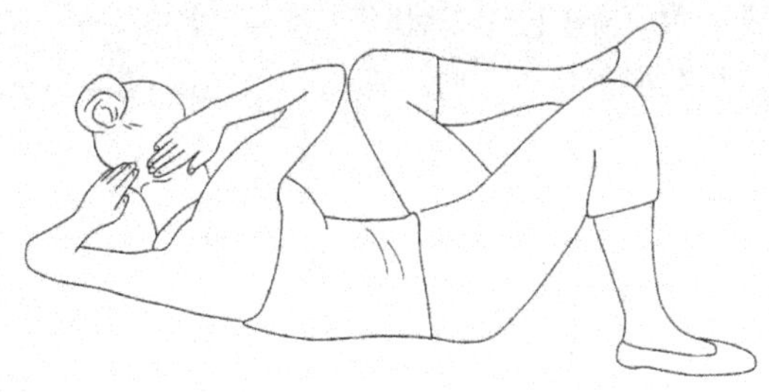

图 10－2－111

(3) 恢复初始姿势。

(4) 抬起上半身并抬高屈起的右膝，然后用左手手肘触碰右腿的膝盖，眼睛要看向右膝。

(5) 恢复初始姿势。

（三）腹部减肥操

腹部减肥操可增强腹肌弹力，消耗脂肪。此操可七节全部做，每节次数减半；也可选择做，但要与增强上腹、下腹、中腹、腹直肌力量的各节操配合做。此操做完后，必须做放松腹肌的练习，如放松向下弹体和放松高抬腿跑等。

(1) 仰卧，慢举双腿，至 90°，吸气（图 10－2－112）。慢下落，呼气。上举、下落共做 30～50 次。

图 10－2－112

说明：要求双腿伸直，上举时要有收缩腹下肌肉提腿的感觉。下落时腹肌要控制有对抗下落的感觉，直至双腿全部落地。

①仰卧，双腿屈、伸膝向前，向下慢绕环，收腹上体起。

②两臂侧平举，掌心向上，仰卧。

③1～2 拍，双腿屈膝上举近胸，吸气（图 10－2－113）。

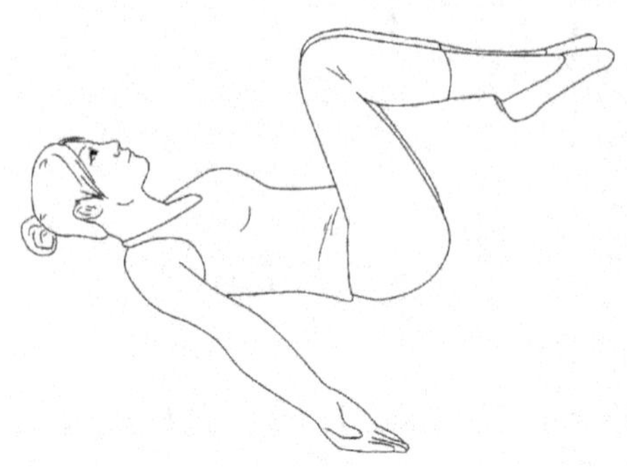

图 10－2－113

④3～4 拍，小腿向上伸直前举，吸气。

⑤5～8 拍，大腿向前，慢慢下落至脚跟着地，呼气。

⑥9～12 拍，收缩腹肌，上体起至胸触腿，吸气。

⑦13～16 拍，上体后倾至仰卧，呼气。

说明：1～16 拍为 1 组，每次共做 6～8 组。要求动作慢而连续，腹肌要控制，以增加动作的阻力（对抗力量）。

（2）手后撑坐，膝轮流绕环。

①两手在体后撑，屈双膝坐，两脚离地。

②左膝向前提，左腿和左膝向上向前绕环。左膝屈时右腿和右膝向上绕，如此两腿轮流绕环，如骑自行车的动作（图 10－2－114）。

图 10－2－114

说明：连续做 20 次为 1 组，共做 4～6 组。运动时要求腹肌收缩，脚不落地，动作要慢。

(3) 体前屈向下弹动，两脚左右分立。1～16 拍为 1 组，共做 8～10组。

①1～2 拍，上体向下弹动，同时两臂放松由侧下落内摆，在体前交叉。

②3～4 拍，上体向下弹动，同时两臂放松向两侧摆。

③5～8 拍，重复 1～4 拍的动作。

④9～12 拍，上体前屈，双臂从双腿间尽量向后伸至脚后触地，膝稍屈，吸气（图 10－2－115）。

⑤13～16 拍，上体逐渐起至还原，呼气。

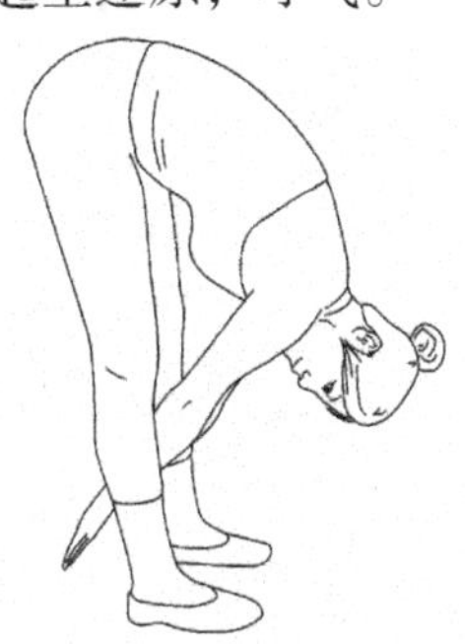

图 10－2－115

(4) 深呼吸收缩与放松腹肌。

①左手放在腹前，右手放在背后站立，吸气，收紧腹。

②左手向内压腹部，闭气，呼气，逐渐放松腹肌向前拱起（图 10－2－116）。

图 10－2－116

说明：做动作时，腹肌群要主动收缩，以慢吸气协调配合，上体要自然伸直，10～15 次为 1 组，每次做 4～5 组。

（5）悬垂收腹举腿。

①两手正握单杠或肋木、门框等悬垂（图 10－2－117）。

②1～4 拍，左腿前举下落。

③5～8 拍，右腿前举下落。

④9～12 拍，双腿屈膝上举（图 10－2－118）。

⑤13～16 拍，双腿前伸，逐步上举至脚触单杠或肋木、门框等，然后慢慢下落还原至悬垂（图 10－2－119）。

图 10－2－117

图 10－2－118

图 10－2－119

说明：要求腿伸直上举，以收腹为主动力，不要做成摆腿动作。做 13～16 拍动作时，开始可举得低些，然后逐渐提高高度。1～16 拍为 1 组，每次做 6～8 组。

（6）原地高抬腿跳或跑楼梯。腿要抬平，小腿垂直，上体要正，开始时用中速跳或跑，以后逐渐加快。20 次为 1 组，每次做 8～10 组（图 10－2－120）。

图 10－2－120

（四）跳绳与减肥

1. 跳绳瘦身的方法

近年来，国内外都有研究证实跳绳的燃脂能力极佳，许多明星会通过跳绳来减重瘦身。另外，跳绳不受场地、器材的限制，且方便随身携带，所以非常适合懒得跑去健身房或出差的人群来保持锻炼习惯。跳绳也是一种减肥的方式，而且是一项相当好的减肥运动方式。

根据美国 Web MD 网站报道也指出，跳绳具有燃脂降食欲和雕塑肌肉的效果。有研究报道，身体要消耗 7700 卡的热量才可以减掉 1 千克，如果要在 1 周 7 天内瘦 1 千克，等于每天要多消耗身体约 1100 卡的热量，光靠饮食或是运动难以达成，最好的方法是双管齐下，除了饮食控制还要搭配运动。跳绳半小时可以消耗 300 卡热量，每天跳 1 小时加上饮食减少 500 卡，连续 1 周就能达成减重目标。台湾女艺人郭雪芙为了演唱会前积极瘦身准备，采用跳绳运动每天半个小时，1 个月下来廋了 1.5 千克。

跳绳时可以自己进行“语言能力测试”，如果不能连贯说话，气喘吁吁，这是身体发出了信号——运动量过大了，就应该放慢速度。刚学跳绳的人，应按照自己的年龄来决定跳跃次数。一般认为，20 岁以上的人，1 分钟跳绳 110 ~ 130 次最妥当；30 岁以上的人，每分钟跳 90 ~ 100 次；40 岁以上的人，跳 80 ~ 90 次；50 岁以上的人，跳 70 ~ 80 次最为妥当。

无论你是跳绳初学者还是跳绳高手，跳绳都是一项很好的间歇性锻炼方法，对于初学者来说，可以尝试以下常规方法：跳绳 20 ~ 30 秒，休息 30 ~ 60 秒，如果没有计时器，你可以数到 50 下，如此重复 6 ~ 10 组。注意每次间歇期间有足够的休息时间恢复你的心率和调整你的呼吸，通过这种方式从开始间歇时间长、间歇次数多不断过渡到间歇时间短、间歇次数少的状态。

另外，还可采用一开始仅在原地跳 1 分钟；5 天后即可连续跳 3 分钟；两个月后可连续跳上 10 分钟；半年后每天可实行“系列跳”（如每次连跳 3 分钟，共 5 次），直到一次连续跳上半小时。一次跳半小时，就相当于慢跑 90 分钟的运动量，这已是标准的有氧健身运动。跳绳的时候最好选一双舒适的软底运动鞋，这样可以防止受到震荡损伤关节。而且，刚开始的时候可以用轻的绳子开始锻炼，熟练后可以变更多的花样。那么，怎样跳绳瘦身最快呢？下面就教大家几个动作。

（1）简单跳绳法

准备动作：双脚并拢，进行弹跳练习 2 至 3 分钟（弹跳高度为 3 至 5

厘米）。开始跳绳，注意手腕做弧形摆动。初学者先跳 10 至 20 次，休息 1 分钟后，重复跳 10 至 20 次。非初学者可先跳 30 次，休息 1 分钟后，再跳 30 次。

（2）单脚屈膝跳

右腿屈膝，向前抬起。踮起脚尖，单脚跳 10 至 15 次，换左腿重复上述动作。休息 30 秒钟，每侧各做 2 轮。

（3）侧身斜跳

这个动作能训练你的耐久力，增强你的外展肌和内收肌。两人一前一后站在跳绳的左右两侧，先侧身单脚跃绳向前跳，然后斜身跳回原位。跳跃时应注意用力摆动双臂。跳 1 分钟之后休息 10 秒钟，重复练习 2 次。

（4）分腿合腿跳

先做跳绳准备运动，然后跳绳，跳跃时双脚叉开，着地时双脚并拢，重复动作 15 次。

（5）绕旋跳

两人跳绳练习，一人叉开两腿蹲下，甩动绳子使跳绳在地上画弧线，另一人则不断地从甩动的绳子上跳过去。速度由慢逐渐加快，1 分钟后两人交替。

（6）侧脚跳

先从简易跳绳法开始，然后用双手手腕挥动跳绳，右脚跳绳，不着地的左脚则斜向一侧，跳 15 次。换另一只脚跳 15 次。非初学者可练习快速跳绳，即绳子从脚下滑过时连跳 2 次。练习时，应注意脚不要抬得过高、过慢，否则容易被绳子绊住。

（7）双臂交叉跳

先做跳绳准备运动，然后双臂交叉跳绳。当绳子在空中时，交叉双臂，当跳过交叉的绳子之后，双臂反向恢复原状。

（8）双人跳绳

对跳绳者集中注意力和协调一致的能力要求比单人跳绳高得多。

①采取并排站立的姿势。每人用外侧的一只手握住绳柄。先开始练习简易跳绳法，两人同时用双脚跳绳，然后练习同时用单脚跳绳。

②采取一前一后的站立姿势。身高者站在后面，并挥动跳绳。

2. 跳绳注意事项

虽然跳绳是个不错的健身方法，但不小心很容易受伤，所以要注意以下事项。

（1）跳绳者应穿质地软、重量轻的运动鞋，避免脚踝受伤。初学者千万别穿着滑板鞋跳绳。

（2）跳绳之前尽量做些准备活动，让踝关节充分活动开，以免脚踝受伤。

（3）绳子软硬、粗细适中。初学者通常宜用硬绳，熟练后可改为软绳。

（4）选择软硬适中的草坪、木质地板和泥土地的场地较好，在硬性水泥地上一次性跳绳时间不宜太长，尽量让速度缓慢些，跳跃动作轻柔些，以免损伤关节，并易引起头昏。如果是在客厅，可以铺一块防滑地毯，减少地板的冲击力。

（5）跳绳时需放松肌肉和关节，脚尖和脚跟需用力协调，防止扭伤。

（6）胖人和中年妇女宜双脚同时起落。同时，跳跃高度不要太高，以免关节因负重过大而受伤。

（7）跳绳后的拉伸动作是很重要的。特别是年轻女性总是怀疑跳绳会让腿变粗，跳绳结束后记得做一些拉伸动作能使肌肉分布均匀，让小腿变得有线条和紧实好看，而且做拉伸和放松可以锻炼身体的柔韧性，使女性更富有曲线美。

参考文献

［1］陈伟．糖尿病防与调［M］．南京：江苏科学技术出版社，2015.

［2］尹默林，王永，林仪煌．游泳运动与水中健身［M］．上海：上海大学出版社，2013.

［3］魏军平．糖尿病治疗调养全书［M］．北京：化学工业出版社，2010.

［4］姚宏文，石琦，李英华．我国城乡居民健康素养现状及对策［J］．人口研究，2016（02）.

［5］王刚，崔丽华．偏瘫病人家庭康复训练［M］．北京：华夏出版社，1999.

［6］侯书良，原永贵．中国家庭药膳［M］．济南：山东文艺出版社，1991.

［7］荆伟龙，王朝君．国人中医养生保健素养偏低［J］．中国卫生，2016（05）.

［8］易磊．糖尿病防治调养一本通［M］．上海：上海科学技术文献出版社，2011.

［9］王浴生，邓文龙．中药药理与应用第2版［M］．北京：人民卫生出版社，1998.

［10］杨树东．现代体育与健康［M］．北京：机械工业出版社，2013.

［11］纪树荣．康复疗法学［M］．北京：华夏出版社，2003.

［12］王琳．体育保健学理论与实践（第一版）［M］．北京：高等教育出版社，2013.

［13］薛文忠，刘改凤．一味中药巧治病［M］．北京：中国中医药出版社，1994.

［14］冯连世，冯美云，冯伟权．优秀运动员身体机能评定方法［M］．北京：人民体育出版社，2003.

［15］于康．糖尿病吃什么怎么吃［M］．沈阳：辽宁科学技术出版社，2010.

[16] 田野. 运动生理学高级教程 [M]. 北京：高等教育出版社，2003.

[17] 赵安民. 家常食物巧治病 [M]. 北京：中国书籍出版社，1994.

[18] 姚泰. 生理学 [M]. 北京：人民卫生出版社，2003.

[19] 姚颂平. 体育运动概论 [M]. 北京：高等教育出版社，2011.

[20] 何志林. 足球教学训练工作指南 [M]. 北京：人民体育出版社，2010.

[21] 杨建宇. 糖尿病家庭防治与调养 [M]. 北京：中国中医药出版社，2013.

[22] 童培建. 创伤急救学 [M]. 北京：人民卫生出版社，2012.

[23] 王民生. 心血管疾病中医食疗验方 [M]. 沈阳：辽宁科学技术出版社，1999.

[24] 高维纬. 体育保健学（第一版）[M]. 北京：北京体育大学出版社，2011.

[25] 马艳茹. 糖尿病正确防治与生活调养 [M]. 北京：中国中医药出版社，2013.

[26] 王琳，王安利. 实用运动医务监督 [M]. 北京：北京体育大学出版社，2005.

[27] 曲绵域，于长隆. 实用运动医学 [M]. 北京：北京大学医学出版社，2003.

[28] 谭成清，李艳翎. 体能训练 [M]. 长沙：湖南师范大学出版社，2012.

[29] 王瑞元，苏全生. 运动生理学 [M]. 北京：人民体育出版社，2012.